Matthias Matussek
Fifth Avenue
Zehn Stories und
ein Dramolett

Diogenes

Umschlagfoto:
Ernst Hermann Ruth,
›Yellow Cabs‹ (Ausschnitt)
Copyright © Ernst Hermann Ruth

Alle Rechte vorbehalten
Copyright © 1995
Diogenes Verlag AG Zürich
80/95/44/1
ISBN 3 257 06036 X

Inhalt

Schmutzige Wäsche 7
Bucharins Ende 30
Fifth Avenue 50
Let it bleed 72
Die Kolumne 107
Taxi 145
Sinfonie für einen Mantel 160
Deutschland privat 175
Ein Abend für Meggie 202
Schwarze Mangos 229
Der letzte Cayuse 260

Schmutzige Wäsche

Der Tag, an dem Adolf Hitler die Kellerwäscherei von Ellen Koch auf der Upper West Side überfiel, war ein sonniger, kalter Herbsttag, und er begann mit einer Gardinenpredigt. Ellen Koch marschierte ihre Regale ab, als adressiere sie eine Reihe angetretener Rekruten.

»Die Bügelwäsche ins braune Papier!« rief sie. Sie war klein, fast winzig, doch ihre Stimme war für die einer Einundachtzigjährigen außerordentlich kräftig.

Sie trug an diesem Tag – wie an allen Tagen – die blaue Strickjacke, die von ihrem Mann stammte, der fast auf den Tag genau dreißig Jahre zuvor gestorben war. Man könnte sagen, daß sie die Strickjacke und damit einen Teil ihres Mannes seither bewohnte. Die Strickjacke reichte ihr bis zu den Knien, und die Ärmel, die sie um die Hälfte gekürzt hatte, baumelten um ihre mageren, gichtig verknoteten Hände wie Kirchenglocken um ihre Schwengel.

»Oder geht das über deinen Verstand?! Bügel ins braune, Hemden ins weiße. Wenn doch nur Fred noch da wäre!«

Sam, ihr Ladengehilfe, schaute sie mit ausdruckslosem Gesicht an. Doch er fühlte mit ihr. Er wußte, wie sehr sie an Fred hing.

Ihr Mann war ein Baum von einem Kerl gewesen, der es vom LKW-Fahrer zu einer eigenen kleinen Spedition gebracht hatte. Als Fred von seinem Herzschlag ereilt wurde und vor dem Parterrebüro im Village auf die Straße schlug, tatsächlich »wie ein gefällter Baum«, und dabei einen parkenden Chevrolet beschädigte, nahm Ellen nur einen huschenden Schatten wahr, denn sie war extrem kurzsichtig. Sie hörte den dumpfen Aufprall und murmelte: »Diese Betrunkenen, schon am hellichten Tage.« Als sie ihn bestattet hatte, ging sie zum Augenarzt und ließ sich ihre Brille neu anpassen. Danach löste sie die Spedition auf und eröffnete die Wäscherei in der 68. Straße, Ecke Columbus Avenue.

Sie sprach jeden Tag mit Fred. Sie weigerte sich, die Tatsache hinzunehmen, daß er tot war. Ellen Koch konnte sehr dickköpfig sein.

Streng genommen war ihr Laden keine Wäscherei, sondern nur eine Annahmestelle. Sie gab die Kleidung an eine chinesische Reinigung weiter und lebte von der bescheidenen Provision. Der Keller kostete kaum Miete, hatte Strom und Wasser, und sie konnte in einer Kammer hinter dem Ladenraum schlafen.

Ihre Sehkraft hatte weiter stark abgenommen, und irgendwann hatte der Optiker das Rennen aufgegeben. Nun war sie so gut wie blind. Ihre blauen Augen schwammen hinter den Lupengläsern wie nutzlose große Zierfische.

An diesem Morgen war Bewegung in den Fischen. Sie huschten aufgeregt hinter ihren Gläsern hin und her, als suchten sie einen Fluchtweg aus ihrer dickwandigen, gläsernen Haft.

»Als ob ich nicht schon genug zu tun hätte. Ich brauche niemanden, der mir das Geschäft ruiniert, sondern einen, der mir hilft!«

Das war ein wenig zu theatralisch, wie Ellen selber wußte. Denn wenn es jemanden gab, der sich sehr gut selber zu helfen verstand, dann war sie es, Ellen Koch.

Sie wußte, daß ihre Beinahe-Blindheit nicht gerade die beste Reklame bedeutete für jemanden, der für saubere Kragen und fleckenlose Kleider sorgen soll. So verheimlichte sie ihr Handicap und arbeitete mit einem Trick. Sie schlurfte auf ihre Kunden zu, baute sich dicht vor ihnen auf und sagte streng: »Ich kann Sie nicht verstehen.«

Schwerhörigkeit hat noch keiner Wäscherin geschadet, und ihre Kunden bückten sich bereitwillig und brüllten ihr ihre Wünsche ins Ohr. Sie zuckte dann immer leicht zusammen, doch sie nahm die Schreierei in Kauf, denn während ihre Kunden sich nach unten beugten, tauchten doch einige andere Details vor ihren Lupengläsern auf, die sie sich einprägen konnte, ein Schnurrbart oder eine blaue Brille, eine Silberperücke oder ein paar billige Ohrringe. Vor allem aber speicherte sie Stimmfärbungen und Gerüche und baute sich so ihre eigene Kundenkartei auf, die aus rohen, aber hilfreichen Steckbriefen bestand.

Jetzt hatte sie sich vor Sam aufgebaut und fixierte ihn streng. Die Fische hinter den Gläsern hielten für einen Moment still und richteten sich auf Sam aus, der gutmütig und dick war, und aussah wie ein Kreisel. Auf dem mächtigen Gebirgsmassiv seines Körpers saß ein kleines rundes Kindergesicht, das sich schläfrig in Ellens Gewitterausbruch duckte. »Die Bügelwäsche in braunes Packpapier, die Hemden in weißes, wie oft soll ich dir das noch sagen.«

»In Ordnung, Mama«, sagte Sam und schaute verbockt auf sie herab.

»Nummer 48 hat die Hemden von Columbus 63 bekommen, weil sie falsch eingepackt waren.«

»Tut mir leid, Mama.«

»Und Columbus 63 hat die Bügelwäsche von 48. Ein heilloses Durcheinander. Wenn die Leute sich noch nicht mal mehr auf ihre Wäscherei verlassen können, wie soll dann der ganze Staat funktionieren?«

»Keine Ahnung, Mama.«

»Wenn uns irgendwas von den Tieren unterscheidet, dann ist es saubere Wäsche. Unser Laden ist ein Vorposten der Zivilisation. Wir haben Verantwortung. Ist dir das klar? Ohne uns wäre Anarchie.«

Sam verstand so gut wie nichts von dem, was Ellen ihm erzählte. Er nannte sie Mama von jenem ersten Tag an, als sie ihn auf den Treppen zu ihrem Kellergeschoß aufgegabelt und in den Laden befohlen hatte. Es hatte in Strömen geregnet, und er hatte den verlassenen Zugschacht am Riverside Park, in dem er eigentlich überwintern wollte, räumen müssen, weil ein neuer Bürgermeister die Stadt wieder einmal von Streunern säuberte.

Er konnte in einem Verschlag hinter dem Laden übernachten, und Mama kleidete ihn mit liegengebliebenen Hosen und Sweatern ein, die von solchen Kunden vergessen worden waren, welche genauso dick waren wie Sam.

Sam hatte nur undeutliche Erinnerungen an seine Herkunft irgendwo im Süden. Er war vor Jahren nach New York gekommen und hatte meistens draußen gecampt, weil die öffentlichen Obdachlosenasyle zu gefährlich waren. Er war groß, aber wehrlos wie ein Kind, und in den Asylen, düsteren Riesenhallen mit Hunderten von eisernen Bettgestellen, zwischen denen Cracksüchtige und Totschläger herumschlichen, war er ein Lamm unter Hyänen.

Warum er bei Mama war, hatte er vergessen, aber sein Instinkt sagte ihm, daß hier sein Zuhause war. Auch wenn er gelegentlich von einer rätselhaften Unruhe gepackt wurde und für mehrere Tage im brausenden, glitzernden, dampfenden Häuserdschungel Manhattans verschwand, fand er doch stets den Weg zurück ins Kellergeschoß, wo Mama ihm schimpfend neue Kleidung verpaßte und ihn dann in die Koje schickte, wo er ausschlafen konnte, denn die Streifzüge erschöpften ihn.

Ellen und Sam bildeten ein ideales Gespann. Sam hatte gute Augen und Ellen einen starken Willen. Und ihre gelegentlichen Wutausbrüche nahm Sam in Kauf wie die unvermeidlichen Regengüsse, die ihn bei seinen Touren im Park manchmal überraschten.

In den letzten Wochen schützte er sich vor Mamas Schimpfereien mit Kopfhörern, die in einem billigen, gelben Plastikwalkman steckten. Mama hatte ihm das Gerät zum Geburtstag geschenkt. Irgendwann hatten sie sich darauf geeinigt, daß er am 4. Juli 1945 geboren worden war. Es war der amerikanische Nationalfeiertag und gleichzeitig das Jahr, in dem Hitler besiegt wurde, und Mama hatte sich das Datum deshalb ausgesucht, weil sie es gut behalten konnte.

Sam hatte begriffen, daß Mama zu diesem Hitler ein besonderes Verhältnis hatte. Sie sprach oft über ihn, und nicht sehr vorteilhaft. Offenbar kannten sich die beiden schon lange, denn wenn Mama von ihm erzählte, war sie ein kleines Mädchen.

Eigentlich hieß Ellen Koch Elsa Koschinsky. Sie hatte ihren Namen geändert, als sie nach Kriegsende in die Vereinigten Staaten kam, in das freieste Land der Erde, das es jedem gestattete, sich selber neu zu erfinden. Und jede neue Identität beginnt mit einem neuen Namen.

Elsa stammte aus Berlin. Ihr Vater besaß ein Herrenkonfektionsgeschäft, das nach dem Ersten Weltkrieg einen guten Namen bei der Theaterkundschaft vom Kurfürstendamm hatte. Elsa, die eine feine Nase hatte, erinnerte sich vor allem an Gerüche; sie mochte den vornehmen Laden ihres Vaters besonders wegen der herben maskulinen Rasierwasserwolken, die die Berliner Salonlöwen zwischen den Teppichen und Farnen und dunklen, polierten Tuchmusterregalen hinterließen wie Reviermarkierungen.

Sie saß oft in dem Laden, meist hinter einer Topfpalme am Schreibtisch der Kontoristin. Sie war ein hübscher Teenager mit blonden Haaren, die dem Assistenten glühende Cheftochterblicke zuwarf.

In diesen Zeiten, Ende der zwanziger Jahre, wurde ihr Laden immer öfter von Stoßtrupps der neuen Bewegung heimgesucht. Zunächst war es billige Laufkundschaft, die sich früher nie auf ihre Teppiche gewagt hätte und nun aufgeblasen hereingetrampelt kam, korpulente Kneipenbesitzer aus Neukölln, die hereinschneiten und dreckige Witze rissen. Später waren es Trupps von halbwüchsigen Uniformierten, die ihre Drohungen ausstießen.

Doch es waren nicht die Parolen, sondern die Gerüche der neuen Bewegung, die Elsa vor allem abstießen. Diese beißenden Wolken aus billigen Zigarren und Achselschweiß, aus Kernseife und Stiefelfett beleidigten ihre

Nase, und sie erholte sich von diesen Gestankattacken bei den verstohlenen Küssen, die sie dem Ladengehilfen ihres Vaters, Samuel Bronstein, gewährte. Wahrscheinlich, überlegte sie sich später, war es Bronsteins guter Geruch, eine zarte Melange aus Lavendel und Talkum-Puder, der sie ihm schließlich das Jawort geben ließ.

»Es kommt zwar auf saubere Hemden an«, dozierte sie streng, und Sam sah sie mit aufgerissenen Augen an, »aber wenn darunter ein Schwein steckt, hilft auch ein gebügelter Kragen nicht. Ein Schwein stinkt immer.«

»Ist klar, Mama«, sagte Sam und rutschte unbehaglich auf seinem kleinen Stuhl hin und her. Immer wenn er von seinen Streifzügen zurückkehrte, wusch er sich klaglos und zog die neue Kleidung an, die Mama bereitlegte. Mama hatte diesen Fimmel, und er respektierte ihn.

Elsa war achtzehn, als sie Bronstein heiratete, und da er ein wendiger, auffassungsschneller, ehrgeiziger junger Mann war, hatte ihr Vater keine Einwände. Im Gegenteil. Er konnte Bronstein gut gebrauchen, denn er plante eine Veränderung. Herbert Koschinsky war weitsichtig genug, um zu wissen, daß sein Laden am Kurfürstendamm keine Zukunft mehr hatte.

Er pflegte freundschaftliche Kontakte zu einem Lieferanten in Amsterdam, und er hatte sich auf seinen gelegentlichen Dienstreisen einen gutgelegenen Laden ausgeschaut. So verlagerte die Familie Koschinsky/Bronstein bereits 1933 ihren Geschäftssitz nach Amsterdam in die Vondelstraße.

Zwei Jahre zuvor war Elsas Töchterchen Sarah zur Welt gekommen, die blond war wie sie selbst. So blieben sie auf der Zugfahrt über die Grenze unbehelligt, obwohl sich in den Abteilen vereinzelte Trupps der Bewegung drängten, kahlgeschorene Lümmel mit breiten Ärschen, die in ebenso breiten Reiterhosen steckten.

In Holland roch es wieder normal, geradezu angenehm. Koschinsky expandierte, und es war Bronstein, der ihm den entscheidenden Anstoß dazu gab. Da im Nachbarland der Bedarf an Reiterhosen ins Unermeßliche zu steigen schien, riet er Koschinsky, sein Sortiment zu erweitern. Nun war es nicht mehr nur englischer Tweed und schottischer Kaschmir, die Koschinsky/Bronstein und Co. verarbeiteten – ja, Bronstein war bald Juniorpartner –, sondern auch dicker Uniformfilz in rauhen Mengen, der sich zu Reiterhosen in allen Größen verarbeiten ließ.

Elsa führte im Patrizierhaus am Vondelpark einen glänzenden Salon, wo sie aromatische Blumenbuketts steckte und Sarah Klavierstunden erhielt.

»Musik«, dozierte Ellen in ihrem Kellerloch, »ist so was wie Duft für die Ohren«, und Sam nickte unter seinem Kopfhörer im Takt eines Rapsongs, was Ellen als Zeichen der Zustimmung genügte. »Musik veredelt den Menschen, hörst du Sam? Suche dir nur Freunde aus, die gute Musik hören.« Sam nickte.

Schon vor langer Zeit hatte Mama einen Stuhl hinter die Ladentür gestellt, deren obere Hälfte verglast war, so daß das spärliche Licht, das von der Straße in den Schacht hinabfiel, die Plattenhülle zur Geltung brachte, die sie dort auf einen Stuhl gestellt hatte. Es war der *Rosenkavalier* mit Elisabeth Schwarzkopf, eine rote Hülle aus den fünfziger Jahren. Mama nannte es einen »Blickfang für die

Laufkundschaft«, und Sam wischte ab und zu den Staub von der Hülle.

Die Platte selbst war längst verlorengegangen. Ellen genügte es, daß auf der Hülle Rosen abgebildet waren, um sie spontan zu ihrer Lieblingsplatte zu erklären. Damals, auf dem polierten Flügel ihres Salons am Vondelpark, pflegten stets frische Rosen zu stehen, die auf Samuel Bronsteins Veranlassung durch einen Blumendienst in der Nähe regelmäßig erneuert wurden.

Von Bronstein selber dagegen bekam Elsa immer weniger zu sehen. Er war die aktive Kraft des Unternehmens geworden, und dank seines glanzvollen Auftretens akquirierte er besonders erfolgreich unter der weiblichen Hälfte seiner Kundschaft, die alle Zeit der Welt hatte, um die Garderobe ihrer vielbeschäftigten und daher häufig abwesenden, erfolgreichen Männer zu besprechen.

Oft blieb Bronstein zu diesen Beratungsgesprächen weit in den Abend hinein, so daß Elsa immer öfter mit ihrer Tochter allein im Salon aß und dem Personal immer öfter freigab, weil sich, wie sie sagte, »der Aufwand sowieso nicht lohne«. Auch die Gesellschaften, die sie früher gegeben hatte, wurden spärlicher.

Offenbar war die Bewegung im Nachbarland so stark geworden, daß der Gestank allmählich über die Grenze drang, und von Elsas feiner Nase selbst in Amsterdam wahrgenommen werden konnte. Zum neunten Geburtstag ihrer Tochter gab es zum ersten Mal Absagen von Eltern, die früher ausnehmend stolz waren, ihre Kinder zum Freundeskreis der kleinen Koschinsky rechnen zu dürfen.

Zur gleichen Zeit blieben auch die ersten Kunden weg.

Und die Zwischenhändler, über die Koschinsky und Co. ihre Uniformaufträge bislang abgewickelt hatten, wurden frostiger oder nervöser, und schließlich brachen auch diese Kontakte ab.

Als bald darauf in Grenznähe ein erstes Lager errichtet wurde und Trupps von Uniformierten die Straßen durchkämmten, und als auch Koschinsky und Bronstein gelbe Sterne auf ihre Revers zu nähen hatten, war es Bronstein, der zur Entscheidung drängte.

»Dieser Hitler war eigentlich der Kleinste von allen«, sagte Ellen im Keller. »Aber er trug die breitesten Reiterhosen.« Sie steckte die Hände unter die Wolldecke, in die sie sich eingepackt hatte, und sie saß unter der Glühbirne, die den ganzen Tag brannte, und Sam schaukelte leicht im Takt der Musik seines Walkman.

»Hüte dich vor kleinen Männern mit breiten Hosen, Sam!« rief sie. Sam sah, daß sie zu ihm sprach, und er lächelte. »Ist in Ordnung, Mama.« Wahrscheinlich sprach sie wieder von diesem Hitler. Das tat sie in letzter Zeit sehr oft.

Manchmal kam es Sam so vor, als sähe sie diesen Mann in den dunklen Schatten, die die Wäscheregale im Kellerlicht warfen. Einmal hatte ihn ihre Stimme so alarmiert, daß er aufgestanden war und nach diesem Hitler gesucht hatte. Er schaute unter dem Ladentisch nach, auf dem die alte Messingkasse stand, er sah hinter die Wäschetheke und zwischen die Hänger, an denen die gereinigten Kleider in ihren Zellophanhüllen hingen wie Raupen in ihren Kokons. Erst als er auch in seinem Verschlag nachgeschaut hatte, beruhigte er sich wieder und setzte sich auf seinen Stuhl.

»Eines Abends haben wir zwei Taschen gepackt«, murmelte Ellen, »und haben bis Mitternacht gewartet, und dann stahlen wir uns auf die Straße hinaus. Bronstein hatte einen Unterschlupf für uns gefunden. Er hatte in den Tagen zuvor einige Koffer mit Wäsche dorthin gebracht. Wir sind fast eine Stunde gelaufen.«

Ellen Koch sprach zur nackten Betonwand, als sähe sie dort jemanden stehen. Sie schluckte, und Sam ahnte, daß ihre Erzählung nun jene Person einführte, bei der ihr Redefluß regelmäßig ins Stocken geriet.

Die Alte stülpte ihre Unterlippe vor, als müsse sie ihre Worte erst prüfen und begutachten wie ein neuartiges Tuch, und als käme es darauf an, sich nicht vorschnell auf ein Urteil festzulegen, doch ihre schmalen Brauen saßen in mißbilligenden Halbkreisen über ihren Augen, wie skeptische Fragezeichen über ihren großen, blauen, leeren Punkten.

»Sie hat uns die Tür aufgemacht. Sie war blond, genau wie ich. Vielleicht ein bißchen rötlicher. Natürlich war sie größer, irgendwie gröber. Aber sie roch nicht schlecht.«

Sie hieß Lisa Moll und war eine Kundin ihres Mannes. Sie legte die Finger auf die Lippen, und die Koschinskys und die Bronsteins schlüpften in den dunklen Hausflur und folgten ihr hinunter in den Kellerraum, der bereits mit einigen Betten, einem Schrank für die Wäsche sowie Tisch und Stühlen ausgestattet war.

»Ungefähr so groß wie der Laden. Von hier bis zu den Hängern. Fünf Leute. Sarah hat auf meiner Matratze geschlafen.«

»Die ersten Wochen«, murmelte Ellen, »waren erträglich.« Es gab Wasser, und »diese Lisa« versorgte sie mit

Lebensmitteln und mit Seife und mit Nachrichten über die Siege der Reiterhosen, die Razzien, die Bewegungen der anderen.

Daß die blonde Frau bei ihren heimlichen Stippvisiten ihrem Blick auswich, irritierte sie zwar, aber sie schob es auf die ungewöhnliche Situation. Schließlich war Elsa eine prominente Dame der Amsterdamer Gesellschaft. Womöglich fand es Lisa beschämend, daß die elegante Frau Koschinsky nun mit leichten Zeichen beginnender hygienischer Verwahrlosung, mit stumpfen Haaren und in einem einfachen Wollkleid auf einer Matratze vor ihr saß und zu ihr aufschaute und letztendlich von ihrer Gnade abhängig war.

Allerdings machte auch Elsa sich Gedanken. Wie kam es, daß Lisa Moll, die verwitwet war, zu den Kundinnen ihres Mannes gehörte? Für wen hatte sie die Männeranzüge gekauft? Mit der Zeit fiel ihr auf, daß Bronstein ihren Blick mied, wenn Lisa Proviant brachte, und die Höflichkeitsfloskeln, die sie austauschten, klangen merkwürdig flach und einstudiert.

Ein Zufall stieß Elsa kurze Zeit später auf die Wahrheit. Es tue ihr so leid, sagte Lisa bei einem ihrer Besuche, daß sie der Familie nur ein solches Loch als Schutz anbieten könne. Sie könne sich vorstellen, wie groß die Umstellung sein müsse. »Wenn ich Ihnen doch wenigstens Ihren Breughel hierher hängen könnte.«

Den Breughel? Der Breughel, eine verschneite Winterlandschaft, hing in ihrem Schlafzimmer! Woher kannte diese Person ihr Schlafzimmer?

Lisa wußte sofort, daß ihr ein schrecklicher Fehler passiert war. Sie wurde rot und verabschiedete sich schnell. Bronstein saß mit hängendem Kopf auf der Bettkante. Nachdem sie gewartet hatten, bis Sarah weggeschlummert war, und die Eltern zumindest so taten, als seien sie eingeschlafen, beichtete ihr Bronstein flüsternd von dem Verhältnis, das er mit Lisa Moll hatte.

Die Affäre begann bereits drei Jahre, nachdem sie nach Holland übergesiedelt waren. Elsa war mit dem Kind nach Scheveningen an die Küste gefahren, während Bronstein in der Stadt zurückblieb, um sich um die Geschäfte zu kümmern.

»Da saß ich, in diesem Loch, und ich wollte schreien und durfte es nicht. Mit diesem Betrüger Bronstein, eingesperrt in den Keller. Und abhängig von dieser Person.«

Wieder fuhr Ellen Kochs Unterlippe nach vorne, und sie kaute auf ihren Worten, und ihr Blick war groß und starr und fragend auf die Betonwand gerichtet.

»Und dieser Hitler hat mir das eingebrockt. Ich, Elsa Koschinsky, war nun von der Gnade der Person abhängig, die mir meinen Mann gestohlen hatte.«

Sam nickte. Er sah, daß Mama aufgewühlt war. Er nahm die Kopfhörer ab und schaute sie fragend an.

»In normalen Zeiten hätte ich Bronstein, diesen hochgekommenen Ladenburschen, zum Teufel gejagt. Und diese Dame hätte ich mit Verachtung gestraft.«

Sie walkte ihre Hände ineinander, so, wie es kleine Mädchen tun, die vor einer Rechenaufgabe sitzen, die sie nicht lösen können.

»Ich wußte, daß es auch andere Familien gab, die untergetaucht waren. Aber bei dem Flittchen des eigenen Mannes! Das hat sich der Teufel ausgedacht!« Sie atmete schwer. »Der Teufel«, sagte sie noch einmal.

»Unter normalen Umständen hätte ich sie zur Unperson gemacht. Vielleicht hätten sich die beiden in Alkmaar eine neue Existenz aufbauen können, in Amsterdam wären sie tot gewesen. Und nun mußte ich dieser schamlosen Person dankbar sein, weil sie das Leben meiner Eltern und meiner Tochter rettete. Und dafür hat dieser Hitler gesorgt.«

Sam stöhnte auf. Schon wieder dieser Hitler. Er war wütend auf ihn, weil er sah, wie sehr Mama unter ihm litt. Er wußte, daß es Böse unter den Menschen gab, die eine ganze Anzahl von Guten verhexen und tyrannisieren konnten.

Unter den wenigen Erinnerungen an seine Jugend im Süden gehörte die an Herb Wilcox, einen dünnlippigen, blassen Anwalt, der von den Schwarzen im Trailer Park der »Satan Wilcox« genannt wurde. Auch seine andere Mama begann jedesmal wie Ellen Koch zu zittern, wenn sein Name fiel. Auf Wilcox' Konto gingen die brennenden Hütten und die Leichen, die gelegentlich im Fluß trieben, auf sein Konto und das seiner Kohorten, die in weißen Bettlaken durch die Nacht ritten.

Auch Sam hatte Angst vor Wilcox, und er betete abends zu Gott, daß er diesen »Missah Willocks« vom Erdboden tilge. Und er schwor sich, daß er es eines Tages selber besorgen würde, damit seine Mama nicht mehr zu zittern brauche.

Sam erhob sich, ging schwerfällig zu Ellen Kochs Stuhl

hinüber und legte ihr begütigend die Hand auf die Schulter. »Ich hol dir mal 'n Bagel, Mama, und 'n Kaffee. Und du ruhst dich mal 'n bißchen aus von diesem Hitler.« Ellen nickte geistesabwesend.

Sam trat zur Kasse und ließ sie aufspringen, und er freute sich wie jedesmal über das »pling« der Kassenglocke. Er grub einige Münzen aus dem Fach fürs Kleingeld. Unter einer Spange hinter dem Fach klemmte der 20-Dollar-Schein, mit dem Nummer 48 am Morgen für das falsche Wäschepaket bezahlt hatte. Das war der ganze Kasseninhalt. Wo Elsa ihr Geld aufbewahrte, hatte er nie herausbekommen. Es war ihm auch egal. Es gab immer genug Kleingeld für Bagel und Kaffee.

Sam schleppte sich schwer atmend die Treppe zur Straße hinauf, Stufe um Stufe, wobei er sich am Geländer nach oben stemmte. Im Sommer stand er oft hier draußen, unter der Kastanie, die sich wie ein Baldachin über das Firmenschild bog. »Reinigung und Wäscherei« stand da, und daneben war ein braunes Pappschild angebracht mit den Worten: »Überfallalarm.«

Das Schild war seine Idee gewesen, und er war jedesmal stolz, wenn er es sah. Von seinen Streifzügen durch die U-Bahn-Schächte und den gelegentlichen Sauftouren im Park wußte er, daß die Stadt ein Dschungel und das Böse allgegenwärtig war. Man mußte sich schützen, und sein Schild hatte Mama bisher geschützt wie ein Talisman.

Sam schlurfte die hundert Meter bis zur Ecke Columbus Avenue, wo der Koreaner seinen Laden hatte. Er winkte Grover zu, der, unter seine Kapuze geduckt, mit seinem Plastikbecher bettelnd vor dem Laden stand.

Sam ließ sich von Madame Li zwei Bagel und Kaffee geben.

Als er den Kellerraum wieder betrat, saß Mama unverändert vor der Betonwand. Er schob sie sanft aus dem Stuhl, drehte ihn zur Wäschetheke und setzte sie wieder ab. Dann breitete er eine Zeitung aus, hob die beiden Styroporbecher mit dem Kaffee aus der braunen Tüte und wickelte die Bagel aus.

Schweigend aßen sie. Als sie fertig waren, wischte Ellen die Krümel zusammen, pickte sie einzeln auf und schob sie sich in den Mund.

»Wir lebten von drei Scheiben Brot in der Woche«, sagte sie, »wir sahen aus wie Gespenster. Es war wohl nicht Lisas Schuld. Die allgemeine Versorgungslage war schlecht. Ich sah, wie Sarah abmagerte, und ich war dieser Person hündisch dankbar, wenn sie kam. Anfangs kam sie einmal in der Woche. Später einmal im Monat. Ihr ging es fast so schlecht wie uns.«

Besonders begann Elsa unter dem zunehmenden Gestank in ihrem Versteck zu leiden. Fünf Menschen, die ohne Seife auskommen mußten, lebten da in einem Raum. Und dann, etwa zwei Jahre, nachdem sie ihren Keller bezogen hatten, wurde Sarah krank. Sie erbrach sich, verlor jede Farbe, und ihr Bauch schwoll an. Wieder war es Lisa, die zu Hilfe kam. Sie brachte das Mädchen nachts zu einem Arzt, den sie als zuverlässig kennengelernt hatte.

Bevor er Sarah die Narkose gab – sie hatte eine Blinddarmentzündung, die sofort operiert werden mußte –, schärfte er ihr ihren neuen Namen ein. Als sie andertags auf der Kinderstation des katholischen Krankenhauses aus der Narkose erwachte, wurde sie von vier Zimmernachbarinnen neugierig begrüßt. Sie erinnerte sich, daß sie Heidi Waller hieß, und sie log sich tapfer durch ihre Legende, bis die Neugier der anderen Kinder gestillt war.

Zu einer Krise kam es ein paar Tage später, als eine der Schwestern, die die Pflegestation betreuten, in den gefälschten Papieren entdeckt hatte, daß das Mädchen Geburtstag hatte.

»Wir singen jetzt alle für Heidi ein Lied aus dem Gesangbuch. Heidi, welches ist dein Lieblingslied? Was singst du am liebsten in der Kirche?«

Doch auch diesmal hielten die Engel ihre Hand über das Mädchen.

»Unsere Engel«, sagte Ellen Koch. »Unsere Engel! Ein paar hat uns Gott noch gelassen, um einige wenige von uns zu verschonen! Ich habe nie verstanden, warum ausgerechnet wir zu den Auserwählten gehörten. Wir waren nie besonders fromm.«

Sarah kam mit einem genuschelten »Heilige Maria« davon, und eine Woche später konnte Elsa sie wieder in ihre Arme schließen. Sie küßte Lisa die Hand dafür.

»Ich hatte keinen Stolz mehr«, murmelte Ellen. »Ich wollte nur, daß Sarah lebt. Ich hätte dafür den Teufel persönlich geküßt.«

Sam nickte unter seinen Kopfhörern im Takt der Musik, und er sah Mama die Lippen bewegen, und er wußte, daß sie sich wieder mit Hitler und den anderen unterhielt.

Es war ein ruhiger Nachmittag. Kundschaft war nicht mehr zu erwarten, und Nummer 48 würde den Irrtum mit der Wäsche erst abends bemerken, das heißt, seine Frau würde ihn bemerken, und sie würde erst am nächsten Vormittag damit zurückkommen.

Mama hatte eine Zeitlang fragend die Wand angeschwiegen, und dann begann sie wieder, vor sich hin zu murmeln. Solange sie redete, war sie nicht tot. Sam hatte manchmal Angst um sie, wenn sie stumm und gelb unter der Glühbirne saß und aussah, als ob sie sanft hinübergeschlafen sei in den Tod und nur vergessen hatte, die Augen zu schließen. Dann stellte er irgendeine Frage und war erleichtert, wenn sich ihr welker Mund wieder bewegte.

»Wann bist du aus diesem Keller wieder rausgekommen, Mama?« fragte er, obwohl er die Antwort kannte, die er schon hundertmal gehört hatte.

»Im Frühjahr 45«, sagte Ellen, »die Reiterhosen hatten ihre stärksten Bataillone bei uns in der Nähe postiert. Wir saßen wie in einer Mausefalle. Überall fielen Bomben. Und wir konnten nicht raus, wegen der Reiterhosen.«

Ihre Eltern waren so hinfällig geworden, daß sie die Stunde der Befreiung nur noch abwesend erlebten, als Schatten, die auf den Tod hinträumten.

»Sie hatten keine Kraft mehr. Sie haben nicht mehr gegessen, um uns nichts wegzunehmen.«

Elsa und Samuel Bronstein bestatteten ihre Eltern und ließen sich scheiden. Kurz darauf lernte sie an einem warmen Sommertag an der Prinsengracht Fred kennen, einen gutmütigen, sommersprossigen GI aus Brooklyn, der Mutter und Kind durch die Nachkriegszeit fütterte. Sie heirateten und zogen nach New York.

»Ich gab ihm dafür, was ich hatte. Keine Liebe, aber Dankbarkeit. Im Keller hatte ich Dankbarkeit gelernt.«

Fred war der Mann, an den sie sich anlehnen konnte, wenn sie müde war. Er half ihr, mit den Alpträumen fertig zu werden, und er trug sie auch über den schwarzen Abgrund hinweg, der sich geöffnet hatte, als Sarah verunglückte. Ihre Tochter war zu einer hübschen jungen Frau mit blonden Locken herangewachsen, und sie war auf dem Weg zum Tanzen in einem Studio am Broadway, als sie von einem übermüdeten Taxifahrer überfahren wurde.

»Tanzen war ihre Welt. Und dann lag sie zerbrochen auf der Straße.«

Seit Freds Tod war Elsa allein, und sie hatte sich an ein zähes Weiterleben gewöhnt, wobei jeder Tag zählte, denn jeder Tag war ein kleiner Sieg über Hitler.

Mit Hitler wurde sie fertig. Aber über die Frau, die ihr erst den Mann gestohlen und dann das Leben gerettet hatte, kam sie nicht hinweg. Die große Bestialität war ein böser Sturm, eine Verfinsterung, die sich verzogen hatte – aber die kleine Untreue war ein Haken, der fest in ihrem Herzen saß. Wie merkwürdig, dachte sie sich oft. Den Satan nimmt der Mensch in Kauf, aber den Tritt vors Schienbein vergißt er nie. Ob Lisa Moll ihren Bronstein wohl geheiratet hatte? Sie hatte nie ernsthaft versucht, es herauszufinden.

So saß Ellen Koch in ihrem Keller, während die Jahre dahinflogen, nahezu blind und umgeben von den Gespenstern und Schatten, die nun immer öfter aus der Vergangenheit hervortraten, und sie ließ sich umsorgen von einem großen, dicken Schatten, der das Gemüt eines Kindes hatte.

Draußen war es dunkel geworden. Ellen konnte Tag und Nacht nicht mehr auseinanderhalten, doch Sam wußte, daß es nun Zeit war. Mama mochte einen Tee vor dem Zubettgehen, und so schleppte er sich ein letztes Mal die Stufen hoch. »Dieser Hitler«, murmelte er, als er zum Koreaner schlurfte, »wie kann man nur so böse zu Mama sein.«

Grover hatte sich bereits einen leeren Gemüsekarton besorgt und eine Plastiktüte voll alten Zeitungspapiers, und er bereitete sich auf seine Nacht im Park vor. Er schlief meistens unter der Brücke, die zum Eisring am Südende des Parks führte, eigentlich ein sicherer Fleck, wie Sam wußte, aber man konnte nicht vorsichtig genug sein.

»Nimm dich in acht vor diesem Hitler, Mann«, sagte Sam, »der ist wieder unterwegs«, und Grover nickte unter seiner Kapuze und sagte: »Is klar, Sam, sag der Alten hallo von mir.«

Als Sam zur Kellertreppe zurückkam und hinunterschaute, begriff er sofort, daß etwas passiert war. Da war kein Licht im Vorraum, und im Schein der Straßenlaterne konnte er sehen, daß die Glastür offenstand und in der Mitte ein häßliches, gezacktes Loch klaffte. Im gleichen Moment hörte er Mama schreien.

Sam trampelte die Stufen hinunter. Er wußte instinktiv, daß dieser Hitler gekommen war, um Mama zu holen, und er keuchte über die Schwelle, hinein in den Ladenraum, und er vergaß, daß er den Becher mit dem heißen Tee noch in der Hand hielt.

Die Kasse stand offen. Mama lag auf dem Boden. Über ihr stand dieser Hitler. Er war klein und trug eine breite Hose aus grünem Kampfdrillich. Über den hohen Kragen seiner schwarzen Lederjacke fielen lange, fettige Haare, die zu einem Pferdeschwanz verknotet waren. In seiner rechten Hand hielt er einen stupsnasigen Revolver, und über dem Handrücken ringelte sich eine tätowierte Schlange um ein Kreuz. »Wo iss die Kohle«, bellte er, und er holte mit dem rechten Fuß aus, um Mama zu treten.

So stand er, auf einem Fuß, als er Sams Schrei hörte. Es war kein menschlicher Schrei, eher ein Elefantentrompeten, ein Laut, der sich über Jahre in Sams Brust gebildet hatte und der von weither kam, von den fernen Horizonten seiner Erinnerung an Alabama und an den Teufel Wilcox, an die Prügel in der Schule und die Schikanen der Sheriffs und an all die Wölfe in den Stadtdschungeln in all den Jahren, die ihn bestohlen und geschlagen hatten – das alles schoß nun heraus mit einem einzigen Schrei, der so fürchterlich war, daß der Einbrecher mit dem Fuß in der Luft erstarrte.

Dann sah er entsetzt, wie diese schwarze lebende Tonne auf ihn zurollte, und der Schrei war noch in der Luft, als er seinen Revolver abfeuerte. Doch Sam spürte nichts davon, und auch die nächste Kugel war nicht mehr als ein Moskito, der eine rasende Lokomotive zu stechen versucht, und dann war er bei ihm, über ihm, und seine rechte Hand sauste an Hitlers Kopf, in einer weiten Kreisbewegung, wie bei einer Holzpuppe in einer Wurfbude, und da erst spürte er, daß er den Becher mit dem heißen Tee noch in der Hand hielt.

Hitler jaulte auf, und er flog über Mama hinweg auf den Betonboden ans Ende der Wäschetheke, und dann wurde er unter einem schwarzen Erdrutsch begraben. Sam wußte, daß er diesmal mit Hitler fertig werden mußte, sonst würde er wieder kommen. Er packte ihn an seinem Haarschopf und riß ihn in die Höhe, und dann stampfte er die Stirn auf den Boden, als wolle er die Erde festklopfen über einem Grab, und er stampfte weiter, in einem monotonen Takt, und er hörte nicht, wie Hitlers Nase brach und dann der Schädel, er wußte nur, daß Hitler böse war und bestraft werden mußte, und er sagte: »Laß endlich Mama in Ruhe!«, und die Tränen liefen ihm dabei über die dicken Polster seiner Wangen.

Mama! Sam ließ den Schädel ein letztes Mal auf den Boden fallen und wandte sich der Alten zu. Sie lag in ihrer blauen Strickjacke wie eine Puppe, die blauen Augen glasig zur Decke gerichtet. Sam schob seine Hand unter ihren Kopf, der flaumig war und zerbrechlich wie der eines Vogels, und nach einer Weile räusperte sich die Alte, und in ihre Augen trat Leben, und sie sagte streng: »Du hast wieder getrödelt. Wie lange brauchst du eigentlich, um einen Tee zu holen? Und überhaupt, was ist das für eine Unordnung hier!«

»Is in Ordnung, Mama«, sagte Sam, »wir gehen jetzt schlafen«, und er hob sie auf und führte sie in ihre kleine Kammer, die neben seinem Verschlag lag. »Schließ die Tür«, sagte Elsa Koschinsky, »und räum den Laden auf!«
»Is schon gut, Mama«, sagte Sam.

Er verschloß die Glastür, schob das Kassenfach zu und löschte das Licht im Laden. Er hob den leeren Teebecher auf und warf ihn in die Plastiktüte mit dem Müll. Dann schob er die dunkle, leblose Gestalt, die am Ende der Theke lag und für ihn alle Bedeutung verloren hatte, zu den Regalen hin, wo die schmutzige Wäsche lag. Nun war das Ding nicht mehr im Weg, und alles hatte seine Ordnung.

Dann legte er sich in seine Koje. Über seiner Herzgegend spürte er Feuchtigkeit, eine zähe Flüssigkeit, die aus dem kleinen, verbrannten Loch in seinem Sweater trat, und sein letzter beklommener Gedanke, bevor er das Bewußtsein verlor, war: Nun wird Mama wieder schimpfen.

Als die Ambulanz am nächsten Tag die beiden leblosen Körper über die Treppe zur Straße hinauf gewuchtet und die Polizei ihre Fragen gestellt und der Glaser die Türscheibe ersetzt hatte, verriegelte Elsa Koschinsky ihren Laden. Dann stellte sie das Schild »Bin in zehn Minuten wieder da« vor die Plattenhülle des *Rosenkavaliers*, so, daß es durch die Glasscheibe der Ladentür zu erkennen war.

Sie schlurfte zurück in den Wäschekeller, setzte sich auf ihren Stuhl unter der Glühbirne und starrte zur Wand. Sie mußte eine Weile allein sein. Es gab eine Menge zu besprechen, mit Bronstein und mit Lisa, mit Fred und Sarah und Sam, und vor allem mit Hitler.

Bucharins Ende

Der Feind griff an einem späten Freitagvormittag an, als alle noch schliefen, unschuldig und rein wie der frische Schnee, der draußen gefallen war: Wramm, wrammbamm! Ich war der erste, der die dumpfen Hiebe spürte. Sie kamen von unten. Sie kamen von draußen.

Vielleicht war ich auch nur aufgewacht, weil ich pinkeln mußte, denn daß die Holzdielen zitterten, war nichts Ungewöhnliches in diesem Irrenhaus, in dem wir uns ausgebreitet hatten wie Schwamm. Wir waren um die siebzehn, kriminell und meistens bedröhnt.

Ich pellte mich aus dem Schlafsack, einem grünen dickgefütterten Armeeding, und Jenny murmelte irgendwas durch ihre schwarzen Locken hindurch und drehte sich auf die andere Seite, und als ich schließlich schwankend auf meinen Beinen stand, erfror ich auf der Stelle, denn es war Winter, und der Ofen, den wir mit der Wandverkleidung aus dem unteren Stockwerk gefüttert hatten, war kalt.

Ich stieß an die leere Whiskyflasche, stieg über Alfred und Marion und Uta hinweg, die auf ihren zusammengeschobenen Matratzen in einer merkwürdigen Kamasutra-Tempel-Figuration eingeschlafen waren. Sie schliefen meistens zu dritt. Nicht weil Alfred so unwiderstehlich war, sondern weil Marion und Uta unzertrennlich waren. Alfred hatte es mit Marion, und aus praktischen Gründen und um Ärger zu vermeiden, auch ein paarmal mit Uta.

Als ich am Balkonfenster stand, sah ich die Bescherung. »Ach, du Scheiße«, rief ich, »die reißen die Festung ein.«

Unten war ein gelbes, stählernes Kraftpaket von Bulldozer gerade damit beschäftigt, neu Anlauf zu nehmen. Die Raupenketten drehten kurz durch in dem Schlick aus geschmolzenem Schnee und durchweichter Wiese, und dann hielt die Ramme Kurs, und WRAMM!

Der Boden zitterte, und ich hielt mich am Fensterrahmen fest, und Frank, der sich in einen hinteren Winkel dieses Schlachtfeldes verkrochen hatte, auf dem wir in den Morgenstunden erschöpft zusammengebrochen waren, alle um den Ofen herum, erledigt von Whisky und LSD und Pillen, ziemlich genau in dieser Reihenfolge, Frank also wimmerte und hielt sich die Ohren zu.

Wahrscheinlich hielt er das, was da an Geräuschen und Sinnfetzen auf ihn eindrosch, immer noch für letzte verrückte Neurotransmitter-Zuckungen seiner ratlosen Nervenzentrale. Dann flog die Tür auf, und der Professor stürmte herein, und Frank war sich jetzt sicher, daß er auf einem ganz bösen Trip gelandet war. Er stöhnte und zog sich die Decke über den Kopf.

Professor hatte den Irrsinn des routinemäßigen Amphetamin- und LSD-Schluckers in den Augen. Er war doppelt so alt wie wir und kannte einige Lenin- und Stalin-Reden auswendig, weshalb er Professor genannt wurde.

»Es iss soweit«, brüllte er, »es is Krieg. Klassenkampf!«

Jenny schrie verschreckt auf. Das Knäuel um Alfred entknäulte sich. Professor schnappte sich die leere Whiskyflasche, riß die Balkontür auf und feuerte sein Geschoß auf den Schaufelbagger ab. Es traf den Motorblock und schepperte häßlich auf dem gelben Blech, und drei Bauarbeiter schauten überrascht nach oben.

In der Nacht zuvor hatte Professor den schwarzen Kater ungefähr von der gleichen Stelle aus in die Dunkelheit geschmissen. Keiner von uns hatte Mitleid mit dem Mistvieh, weil es immer irgendwo hinschiß, wo man schwer rankam. Der Kater war irgendwann aufgetaucht, so wie alle in diesem Haus irgendwann einfach aufgetaucht waren – ausgebrochen aus einem bürgerlichen Gehege und räudig geworden auf der freien Wildbahn –, und der einzige, der sich um ihn kümmerte, war Professor.

Er nannte ihn Bucharin und fütterte ihn ab und zu, aber wir hatten ihn im Verdacht, daß er sich den Kater nur hielt, um ihn gelegentlich abzustrafen. Professor war ein verdrehter Typ, ein sodomistischer, sadomasochistischer ehemaliger Buchhändler und Stalinist, und in der vergangenen Nacht hatte er in Bucharin einen Trotzkisten erkannt.

Nach einem länglichen Schauprozeß, bei dem sich der Kater fauchend in die Ecke geduckt hatte und Professor, befeuert von Jim Morrisons »This is the end«, seine ziemlich wirren Anschuldigungen vortrug – Konspiration, Verrat am Proletariat, Linksabweichlertum –, hatte er ihn gepackt und vom Balkon geschmissen.

Später war Bucharin dann wieder aufgetaucht, und Professor hatte ihn gestreichelt und ein bißchen geheult und gesagt, daß er ihm seine Verfehlungen verziehen habe.

Kurz darauf biß ihn Bucharin heimtückisch in den Finger, als Professor irgendwas in der Hand hielt, was nur entfernt eßbar aussah – alle Lebensmittel in diesem Haus sahen nach kurzem nur entfernt eßbar aus –, und Professor schickte ihn in die sibirische Verbannung. Er steckte ihn ins Kabuff unter dem Spülbecken.

Jetzt trug Professor einen wattierten geblümten Morgenrock und eine Pelzkappe, und er lehnte sich über die Brüstung, und die Spucke flog ihm in kleinen weißen Fetzen aus dem Munde, als er in den winterklaren Garten hinabrief.

»Proletarier! Brüder! Genossen! Laßt euch von den Imperialisten nicht verheizen. Besorgt nicht das Geschäft der Kriegstreiber und Grubenbarone!«

Der Atem stand ihm vor dem Mund wie Blasen in einem Comic strip, und er stützte sich auf die Balustrade wie Stalin auf die Kreml-Mauer.

Die drei Bauarbeiter starrten ihn an wie eine Erscheinung. Ihnen war vermutlich gesagt worden, daß das Haus leer sei, und nun stand da oben ein offensichtlich durchgeknallter Bolschewik in Frauenklamotten und beschmiß sie mit Whiskyflaschen.

Offiziell war es ein leerstehendes Haus. Wir hatten uns hier eingenistet als alternatives Experiment, lange bevor es Mode wurde, leerstehende Häuser in alternative Experimente zu verwandeln. Wir wurden geduldet in diesem halblegalen Freiraum, und wir hatten sogar Strom und Wasser.

Seit ein paar Wochen jedoch wurde die Lage zunehmend prekär. Der Eigentümer hatte endlich seine Abrißgenehmigung erhalten und setzte uns darüber in Kenntnis. Allerdings hatten wir das nicht weiter ernst genommen. Es gab wenig, was wir wirklich ernst nahmen. Stromrechnungen oder Wasserrechnungen oder Briefe von Eigentümern zählten nicht dazu.

Professor redete sich in Fahrt, und ich ging pinkeln. Da der Wasserkasten nicht in Ordnung war, war die Spülung auf Dauerrauschen eingestellt, was den Vorteil hatte, daß das Wasser nicht in den Leitungen gefror. Allerdings war das Klo der lauteste Ort im Haus, und wenn man sich hinsetzen mußte, hatte man immer das unangenehme Gefühl, man sitze direkt über den Niagara-Fällen.

Als ich in das große Balkonzimmer zurückkehrte, das früher sicher mal ein schönes, sonniges Wohnzimmer war und jetzt so aussah, wie ein Bunker eben aussieht, der von einem Dutzend drogensüchtiger Irrer zum Fest- und Sammellager gemacht worden war, zogen sich die mittlerweile erwachten Leichen ihre Jeans an und traten nach und nach zu Professor auf den Balkon.

Professor improvisierte. Er zitierte gerade Benn, sein zweites großes Leitgestirn neben Stalin.

»Die Krone der Schöpfung, das Schwein, der Mensch«, schrie er in den Garten.

»Geht doch mit anderen Tieren um!«

Die Bauarbeiter zuckten ratlos mit den Schultern und steckten die Köpfe zusammen. Da oben gab es offenbar nicht nur einen Irren. Immer mehr langhaarige Figuren erschienen auf dem Balkon und schimpften und kreischten. Die Proletarier unten erkannten, daß sie eindeutig in der Minderzahl waren. Im übrigen war das hier kein Job für Abbruchspezialisten, sondern für die Psychiatrie. Irgendwann zogen sie ab.

Uns war klar, daß nun bald die Polizei auftauchen

würde, und dann wären wir angeschissen gewesen. Nicht nur wegen der Räumung, die schnell und gewaltsam vollzogen werden würde. Sondern in erster Linie, weil die drei noch beheizbaren und deshalb bewohnbaren Räume in dieser schönen Jugendstilvilla, die aus der Jahrhundertwende stammte, mit heißer Ware vollgestapelt waren bis unter die Decke.

Da keiner von uns für das alternative Experiment von den Eltern finanziert wurde – ja, die meisten, die uns in den vergangenen Monaten zugelaufen waren, hatten ihre Eltern seit Ewigkeiten nicht mehr gesehen –, klauten wir alles, was wir brauchten.

Dazu gehörte nicht nur der regelmäßige Nachschub aus den Delikatessengeschäften der Stadt – wir waren ziemlich wählerisch –, sondern Platten, Hi-Fi-Anlagen, Lederjacken, Boss-Anzüge, noch mehr Platten, teure Grafikerutensilien, dreißig Silbergabeln und ein Karton mit zwanzig Spezialobjektiven, die Alfred, ein krausköpfiger Künstler, im Lieferanteneingang eines Fotogeschäfts entdeckt hatte.

Er war wochenlang rumgezogen, um das Zeug zu verhökern, aber da er den Spezialmarkt nicht kannte, sondern nur Irre, die genauso kriminell, arm und verrückt waren wie er selber, war er auf dem Zeug sitzengeblieben. Nun hatte er damit begonnen, die Linsen zu zerlegen und zu einem psychedelischen Kunstwerk zusammenzubasteln, das sich nur dann richtig erschloß, wenn man weggetreten war und die »Doors« hörte.

Das Zeug mußte verschwinden, bevor die Staatsmacht ausrückte und dieses Nest aus Drogen und Diebesgut aushob. Wahrscheinlich hatten wir drei Tage Zeit, denn an einem Freitagnachmittag, so rechneten wir uns aus, würden die Kegelbrüder von der Polizei nichts unternehmen.

Aber am Montag, nach einem langen, frustrierenden Wochenende, das sie mit ihren keifenden Frauen und verzogenen Kindern in irgendwelchen Reihenhäusern absaßen, würden sie anrücken, mit ihrer angestauten Wochenendwut im Bauch. Natürlich hätte ihr Fußballverein wieder verloren, und sie würden zuschlagen, mit all der Gemeinheit und Gewaltbereitschaft, die einer hat, der eine Uniform trägt und sich nicht besonders viel aus langhaarigen Nichtstuern macht. Die Tage der Festung waren gezählt.

Im Garten stand der verwaiste Bagger gelb in der Wintersonne, dahinter der Sandkasten, in dem eines der protestantischen Tugendbabies, die im Kindergarten unten behütet worden waren, vor Jahren ein gelbes Sieb vergessen hatte. Drumherum waren Bäume und dahinter die Villen des gehobenen schwäbischen Beamtenstandes.

Wir waren das Krebsgeschwür der Gegend, und wir bildeten uns jede Menge darauf ein. Wir waren jung und ungewaschen und ein Magnet für alle minderjährigen Beamtentöchter, die gefährliche, ungewaschene Flegel für Helden hielten. Tatsächlich nannten sie das Haus auf dem großen Gartengrundstück, in dem das Unkraut wucherte, die Festung.

Während ihre Eltern sich untereinander trafen und ihre Beziehungen zum Bezirksamt auszuspielen versuchten, um das Drogennest zu schließen, lagen wir mit ihren Teenagertöchtern auf unseren Matratzen, kifften, tranken geklauten, dreißigjährigen Whisky und redeten gefährliches Zeug.

Das Haus war eine Festung des Bösen. Früher mal war es ein anthroposophisches Vereinshaus gewesen und dann ein Kindergarten. Es hatte viel Gutes beherbergt und geschaffen, es war ein Tempel der Mildtätigkeit und ein Nest schwäbischer Anständigkeit, und nun wurde es dafür bestraft. Mit uns.

Nachdem der Kindergarten verlagert worden war, wurde es von braven, steuerzahlenden kommunistischen Kunstlehrern bewohnt, die es für ihre Versammlungen nutzten, auf denen »Aktionstage« beschlossen und die Ausgaben eines Zentralorgans redigiert wurden, das *Roter Morgen* hieß.

Sie hatten den Fehler gemacht, mich aufzunehmen. Am Anfang ging noch alles ganz manierlich. Unten, im ehemaligen Kindergarten, half ich ihnen beim Malen von Transparenten. Oben wohnte ich in einer schrägen kleinen Mansardenbude, und das große lichtdurchflutete Balkonzimmer war von einem der kommunistischen Kunstlehrer in Beschlag genommen.

In einem ebenso großen, wunderschön gedielten Zimmer, das nach hinten rausging, wohnte ein Sportlehrer mit seiner Sportlehrerfreundin, die immer in einer schwarzen Strumpfhose herumlief, unter der sich ein weißer Slip abzeichnete, und mir damit schmerzhafte Dauererektionen bereitete.

Hinten gab es noch ein Gartenhaus, in dem ein weiterer Kunstlehrer wohnte. Sie nannten es Wohngemeinschaft, hatten sogar einen Küchendienst und verpflegten sich gemeinsam. Sie sprachen viel über die Mobilisierung der Massen.

Wie gesagt, es war ein Fehler, mich aufzunehmen. Denn ich nahm Alfred auf. Dann Uli. Sie nisteten sich unten, im Kindergarten ein. Dann kam Professor dazu, der seinen Job verloren hatte und der von der Stütze lebte und schwul war wie die Nacht. Keiner von uns ließ ihn richtig ran, aber manchmal, wenn es hoch herging und wir uns mit den Teenagern der Nachbarschaft auf dem Boden rollten, ließen wir ihn zuschauen.

Nach und nach kamen Gottfried und Jenny und Frank hinzu. Gottfried war ein Pfarrerssohn, und er sang gleichzeitig im Kirchenchor und beim »Kommunistischen Arbeiterbund«, der aus lauter Studenten und Lehrern bestand. Er war einfach aufgetaucht wie alle anderen, die sich allmählich einrichteten und über Nacht blieben, und überhaupt: eigentlich kamen wir alle nachts erst richtig in Fahrt.

Nachts sangen wir Arbeiterlieder, wir sangen Ernst Busch, wir grölten »Reih' dich ein in die Arbeitereinheitsfront«, und dann sangen wir Kirchenlieder, und natürlich versündigten wir uns an den Liturgien beider Lager, weil uns nichts heilig war.

Das Gemeinschaftsbadezimmer mit der Gemeinschaftsbadewanne wurde von uns gemeinschaftlich und gleichzeitig genutzt, und dann fielen wir über den roten Gemeinschaftskühlschrank her und fraßen den kommunistischen Lehrern die Gemeinschaftssalami weg.

Vor allem aber hatten wir 100-Watt-Lautsprecher, aus denen meistens Jefferson Airplanes »White Rabbit« dröhnte, als eine Art Gebrauchsanweisung für unsere acidbefeuerten Spinnereien. Grace Slick hatte diese strenge Domina-Zeremonienmeisterinnen-Stimme, und erst kam das Schlagzeug mit diesem schleppenden Marschrhythmus, und dann sang sie »one pill makes you larger, and one pill makes you small«.

Das mit den Pillen ging in Ordnung, wir hatten das ganze Sortiment hoch und runter, solche, die kleiner und größer machten, und die anderen, die einen superschlau werden ließen, und natürlich die Pilze und die Löschblätter mit LSD, die wir uns in der vergangenen Nacht wieder auf die Zungen gelegt hatten, ehrfürchtig wie bei einer Kommunion, »... and the ones that mother gives you don't do anything at all...«, aber das wußten wir längst.

Die Anlage hatten wir in einer der Villen mitgehen lassen, in denen das linke Rechtsanwaltsestablishment seinen gepflegt-ausgelassenen Hippie-Liberalismus feierte und Kunstprofessoren herumstanden und kifften. Es ging noch um Vietnam und nicht um Terrorismus, um Haschisch und nicht um Heroin.

Sie faselten von Bewußtseinsveränderung, und wir klauten ihnen die Wohnung unterm Arsch weg, weil wir das andere Bewußtsein waren. Sie redeten von der »Änderung der Eigentumsverhältnisse«, aber sie redeten eben nur darüber, während wir sie praktizierten.

Da die Lehrer im Haus, das noch nicht die Festung war, für ihren Klassenkampf früh raus mußten, waren sie meistens übernächtigt, denn an Schlafen war nicht zu denken: »And if you walk chasing rabbits and, you know, don't fall...«, hallte Grace Slick durchs Haus, so laut, als ob sie ein Live-Konzert geben würde, und wir jagten die weißen

Kaninchen und ließen das Badewasser laufen und versammelten uns unten und feierten den ersten Tropfen, der durch die Decke fiel.

Die Lehrer gaben sich anfangs alle antiautoritäre Mühe mit uns. Sie redeten uns in unser nicht vorhandenes Gewissen. Dann benahmen sie sich plötzlich ziemlich roh, ganz so wie die Eltern ihrer Schüler, die sie auf ihren Versammlungen »autoritär« und »reaktionär« und »Establishment« nannten. Sie drehten nachts die Sicherungen raus, sie drohten uns Prügel an. Allerdings waren wir mittlerweile in der Überzahl. Wir waren der wahr gewordene antiautoritäre Alptraum.

Sie befanden sich in einem klassischen Dilemma. Natürlich konnten sie nicht die bürgerliche Justiz einschalten, um uns rauswerfen zu lassen. Nach mehreren steifen Ausschlußverfahren gegen uns und einigen abgelaufenen Ultimaten räumten sie schließlich das Feld.

Goldener Sommer der Anarchie. Es war nicht direkt Anarchie, aber die Welt war ein Selbstbedienungsladen. Wir schlitzten uns die Taschen und Futter in unseren Mänteln auf und schwärmten so in die Kaufhäuser aus und griffen durch die Manteltaschen hindurch in die Regale und zogen alles an uns, was wir uns nicht leisten konnten.

Wir waren Revolutionäre mit Babyspeck. Wir waren wild und unschuldig und sexy und wurden nicht erwischt. Wir hatten den Durchblick, und wir brabbelten von Monopolkapital und weißen Kaninchen und zerhackten die Wände und machten Kunst daraus. Wir nannten alles, was wir kaputtmachten, Kunst. Wir kannten uns aus.

Wir brauchten nur ein paar Monate, um die ganze Bude

zu ruinieren. Wir knackten die Sicherungskästen, zapften Strom, ließen Leitungen verschmoren, inszenierten kleinere Brände, zerlegten die Holzverschalungen und feierten. Die Schule besuchten wir nur in gelegentlichen Anfällen von Langeweile.

Eigentlich hätten sie den Bulldozer gar nicht gebraucht. Sie hätten uns nur noch ein halbes Jahr geben müssen, dann wäre das Haus von alleine zusammengefallen, altersschwach, enttäuscht vom Leben, müde, von innen zerfressen, verfault, ausgehöhlt, abgerieben, zerbröselt unter der prächtigen, sinnlosen Zerstörungswut von einem Dutzend gelangweilter Jugendlicher.

Doch jetzt bestand Handlungsbedarf. Wir saßen und lagen in unserem verwahrlosten Bunker, der sich unter dem heiteren Sonnenlicht von seiner häßlichsten Seite zeigte, ein Trümmerhaufen aus Matratzen, leeren Flaschen, Zigarettenkippen, halbfertigen Zeichnungen, schmutzigen Tellern und merkwürdigen Kunstobjekten, die aus Küchenrohren, Objektiven und Draht bestanden, und berieten die Lage.

Wie immer, wenn Handlungsbedarf bestand, bastelte Frank eine große Tüte. Er war ein Künstler auf dem Gebiet. Seine Joints sahen aus wie makellose, weiße Keulen, die auf langstieligen Pappröhren saßen wie Orchideen.

»Das Zeug muß weg«, sagte Alfred.

Er dachte an seine Objektive, und wir dachten an unsere Hi-Fi-Anlagen, und Frank, der den Joint weiterreichte, dachte an seine dreißig Gramm Haschisch, die er von einem Armeesoldaten gegen fünfzig ladenneue Langspielplatten – ein Auftragsjob, Abteilung Cool-Jazz – eingetauscht hatte.

»Wir brauchen nur 'ne Verschnaufpause, 'n Unterschlupf für 'n paar Tage.«

Soviel war klar. Es fiel uns ohnehin schwer, länger vorauszuplanen als ein paar Tage. Gewöhnlich wußten wir noch nicht mal, was in der nächsten Stunde passieren würde. Meistens lief es auf LSD und Krach und Sex hinaus.

»Zu mir können wir nicht«, sagte Frank, »meine Alte würde sofort zur Polizei gehen.«

Alle hatten wir das gleiche Problem. Und alle schauten wir auf einmal Gottfried an. Gottfrieds Eltern, ein Pastorenehepaar, das acht Kinder in die Welt gesetzt hatte, war mit der ganzen Bagage im Urlaub. Gottfried mußte nicht mit. Er ging ihnen sowieso auf die Nerven. Nun hing er bei uns rum.

»Auf keinen Fall«, sagte Gottfried.

Er träumte davon, ein psychedelisches Sinfonieorchester zu gründen. Er konnte Geige spielen und hatte auch sonst all die vergeblichen Erziehungsanstrengungen genossen, mit denen Pfarrer ihre Kinder zu verantwortungsvollen Mitgliedern der Gesellschaft zu formen versuchen.

»Nie geht das. Im übrigen kommen sie in 'ner Woche zurück.«

Allerdings war Gottfrieds Haltung eindeutig das, was Professor »eine Minderheitenposition« nannte, was auch Gottfried einsah, als der Joint zum dritten Mal an ihm vorbeikam. Wir stimmten ab. Es gab eine Enthaltung, Gottfried, und der Rest war dafür, das Lager ins Pfarrerhaus zu verlegen.

»Vielleicht kommen wir dann alle in den Himmel«, strahlte Jenny, und sie wollte wissen, ob es bei Gottfried zu Hause Weihwasser gab.

Im Keller hatten wir einige Leiterwagen und Fahrräder mit Anhängern entdeckt, die noch aus den Tagen des Kindergartenbetriebs stammten. Gottfrieds Eltern wohnten nur ein paar Querstraßen weiter. Zwei, drei Fuhren, und die Sache war gelaufen. Und in einer Woche würde man weitersehen.

Über die überraschend glückliche und einfache Wendung, die die Dinge genommen hatten, waren wir so erleichtert, daß wir Grace Slick auflegten, LSD schmissen und daran gingen, unsere Sachen zusammenzupacken. Die Mädchen schnappten sich Plastiktüten für die schmutzige Wäsche, und wir kümmerten uns um die Warenlager.

Die Wirkung setzte kurz darauf ein. Ich spürte, wie die Kopfhaut anfing zu kribbeln, das übliche Fehlzündungsgewitter im Nervenzentrum, und ich sah in meinen Händen, wie das Blut durch die Adern pumpte, als wären sie durchsichtig, rote Muskel- und Sehnenbäume wie auf den aufgeklappten Anatomiedarstellungen aus dem Biologieunterricht.

Ich schnappte mir einen großen Karton mit Schallplatten, und die Treppenstufen gaben nach und bogen sich in der Mitte. Ich kicherte und lief weiter, und erst als das Geländer mit tausend wütenden knochigen Pfarrersfäusten fuchtelte, kroch mir die Panik die Wirbelsäule hoch.

Dann sah ich die Viecher, kleine gelbe und rote Dinger, und ich wußte, daß die Festung lebte, sie war eine Pilzkultur, ein Laborhumus, in dem es kroch und wimmelte und krabbelte und zeugte – wucherndes Leben.

Alfred hatte sich in einen Lautsprecherturm verwandelt, der die Treppe hinunterwankte, ein blutrotes, glühendes Zyklopenauge oben und ein großer Baßmund unten, und seine Arme wuchsen aus dem Holz, und er sah aus wie eine dieser sprechenden Waschmaschinen, die Reklame für das richtige Waschmittel machen, und er sagte: »Die Karnickel kommen«, und ich mußte wieder kichern.

Nach einer Weile war die erste Fuhre fertig. Wir schoben noch ein bißchen Holz in den Ofen, damit wir uns nicht den Hintern abfroren, wenn wir zurückkamen, um die nächste Fuhre abzuholen, und Professor warf sich in die Brust und begann eine seiner Ansprachen:

»Bürger, wenn ihr euch auf die Höhe eures Schicksals schwingen wollt...« Natürlich kannte er auch ein paar Reden französischer Revolutionäre auswendig, und diese hier war die berühmte von Saint-Just in der Ständeversammlung, die er sich für besondere Gelegenheiten aufhob, doch Alfred keuchte »Vorsicht, Alter« und stieß ihn zur Seite, um seinen Karton mit den Objektiven auf den ächzenden Leiterwagen zu knallen.

Professor stürmte voran, und er brabbelte, daß er uns auf den langen Marsch führen und daß es Härten und Opfer geben werde, »aber Abweichler werden unbarmherzig ausgerottet«, und die Tannen nickten uns zu, und die Häuser schnitten Fratzen, als wir die stillen Villenstraßen hinabrollten.

Flüchtlinge mit Leiterwagen und Fahrrädern. Allerdings war das hier nicht Ostpreußen oder Vietnam, es war ein fettes, schwäbisches Wohlstandsnest, und unterwegs waren nicht ausgemergelte Familienväter und Großmütter mit ihren Habseligkeiten, sondern eine Handvoll verwahrloster, psychedelisch wahnsinniger Wohlstandskinder, die dabei waren, ihren geklauten Krempel in einer Pfarrerswohnung zu verstauen.

Unterwegs sangen wir »Arbeiter, Bauern, nehmt die Gewehre«, um uns aufzuwärmen, und hinter irgendwelchen Hecken, an irgendwelchen Bungalows, gingen Lichter an, und einer brüllte »Verdammte Saubande«.

Schließlich waren wir da. Schräg genagelter brauner Gartenzaun mit bösartigen Spitzen, properer Plattenweg, Haustür mit Zinkgitter vor dem eingelassenen Drahtglas.

Drinnen roch es nach Grünkohl und Ehrlichkeit. Der gewienerte Parkettboden war blank und hart wie Glas, als ob er sich weigern wollte, Kontakt mit dem zerlatschten Gesindel aufzunehmen, das auf ihm herumtrampelte.

»Mann, mir wird schlecht«, sagte Jenny, als sie in der Diele stand, »das sieht ja echt nach Horror aus.«

Professor war auf den Kühlschrank zugesteuert, und Alfred flätze sich im oberen Stock auf der Matratze des elterlichen Pfarrerschlafzimmers, auf dem ein fruchtbares und gottesfürchtiges Pfarrerpaar eine Horde Kinder gezeugt hatte, von denen zumindest eines überhaupt nicht gottesfürchtig war.

Gottfried lief am Anfang noch wild fuchtelnd hin und her, denn er fürchtete zwar Gott nicht, aber seine Eltern, und er brüllte »Zieht die Schuhe aus« oder »Paß mit dem Glasschrank auf« und »Keiner geht ins Elternzimmer«, aber schließlich sah er ein, daß er auf verlorenem Posten stand, und er setzte sich zu uns, um einen weiteren Joint durchzuziehen.

Alfred hatte mittlerweile die Pfarrersschränke im Schlafzimmer gefilzt und war fündig geworden.

»Hey, guckt mal, was ich hier habe«, rief er, als er die Treppe herunterkam, und er schwenkte ein Buch herum, auf dem »Kunstfotografie '63« stand, schwarzweiß und ziemlich vergilbt und zerfleddert.

Es waren Aktaufnahmen, sehr künstlerisch und mit viel Schatten und Getue, aber nichts konnte darüber hinwegtäuschen, daß es sich hier um dralle, knackige, nackte Brüste und Hintern handelte.

Alfred zog seinen Stift heraus und verwandelte die Kurven in Comic-Landschaften voller grinsender Gnome, die die Tittenhügel ins Tal runterrutschten. Alfred bekritzelte alles, was ihm in die Hände kam. Es war so eine Art Manie von ihm. Er war ziemlich talentiert und hatte von den Expressionisten und den großen Comic-Künstlern der Szene gelernt, und jetzt war er eine Mischung aus Max Beckmann und Robert Crumb.

Nachdem wir die Lautsprecheranlage aufgebaut und die Boxen zwischen einigen Stapeln frommer Bücher festgekeilt hatten, sang Grace Slick vom weißen Hasen, und Frank, der ein häuslicher Typ war, kochte Spaghetti. Ich verzichtete, weil die Nudeln sich in widerliche weiße Würmer verwandelt hatten, und ich riet auch den anderen ab, aber sie hatten nichts gegen Würmer.

Danach lagen wir eine Weile matt und träge auf dem Teppich herum, und Alfred sprach auf den Gummibaum ein und verlor sich dann in einer langatmigen Erklärung über vegetabile Intelligenz und Photosynthese und Reinkarnationen und die Signale von Pflanzen.

»Du meinst, der Spinat spricht mit dir?« fragte Marion. »Du spinnst.«

Alfred wollte wütend werden, aber dann meinte Jenny, wie es wäre, wenn wir den restlichen Krempel abholen würden.

Also sammelten wir uns und zogen wieder hinaus in die Winternacht. Auf dem Hinweg hatte ich den Asphalt als Wellenlandschaft erlebt, doch jetzt benahm er sich halbwegs vernünftig. Er sah glatt aus und dunkel und hart und böse, aber er blieb ruhig.

Wir sahen das Feuer schon von der Straßenecke aus, ein rotes Blaken zwischen den Baumlücken, und es roch streng. Als wir in die Toreinfahrt einbogen, schlug das Feuer aus dem Balkonfenster und hatte sich wie eine rote Zunge um den oberen Rahmen auf die Dachschindeln gerollt und tastete dort nach Nahrung.

Die Festung brannte.

Wahrscheinlich hatte irgendein Idiot die Ofentür nicht richtig zugemacht, und ein anderer Idiot hatte die Balkontür aufgestoßen, aber vielleicht hatte das auch der Wind selber besorgt, denn es pfiff ganz schön durch die Ritzen, und irgendwann hatte sich das Haus sicher überlegt, daß Selbstmord die würdigste Art war, mit uns fertig zu werden.

Mit seiner roten Zunge sah das Haus nun aus wie ein Riesengesicht, wie eine dieser indonesischen Dämonenfratzen, und der Qualm schoß aus seinen Ohren und legte sich in dicken Wülsten über die dunklen Fensteraugen.

»Heilige Scheiße«, sagte ich fast andächtig, und Professor brüllte: »An die Gewehre!«

Wir liefen zum Hauseingang, und als Alfred die Tür aufriß, rollte ihm schwarzer Qualm entgegen, und er sprang hustend und fluchend zurück. Nun hörten wir es richtig prasseln. Wir liefen zurück zur Heckengrenze, und Jenny schrie, daß man die Feuerwehr holen müsse, aber das war offenbar schon passiert, denn in der Ferne hörten wir Sirenen.

Nun standen wir da und schauten zu, wie die Festung abbrannte.

Ab und zu sprang ein Balken, und dann sprühte Funkenregen in den Himmel, und es stank nach Plastik, weil sich das Feuer über unsere Plattensammlungen hermachte. Das Feuer hatte tausend wütende Gesichter und tausend Zungen, und es fraß sich durch die hölzernen Eingeweide der Festung, die überhaupt keine war, sondern sofort nachgab.

Sie fiel zusammen wie ein Kartenhaus, und dann stob sie mit dem Funkenregen in die Höhe, wie ein Luftschloß wirbelte sie über die Tannenspitzen davon in die Nacht, eine glühende Halluzination, und wahrscheinlich, dachte ich in dem Moment, war sie nie was anderes gewesen als das: eine Halluzination.

Schließlich verkrümelten wir uns, weil wir die Feuerwehrautos um die Ecke quietschen hörten und die roten, kreisenden Blinklichter sahen.

Da das Haus frei stand und da Winter war, hatten sie das Feuer ziemlich schnell im Griff. Sie ließen es mehr oder weniger runterbrennen und achteten in erster Linie darauf, daß die Nachbarhäuser nichts abbekamen.

Bis auf Bucharin hatten wir keine Opfer zu beklagen,

aber der Kater mußte dran glauben. Professor hatte ihn in seinem Kabuff vergessen. Jetzt war der Kater für unsere Sünden gegrillt worden, aber ohne Sündenböcke, meinte der Professor, würde keine Zivilisation funktionieren.

»Tieropfer waren früher was ganz Alltägliches.« Und dann sprach er ein Gebet. »Brate in der Hölle für uns, Bucharin.«

Nachzutragen wäre noch, daß Gottfried das Haus seiner Eltern, die früher als erwartet aus dem Urlaub zurückkehrten, nie wieder betreten durfte. Professor landete irgendwann in der Klapsmühle, weil er wiederholt kleine Jungen befummelte. Frank starb den Herointod. Jenny heiratete einen Kunstlehrer. Marion und Uta zogen nach San Francisco und wurden von einem schwulen buddhistischen Mönch getraut. Ich absolvierte eine Entziehungskur, studierte und wurde Kunstlehrer an einem Gymnasium in Mittelfranken.

Und da, wo die Festung in Feuer aufging, standen bald drei supermoderne Penthausklötze mit Angeberterrassen.

Fifth Avenue

Zu behaupten, daß Jane Lengland, geborene Hutton, vor Langeweile starb, wäre nur die halbe Wahrheit gewesen. Daß sie bald sterben würde, darüber war sie sich klar. Aber nicht an Langeweile, sondern an der KRANKHEIT; und diese letzten Tage waren Himmel und Hölle gewesen. Sie hatte Todesverzweiflung erlebt, aber auch den dunklen Rausch des Loslassens. An diesem Nachmittag sollten die letzten Zweifel ausgeräumt werden.

Sie hatte am Abend zuvor ihren sechsunddreißigsten Geburtstag gefeiert – Charles' Sekretärin hatte eine entzückende Miniaturwindmühle aus Sterlingsilber bei Tiffany's besorgt und die mitgelieferte Geschenkkarte neben anderen Unterlagen von ihm unterzeichnen lassen, bevor er nach Chicago geflogen war –, und sie hatte vor ihrem Frisiertisch gesessen, auf die kleine Windmühle geschaut und sich dann mit einem Glas Champagner im Spiegel zugetoastet und vor Rührung geweint. Ihr letzter Geburtstag!

Ihre blonden, offenen Haare fielen seidig und glänzend – eine Spezialkur von Georgette Klinger! – auf ihre Schultern hinab, und die dünnen Träger ihres Abendkleides gaben die weißesten Schultern frei, die man sich nur vorstellen konnte. So schön, und so jung! Nun ja, mit sechsunddreißig Jahren war man nicht mehr blutjung, aber zu jung zumindest, um zu sterben.

Für diesen Tag, an dem ihr Leben besiegelt werden würde – ein schwüler, dampfender, rücksichtsloser New Yorker Augusttag –, hatte sie ein graues Chiffonkleid von Alberta Ferretti gewählt, schlicht und luftig und ausgesprochen mädchenhaft. Kein Schmuck, bis auf zwei winzige Diamanten, die in den Betten ihrer Ohrläppchen hingen wie Tautropfen, und als sie die Praxis von Dr. Silberstein betrat, trug sie den gefaßten, schon fast jenseitigen Ausdruck der Duldung, mit dem Aristokratinnen in früheren Zeiten das Schafott zu betreten pflegten.

Auf dem Tresen des elenden Wartezimmers stand ein Pappschild, das mit Blümchen verziert war und die Aufforderung trug: »Ab und zu eine spontane Geste der Freundlichkeit und Schönheit um ihrer selbst willen.« Dahinter beugte sich der eisgraue Scheitel der Sprechstundenhilfe über blaue Karteikarten.

Jane mochte die Lebensweisheiten und Maximen aus Wartezimmern. Sie sahen immer gültig aus, endgültig, als ob sie das große Lebensrätsel gelöst hätten. Dieses Schild allerdings fand sie deplaziert. Es war ihr beim letzten Mal nicht aufgefallen. Aber da hatte sie nichts wahrgenommen, nichts außer dem eigenen Herzklopfen und der Angst, die ihr wie ein nasser Knebel im Mund lag.

»Lengland«, sagte sie. Der graue Scheitel fuhr nach hinten. Zwei ausdruckslose Augen schauten sie an. »Es kann dauern«, sagte die Sprechstundenhilfe. »Der Doktor ist zu einem Notfall gerufen worden.« Sie griff in eine Ablage, holte eine weitere Karteikarte hervor und legte sie vor sich auf den Tisch. »Und?« fragte sie schließlich.

Jane starrte auf die Karteikarte. Die Laborergebnisse –

das Vollstreckungsurteil. Doch dann wandte sie sich ab. Sie würde warten können. Vor allem aber würde sie Haltung bewahren

Nur ein halbes Dutzend lädierter Stühle paßten in den schmalen Vorraum, und auf einem saß eine junge Schwarze mit ihrem Kind. Jane nahm Platz und spürte den Riß im Plastikpolster durch ihren Chiffonrock und den weißseidenen Spitzenslip, den ihr Charles, in einer schnell verwehten amourösen Laune, bei Frederick's in Hollywood gekauft und später mit mürrischer Verlegenheit in einer rosa Schachtel überreicht hatte.

Die Wände waren buttergelb. Neben der Tür, die zum Behandlungszimmer führte, hing ein Kalender, auf dem ein rotes Kästchen das Tagesdatum einrahmte. Wieder sah sie den Spruch auf dem Anmeldetresen, diese merkwürdige Aufforderung zu »Gesten der Freundlichkeit und Schönheit um ihrer selbst willen«. Natürlich war das Schild ein trostloser Witz. Es schrie einen Mangel in die Welt hinaus, einen grundsätzlichen philosophischen Mangel, denn in dieser Welt gab es keine Freundlichkeit. Und Schönheit erst recht nicht.

Sie sah sich in der Schäbigkeit des Wartezimmers um und schüttelte den Kopf. Das Schild auf dem Tresen erinnerte sie an die Propagandaschilder, die sie vor drei Jahren in Kuba gesehen hatte.

Es war auf der Fahrt vom Flughafen ins Hotel. Palmen mit schlappen staubigen Blättern standen neben den Tafeln mit den Durchhalteslogans, in denen das Paradies auf Erden verheißen wurde, und durch die geschlossenen Fenster des Taxis drang schwerer Benzingeruch. Sie hatte sich an Charles geklammert, der es für ein plötzliches Zeichen der Liebe gehalten hatte.

Aber sie hatte nicht ihn gemeint, sondern seinen Anzug, einen flaschengrünen Versace-Anzug, an dem sie sich festgehalten hatte wie an einem schützenden Fetisch. Als sie schließlich im Luxus des Hilton eincheckten, dachte sie: »Gerettet.« Jahrhunderte war das her.

Jane war in den letzten Jahren andere Wartezimmer gewohnt, musikberieselte, lederne und verchromte Feelgood-Schleusen mit Architekturjournalen auf gläsernen Tischen. Doch schließlich, sagte sie sich nun grimmig, wartete dort auch nichts anderes als hier: Zangen, Messer, Kanülen, Tupfer, Fleischabfall. Und manchmal Todesurteile. Sie genoß den Realismus von Silbersteins Praxis mit geradezu hingebungsvoller Bitterkeit.

Nach einem raschen Blick auf die junge Schwarze und ihr offensichtlich verwahrlostes Kind nahm sie sich eines der Modejournale, die auf einem Plastikschemel neben ihr auslagen, abgegriffen und zerknittert und Monate alt. Sie blätterte geistesabwesend über die Seiten und entdeckte ihr Foto, das auf einer Benefizgala aufgenommen worden war. Sie war halb verdeckt von Bill Johnston (Johnston, Johnston & Hutton) und dazu von ihrer ungünstigen Seite her aufgenommen worden. Sie ärgerte sich.

Die Karten hatten tausend Dollar gekostet, erinnerte sie sich, und das Essen war schlecht. Doch dann lächelte sie verzeihend vor sich hin. Der Zweck, wie man so sagte, heiligt die Mittel. Der Zweck war, Geld für Kranke aufzutreiben. Und nun war sie selber krank. War das nicht eine furchtbare, haarsträubende Pointe?

Sie schaute auf die Titelseite. Wieder einer dieser Schmollmundtypen und Allzweckteenager. Was wußten die heutzutage von Schönheit? Damals, als sie über die Laufstege der großen Modeshows lief, da gab es noch Gesichter, und so wichtig wie ein gutgewachsener Busen war Persönlichkeit. Sie spürte ihren Neid auf die nachwachsende Konkurrenz und versuchte, ihn durch das reinere Gefühl des Verzeihens zu ersetzen. Was, sagte sie sich, spielte das alles noch für eine Rolle im Angesicht des Todes...

Jane Lengland war der Typ für extravagante Abendkleider und königliche Hochzeitsmoden gewesen. Schmale Schläfen, hohe Stirn, blaue Mandelaugen, blasse Haut – all das gab ihr die glänzende und leblose Schönheit einer Porzellanfigur.

Allerdings, mußte sie zugeben, waren schon damals die Schmollmundtypen besser im Geschäft. Deshalb hatte sie sich von diesem Aristokraten in Mailand nur zu gerne überreden lassen, das Modeln an den Nagel zu hängen. Was wäre wohl gewesen, wenn sie ihn statt Charles geheiratet hätte?

Der Kleine im Wartezimmer hustete. Instinktiv wandte sich Jane ab. Vor Infektionen war niemand sicher, nirgendwo in der Welt. Es gab wohl einfach zu viele Menschen. Alle schleuderten Viren und Bakterien aus sich heraus, und diese ständigen Eruptionen von Krankheitserregern verwandelten alles in potentielles epidemisches Notstandsgebiet, ganz besonders die Wartezimmer von Armenärzten in Manhattan.

Kalkutta, dachte sie, und ließ das Modejournal sinken.

In Kalkutta würde sie sterben wollen, als Engel der Armen, mit einem weißen Häubchen auf dem blonden Scheitel und drei diphtherieschwachen Säuglingen in den Armen, denen sie Liebe geben würde in diesen letzten Wochen ihres Lebens. Ihre Augen füllten sich mit Tränen. »Gesten der Freundlichkeit und Schönheit um ihrer selbst willen«! Ihr Leben wäre nicht umsonst gewesen, sondern ein Monument der Aufopferung.

Wenn sie ehrlich war – Aufrichtigkeit sich selber gegenüber sah sie als eine ihrer Haupttugenden an –, war ihr Leben eine Kette von Nichtigkeiten, von ungenutzten Möglichkeiten, ein einziges langes Versanden im Alltagstrott. Zu ihrer Entschuldigung konnte sie nur anführen, daß sie, ähnlich wohl wie die junge Schwarze mit ihrem kranken Kind im Wartezimmer, ein Opfer der Umstände war – Fifth Avenue ließ einfach keine Heldentaten zu.

Doch noch war Zeit auszubrechen. Nun, da sie nur noch wenige Wochen zu leben hatte, würde alles klar und heroisch und groß sein. Sie würde einfach die Koffer packen und alles hinter sich lassen, die Fifth Avenue und die Parties und Benefizgalas, und spurlos verschwinden.

Irgendwann würde Charles vom amerikanischen Konsulat in Kalkutta verständigt werden, das von ihrem Tod in einer kleinen Notiz auf der Seite »Vermischtes« der *India Times* erfahren haben würde. Unter ihren nachgelassenen Habseligkeiten wäre nichts als ein Rosenkranz und ein Abschiedsbrief, der Charles in dem amtlichen grauen Kurierkuvert der amerikanischen Regierung zugestellt würde. Charles würde zusammenbrechen, während er ihren Brief las (»Mein Liebster, weine nicht um mich, ich tat, was ich tun mußte...«), und dann den Silberrahmen, der ihr Hochzeitsfoto einfaßte, mit einem schwarzen Flor versehen.

Der kleine Junge keuchte, und die Mutter nahm ihn auf den Arm und klopfte ihm sacht zwischen die Schulterblätter. Ihre Nägel waren pinkfarben, und der Lack war gesplittert. Eine Nachlässigkeit, die Jane Lengland verstimmte. Wie war der schwarzen Unterschicht zu helfen, wenn sie sich so gehen ließ? Eine Frau hatte auf ihr Äußeres zu achten.

Jane wachte über ihren Körper mit der Besessenheit einer Restauratorin, und ihren scharfen Augen entgingen nicht die kleinsten Veränderungen, die sich nun, wo sie seit längerem die Dreißig überschritten hatte, trotz Georgette Klingers Arsenal an Cremes nicht mehr verhindern ließen.

Sie pflegte ihre Haut hingebungsvoll, und sie genoß die Berührung der weichen Schwämme, den Duft der Salben, und oft zögerte sie diese Prozeduren hinaus, um sich endlos im Spiegel zu mustern.

Sie mochte, was sie dort sah: den blonden Wasserfall ihrer Haare, der ihre Haut noch blasser erscheinen ließ, nichts als verschwenderisches Weiß, durchbrochen von einer kleinen Milchstraße aus Sommersprossen über dem Busenansatz und auf dem Rücken der Nase.

Jane hatte den Fleck unter ihrer Achsel vor einigen Wochen entdeckt. Er sah aus, als hätte sie sich gestoßen. Doch der Fleck wuchs, bis er so groß war wie ein Vierteldollar, blau und grünlich an den Rändern, und er starrte ihr aus dem Kristallspiegel in ihrem Badezimmer entgegen wie ein böses Zyklopenauge.

Sie wollte damit nicht zu ihrem gemeinsamen Hausarzt gehen. Sie hatte sich diese Adresse auf der Westside aus dem Telefonbuch gesucht, irgendwo in den achtziger Straßen, wo das eingesessene jüdische Establishment gegen die vorrückenden Armutshotels durchhielt. Es war eine saubere kleine Praxis, und Dr. Silberstein war verschwiegen und absolut unsentimental und nicht im geringsten anfällig für das Gefühl der Peinlichkeit, das Krankheiten, besonders dieser Krankheit, in ihren Kreisen anhaftete.

Als sie den Fleck zum ersten Mal wahrgenommen hatte, war es zunächst ein ästhetischer Schock, wie der eines Sammlers, der plötzlich einen kleinen Sprung in seiner Lieblingsvase entdeckt hatte. Sie hatte Charles nichts davon erzählt. Sie schloß sich ein in ihren Verdacht und nährte ihn in düsteren langen Stunden, in denen sie dermatologische Fachbücher las, die sie sich bei Barnes and Noble besorgt hatte.

Sie war eines Abends dorthin gegangen und hatte sich in Krankheitsverläufe vertieft, bei einem Cappuccino in der Bar im ersten Stock. Sie kam sich dabei verwegen vor in ihrem Trenchcoat, wie ein Detektiv, anonym unter all den Nacht-und-Buch-Menschen, die von dem Unglück, dem sie auf der Spur war, nichts ahnen konnten.

Am nächsten Abend hatte sie drei dicke Wälzer gekauft, die sie hinter den Kunstatlanten in ihrem Atelier verstaute, als ob sie die Krankheit damit verstecken könnte. Ihr Zimmer war der hellste Raum der Fifth-Avenue-Wohnung, die Stil und Geschmack mit einer Selbstverständlichkeit verströmte, welche nun einmal der angeborene Vorzug ihrer Klasse war, einer teuren, seltenen Spezies, deren einziger

Lebenssinn in Schönheit bestand. In »Schönheit um ihrer selbst willen«.

Der Fleck unter der Achsel war gewachsen, und dann war eine weitere Verfärbung in der Halsbeuge dazugekommen, die Charles nicht wahrgenommen hatte, weil er sie längst nicht mehr dorthin küßte, sondern nur noch, wenn es sich nicht vermeiden ließ, auf Stirn oder Wange.

Als sich Jane eines Morgens überstürzt zu ihrem ersten Besuch bei Dr. Silberstein entschieden hatte, hatte sie ihre Schecks eingesteckt und ein paar Dollarnoten fürs Taxi. Sie hatte keine Ahnung, was der Test kosten würde. Sie wußte ja noch nicht einmal, wieviel man für ein Pfund Butter bezahlte. Sie hatte dann flüchtig überlegt, was ein Leben wert sei. Ihr Leben. Wieviel Nullen vor dem Komma, Charles?

Silberstein hatte besorgt ausgesehen und Blutproben entnommen. Zum Abschied hatte er ihr die Hand gedrückt und gesagt: »Kopf hoch.« Nein, irgend etwas anderes. »Seien Sie tapfer«, das war es, »Seien Sie tapfer«, hatte er gesagt.

Nun, sie war tapfer. Sie hatte Charles nicht von ihrer Erkrankung erzählt, um ihn nicht zu beunruhigen. Sie sah ihn allerdings ohnehin selten. In der Vergangenheit pflegte sie in ihrem Studio über ihren Porzellanmalereien zu sitzen – Fohlen, tapsige Welpen, überhaupt junge Tiere waren ihre Lieblingsmotive –, während er in den rätselhaften Bruderschaften der Finanzwelt dafür sorgte, daß sich lange Zahlenreihen über Konten und Kreditkarten in jenen Kostbarkeiten materialisieren konnten, die sie auf ihren Shoppingtouren erbeutete.

Das Kind kurvte in seinem blauen Overall mit ausgebreiteten Armen durch das Wartezimmer. Die junge Mutter hatte den Kopf gegen die Wand gelehnt und die Augen geschlossen. Ihre Hände ruhten auf einer durchsichtigen Plastiktasche, in der zerknäulte Papiertücher, Schminksachen, ein Schnuller, Schlüssel und Supermarktcoupons lagen.

Sie hatte lange, dunkle, rissige Hände. Die Finger waren knotig an den Gelenken und ineinander verschränkt, als schliefen auch sie.

Jane hatte keine Kinder. Ihre Hände, die makellos in ihrem Schoß ruhten und die nie mit Kinderrotz und Windeln und Tretautos in Berührung gekommen waren, die nie geschlagen hatten und selten einen anderen Körper gestreichelt als ihren eigenen, kamen ihr ziemlich nutzlos vor.

Ein Kind, das wäre es gewesen! Das wäre der Glücksmittelpunkt ihres Lebens gewesen. Warum, fragte sie sich nun, hatte sie eigentlich keine Kinder? Merkwürdig – die Frage war nie wirklich aufgekommen zwischen ihr und Charles.

Der Kleine hustete. Die Schwarze schlug die Augen auf.

»Was hat er denn?« fragte Jane spontan und war im gleichen Moment beschämt über ihre eigene Neugier.

Auch die Schwarze schien überrascht.

»Nix«, sagte sie kurz. Doch da sie allein im Wartezimmer saßen und gemeinsam die Zeit totschlagen mußten, setzte sie hinzu. »Ich weiß es nicht genau. Er hat so 'n Ausschlag auf der Brust. Heute nacht hat er geröchelt. Ich hab gedacht, er erstickt.«

Der Junge spürte, daß über ihn geredet wurde. Er kam näher wie eine scheue Katze und schmiegte sich verlegen an ihre Beine. Ab und zu linste er zu Jane hinüber und bohrte gleich darauf wieder seinen Kopf in den Schoß der Mutter.

Die Schwarze tupfte sich die Stirn mit einem Taschentuch. Jane schwitzte nicht. Sie schwitzte nie. Ihre Stirn war wie Marmor, weiß und kühl und makellos.

»Wir wohnen über 'ner Wäscherei«, sagte die Schwarze. »An manchen Tagen kann man gar nicht das Fenster aufmachen, so tut's da stinken.«

Jane wußte nicht, wie sie fortsetzen sollte. »Die Hitze kann einen umbringen«, sagte sie.

Die Gespräche mit ihrer schwarzen Putzfrau beschränkten sich auf Anweisungen über Polituren und Hausarbeiten. Sie war verlegen. Sollte sie der jungen Mutter raten, an den Wochenenden nach Southampton zu ziehen, in ein Strandhaus, wie sie es selber taten der gesunden Seeluft wegen?

»Ich hasse diese Jahreszeit«, sagte Jane schließlich.

»Und ich erst«, sagte die Schwarze, »ich könnt sie töten.« Beide Frauen lächelten.

»Zum ersten Mal hier?« fragte nun die Schwarze, nachdem sie einen kurzen Blick auf Janes zartes Kleid geworfen hatte, ihre Belmondo-Pumps und die Handtasche von Chanel.

»Zum zweiten Mal«, sagte Jane. »Ich komme wegen der Ergebnisse.«

»Manchmal wissen die auch nicht weiter«, sagte die Schwarze. »Manchmal isses einfach Schicksal.« Sie sagte es so, als wisse sie alles über das Schicksal.

»Krankheiten sind wie Moden«, kicherte Jane in einem plötzlichen Anfall von Übermut. »Jedes Jahr eine neue Kollektion.«

»Hm«, sagte die Schwarze nur.

Der Kleine streckte die Arme nach oben. Die Mutter hob ihn auf den Schoß. Dann kramte sie in ihrer Tasche, fischte den Schnuller heraus, rieb ihn ab und steckte ihn dem Kind in den Mund. Der Kleine, nun in der Sicherheit seines Saugens aufgehoben, stierte Jane durch halbgeschlossene Augen gleichgültig an.

»Männer«, sagte die Schwarze.

Jane schaute sie verständnislos an.

»Die meisten Krankheiten kommen von Männern. Taugen nichts. Die meisten jedenfalls. Aber ohne sie geht's auch nicht.« Sie lächelte geringschätzig. Es sah ordinär aus.

Jane spürte, wie ihr die Röte ins Gesicht stieg. Die Schwarze hatte recht. Schließlich war das hier die Praxis eines Tripper-Arztes, und der Hautausschlag des Kleinen wahrscheinlich die unschuldigste Krankheit, die der Doktor seit langem zu Gesicht bekam. Er war immer noch nicht zurück. Sie saß nun schon fast eine Stunde hier.

Natürlich hatte Jane, als sie den Fleck entdeckte, sofort an die Krankheit gedacht. DIE Krankheit. Sie hatte sich zermartert darüber, wie sie sich angesteckt haben könnte. Und natürlich fiel ihr Verdacht auf Charles.

Seit vierzehn Jahren war sie mit ihm zusammen. Da sie sich aus Sex nicht viel machte, war es ihr nicht schwergefallen, treu zu bleiben, und sie war, zumindest in den letzten Jahren, weitgehend »keusch« geblieben, wie es

Pater Brennigan von der »Blessed Sacrament Church« nannte, die sie sonntags regelmäßig besuchte.

Wen gab es vor Charles? Zwei Männer, schnell erkaltete Affären, die sie während ihres Europa-Aufenthalts gehabt hatte, wo sie als Fotomodell arbeitete. Einer in Paris, einer in Rom. Von ihnen wußte sie so gut wie gar nichts.

Der Römer, Sproß einer alteingesessenen Adligenfamilie, zeigte sie auf Parties herum und war der stolzeste Mann der Welt. Bald allerdings stellten Freunde fest, daß er mehr und mehr zum traurigsten stolzen Mann der Welt wurde.

Sie wußte, daß der Grund bei ihr lag. Sie ließ ihn für seine Eitelkeit büßen. Sie konnte nicht anders. Seine Schwärmerei erbitterte sie. Welchen anderen Grund konnte es für seine Zuneigung geben als die gockelhafte Genugtuung, mit einer schönen Frau gesehen zu werden? Sie verachtete diese Oberflächlichkeit. Wenn sie von den Parties zurückkehrten in ihre stille, tote Zweisamkeit, war sie umgeben von einer Trauer, die er nie zu ergründen vermochte.

Als die Glut des Adligen erloschen war, verließ sie ihn für einen französischen Regisseur, einen sanften, älteren Romantiker, der bald anfing zu trinken. Als er sie eines Abends schlug, schaute sie ihn nur mit stummer Verachtung an. Sie sei so schön wie eine Göttin und habe das Gemüt eines Pitbulls, schrie er ihr nach, als sie die Koffer packte. Was wußte er schon!

Aber was wußte sie von Charles? Was wußte sie über seine Arbeit und wo er sich tatsächlich herumtrieb, wenn er spät nach Hause kam? Was wußte sie über seine Vergangenheit? Was konnte man überhaupt wissen über einen anderen Menschen, wenn die Abenteuer der ersten Umarmungen, der mitternächtlichen Dinners, der übermütigen Dreitagereisen vorüber waren?

Sie hatte ihre ehelichen Pflichten erfüllt, wie sie es in Pater Brennigans Beichtstuhl mit angemessenem Ernst nannte – aufopferungsvoll hatte sie sich zu Charles gelegt, wann immer ihn danach verlangte. Sie hatte sogar gelernt, Lust zu heucheln. Nicht, daß er ihrem Stöhnen geglaubt hätte – es war ihre Bemühung, die ihn anregte.

Manchmal betete sie dabei. Sie betete darum, daß er sich schnell erschöpfte. Sie lag auf ihrem Rücken, zog seinen Kopf an ihren Busen und hielt ihn dort fest. Ihr kam es manchmal so vor, als rangiere er lustlos und nachlässig in einer Parklücke herum. Dann wälzte er sich von ihr herunter, und sie ging duschen. Alles in allem führten sie wohl eine ganz normale Ehe, wie ihr Pater Brennigan versicherte.

Doch nun, wußte sie, konnte sich hinter der harmlosen Fassade all die Jahre ein Killer versteckt gehalten haben, ein Egoist, der seine Todesengel losschickte, diese unsichtbaren Monsterviren, die andere Körper von innen auffraßen. Möglicherweise wußte er gar nicht, daß er ein Killer war und daß sein Blut vergiftet war.

Jane hatte den Triumphzug der Krankheit im Kulturteil der Zeitungen verfolgt. Sie hatte über die wachsende Armee von Opfern gelesen, über all die tragischen Opern- und Ballett-Tode, in Nachrufen, die von Überanstrengungen sprachen, von genialen Leistungen und unersetzlichen Verlusten, und war stets gerührt gewesen.

Doch in den letzten Tagen dachte sie anders darüber. Schließlich hatten sie sich die Krankheit doch beim *Ficken* geholt, einer für ihren Geschmack absolut unromantischen, überflüssigen Verrichtung, die nichts mit den idealisierten Kunsthimmeln zu tun hatte, in denen die betreffenden Künstler besungen wurden.

Daß ausgerechnet sie an dieser »schmutzigen Krankheit«, wie sie sie in puritanischem Zorn bei sich nannte, sterben sollte, hielt sie für eine besonders makabre Pointe.

An manchen Tagen hielt sie die Spannung, mit der sie auf die Untersuchungsergebnisse wartete, kaum aus. Dann wütete es in ihr wie ein rumorendes urweltliches Tier, das sich aus einer Gletscherspalte befreien wollte.

Eines Abends war sie hinausgelaufen in ihrer Panik, immer nordwärts auf der Fifth Avenue hoch, bis zur 125. Straße, wo Manhattans strahlendes Gebiß schadhaft wird und ganze Blocks nur noch schwarze Ruinen sind. Vor den Schnapsläden standen Pulks von Männern mit braunen Tüten in den Händen, die ihr »Hey, Baby« nachriefen.

Sie war gerannt, als sei sie auf der Flucht. Sie hatte die nervöse Gewalt in den Hauseingängen wahrgenommen und die Augen, die sie aus dem Dunkel heraus taxierten. Sie trieb im Neongelb der Straßenlampen, im Geruch der Soul-food-Läden und der Feuer aus Teertonnen dahin, und plötzlich genoß sie ihre Angst und die Gefahr, und sie wußte in diesem Moment, daß ihr Leben zu Ende ging, bevor es überhaupt begonnen hatte.

Was war ihr Leben, überlegte sie sich. Welches waren die Versprechungen, die es für sie bereitgehalten hatte?

Nun saß sie hier in dem schäbigen Wartezimmer, das sie

im stillen das »Vorzimmer des Todes« getauft hatte, und versuchte, sich an ihre Kindheitswünsche zu erinnern. Und sie wurde sich, in einem Moment des Grauens, dessen gewahr, daß sie nur einen einzigen Wunsch gehegt hatte, und der war in Erfüllung gegangen: Sie hatte einen Mann geheiratet, der ihren Vater zufriedenstellte und präsentabel war.

In dem Artikel, der im Gesellschaftsteil der *New York Times* zu ihrer Hochzeit erschienen war, wurde Charles' Blitzkarriere in der Kanzlei Johnston, Johnston & Hutton erwähnt sowie ihr Faible für Porzellanmalerei und daß sie eine Hutton war. Auf die Frage, was sie sich wünschte, hatte sie geantwortet, sie sei wunschlos glücklich. Komisch, weder ihr noch sonst wem war damals die Monstrosität dieser Antwort aufgefallen.

Der Kleine hatte aufgehört, an seiner Mutter herumzuzerren. Sie hatte ihm ein Bonbon gegeben. Nun saß er auf dem Boden und riß Seiten aus einem Gesundheitsmagazin heraus, das ein Pharmavertreter als kostenlose Reklame zurückgelassen hatte.

»Lasses in Ruhe, Marky«, sagte die Mutter, »kannste doch nicht kaputt machen«, aber ihr Tonfall verriet dem Kleinen, daß sie zu müde war, um einzugreifen. Mit einem kurzen Seitenblick auf Jane hatte sie sich dann versichert, daß sie den Kleinen gewähren lassen konnte. Es war ein schnelles praktisches Abwägen unter Frauen, denn beide wußten, daß der Kleine geschrien und gewütet hätte, wenn man ihm das Journal weggenommen hätte. Die Mutter war zu müde, und Jane war es egal.

Als sie so klein war wie der Junge im Wartezimmer, war die Welt, wie sie sich zu erinnern glaubte, ein großer Abenteuerspielplatz. Sie wollte Zirkusreiterin werden – oder hatte sie das irgendwo gelesen? Sie ritt auf Dug, dem Bobtail, in der Küche herum, in der ihre Mutter mit Töpfen hantierte und ihr ab und zu liebevoll lächelnd über die blonden Locken strich. Doch dann fiel ihr ein, daß sie ihre Mutter, eine Trinkerin, die früh starb, kaum gekannt hatte, und einen Hund hatte sie sich immer vergeblich gewünscht. Dug stammte aus einem Kinderfilm. Noch nicht mal ihre Erinnerungen gehörten ihr selber, dachte sie traurig. Ihre Kindheit war ein blinder Fleck.

Bis auf diesen merkwürdigen Sommernachmittag, an dem sie im Uferschilf des elterlichen Anwesens auf Long Island gespielt hatte. Da war es ihr Vater gewesen, der sie gestreichelt hatte, erst über die Haare, dann zwischen den Beinen, und einmal hatte er ihr ziemlich weh getan, aber sie hatte es niemandem verraten.

Seit damals wußte sie, daß es weh tat, wenn sie von Männern zwischen ihren Beinen gestreichelt wurde und daß sie dafür eine Belohnung verlangen konnte. Doch selbst Belohnungen nutzten sich ab – ihr Leben mit Charles kam ihr plötzlich vor wie das Warten auf einer Friedhofsbank.

War es nicht komisch, daß der Tod in ihr keimte, bevor das Leben überhaupt begonnen hatte? Dieser Fleck, der allmählich größer wurde und wuchs wie eine schwarze Blume, schien ihr das Lebendigste, was ihr in langen Jahren widerfahren war. Daß ihr Leben mit dem Tod beginnen würde, hatte auch Pater Brennigan immer wieder gesagt. Er hatte es nur, da war sie sicher, ganz anders gemeint.

Ihr Blick fiel auf eine zerlesene Ausgabe des *National Geographic*. Es zeigte einen Amazonas-Indianer mit roter

Kriegsbemalung. Sie würde sich in eine Kriegerin verwandeln! Sie würde zurückkehren in ihre Fifth-Avenue-Wohnung und würde sich schminken wie eine Indianerin. Mit einem von Charles' Golfschlägern würde sie ihre bemalten Teller und die Bauhaustischchen und die kretische Keramik und die Rainer-Fetting-Bilder von der Wand schlagen, und dann würde sie auf ihn warten, eine Kriegerin in der Fifth Avenue.

Zumindest, dachte sie kurz darauf, könnte sie sich eine Amazonas-Reise buchen. Sie würde durch den brasilianischen Regenwald streifen. Oder sie würde einen marokkanischen Beduinen heiraten. Oder auf einem arktischen Hundeschlitten in die ewige Nacht hinausfahren, immer weiter, und dort draußen irgendwann erfrieren unter einer Schneewehe, die sich in Eis verwandeln würde, in einen gläsernen Schneewittchensarg, der ihre Schönheit auf Jahrhunderte hinaus konservieren würde. Sie könnte auch in einem buddhistischen Kloster mit dem Blick auf den Mount Everest sterben. Der Tod, dachte sie aufgeregt, war wie ein Fenster auf ein anderes, bedeutungsvolleres, abenteuerlicheres Leben.

Die Schwarze schaute auf ihre Uhr und seufzte. »Jetzt könnte er bald mal kommen«, sagte sie und wischte ihrem Kleinen mit einem Taschentuch, auf das sie gespuckt hatte, die Flecken von den Mundwinkeln. »Fürs Sitzen wird immer noch keiner bezahlt.«

Sie sah herausfordernd auf Jane, die fragend zu ihr herüberschaute.

»Ich bin im Postamt an der 33sten. Die Nachmittagsschicht. Vorher muß ich den Kleinen noch bei der Nachbarin abgeben. Hoch zur 103. und dann wieder runter. Das schaff ich nie.«

»Und Ihr Mann?« fragte Jane.

»Wenn der wieder auftauchen würde, ich würd glatt die Polizei holen.«

Der Junge war müde. Sie bettete ihn auf zwei Stühle und gab ihm den Schnuller. Er schlief sofort ein.

»Ich hab keine Lust, den Job auch noch zu verlieren.« Dann setzte sie mit verhaltenem Stolz hinzu, als erzählte sie ganz beiläufig von einem Lottotreffer: »Dreihundert in der Woche.«

Auf den Monat umgerechnet war das ungefähr soviel, wie Jane an einem Vormittag bei Henri Bendel auf der Fifth Avenue ausgab, für eine Vase oder eine Ledertasche oder ein bemaltes Pappmaché-Ei. Sie nickte.

»An manchen Tagen geht alles schief«, sagte sie. Leise setzte sie hinzu: »Und manchmal ein ganzes Leben.«

Die Schwarze runzelte die Brauen. »Ärger zu Hause?« fragte sie.

Jane schüttelte den Kopf.

»Würden Sie mit jemandem wie mir tauschen?« fragte sie plötzlich. »Mit einem Schlag sind Sie reich, aber Sie hätten nicht mehr lange. Würden Sie's tun?«

Die Schwarze starrte sie an.

»Das'n Witz, oder?«

Jane überlegte sich die andere Seite dieses Handels. Lebenslänglich Postamt. Würde sie es tun?

»Isses so schlimm?« fragte die Schwarze. »Ich kenne einen, dem ham die Ärzte noch 'n paar Monate gegeben. Das war vor zehn Jahren. Und bei dem frag ich mich wirklich: wofür? Der hängt nur rum.« Und dann sagte sie noch: »Wer weiß schon Bescheid?«

Sie versucht mich aufzumuntern, dachte Jane erstaunt. Sie versucht tatsächlich, mich zu trösten. Eine von der Post!

Der Junge begann wieder zu husten. Sein kleiner Körper zuckte unter dem hohlen Kechern, und dann fing er an zu weinen. Die Schwarze schaukelte ihn in ihren Armen und flüsterte ihm Koseworte ins Ohr. Der Kleine beruhigte sich wieder.

»Das geht jetzt schon die ganze Woche so«, sagte die Schwarze. Sie kramte in ihrer Tasche, holte ein Papiertuch hervor und wischte ihm kleine Speichelfetzen vom Mund.

»Hoffentlich ist es nichts Schlimmes«, sagte Jane voller Mitgefühl.

Mit einem Ruck wurde die Tür zur Straße aufgestoßen. Dr. Silberstein stürmte herein und verschwand in seinem Zimmer. Nach einer Weile rief er nach der Sprechstundenhilfe. Kurz darauf erschien sie wieder und bat die Schwarze mit ihrem Sohn ins Behandlungszimmer.

Nach einer Weile hörte Jane einen Schrei. Dann stand der Arzt in der Tür. »Margaret, verständigen Sie das Mount Sinai. Eine Überweisung. Sagen Sie, es sei dringend.« Er ging zum Medikamentenschrank und holte eine blauweiße Packung heraus. Hinter ihm tauchte die Schwarze auf. Sie schluchzte. Auf ihrem Arm saß verschreckt der Junge. Er hatte den Daumen in den Mund gesteckt.

»Machen Sie sich nicht zuviel Gedanken«, sagte der Arzt. »Diese Sachen sind heutzutage durchaus heilbar. Mit ein wenig Glück.« Er gab der Schwarzen eine Pille und reichte ihr einen Pappbecher mit Wasser. »Nehmen Sie das.«

Nachdem die Schwarze die Beruhigungstablette genommen hatte, kramte sie, immer noch unter Tränen, in ihrer Plastiktasche und förderte ein abgegriffenes Lederetui zutage. Sie nahm einen Zettel heraus, auf den eine Telefonnummer notiert war, und gab ihn der Sprechstundenhilfe. »Fragen Sie nach Mr. Damion. Das ist der Dienststellenleiter.«

Der Arzt hielt nun eine Karteikarte in der Hand und schaute über den Brillenrand ins Wartezimmer. »Mrs. Lengland?« Jane erhob sich.

Das Behandlungszimmer war klein. Hinter dem braunen Schreibtisch stand ein Skelett. Grüne Topfpalmen und Farne sperrten das Sonnenlicht aus. Auf einem Bücherregal standen dickleibige ledergebundene Behandlungsbücher und die letzten Arzneimittelkataloge. Der Arzt deutete auf einen Stuhl und setzte sich hinter seinen Schreibtisch. An der Wand tickte eine Uhr, über einer Plastikscheibe, die Reklame für ein Kopfschmerzmittel machte.

Silberstein schien nun völlig unberührt von der Szene, die sich gerade abgespielt hatte. Vielleicht lag eine Spur Müdigkeit in seinen Augen. Er schaute auf ein paar weiße Blätter, die er der Karteiakte entnommen hatte. Blonde Härchen und Altersflecken auf den Handrücken, notierte Jane. Die Nägel kurz geschnitten, gepflegte Spatenform. Jane hatte immer auf Hände geachtet. Hände verrieten die Persönlichkeit.

Doch Silbersteins Hände verrieten nichts. Keine Henkershände. Eher Pianistenhände. Sie hielten ihr Todesurteil, als sei es ein Notenblatt.

Schließlich legte er das Blatt zur Seite, nahm seine Brille ab und lehnte sich zurück. »Ihre Befürchtungen haben sich nicht bestätigt«, sagte er, »Ihre Blutuntersuchungen sind negativ. Die Gewebeuntersuchung deutet lediglich auf ein Hämangiom.«

Daß auch dagegen unverzüglich etwas unternommen werden müsse, hörte Jane nur noch mit halbem Ohr. Es war ihr, als spräche der Arzt in einem Nebenzimmer, zu einem anderen Patienten. »Absolut gutartige Angelegenheit«, meinte der Arzt, der ihre Verzagtheit als Angst vor dem Eingriff mißverstand. »Eine Routineoperation, ein Schnitt mit dem Farblaser, und dann ist es auch schon vorbei.«

Nach einigen Minuten stand er auf, geleitete sie zur Tür und rief der Sprechstundenhilfe zu, sie möge einen Termin für den nächsten Tag eintragen. »Wir sehen uns morgen«, sagte er zum Abschied.

Die Schwarze war in düsteres Brüten versunken. Der Kleine an ihrer Seite blätterte in einem Bilderbuch. Jane nickte ihr verlegen zu, als sie zur Tür ging. Ihr Blick fiel auf das Pappschild. »Gesten der Freundlichkeit und Schönheit um ihrer selbst willen.«

Draußen spürte Jane die Hitze, die von den Gehwegplatten aufstieg. Vor ihr lag ein angebrochener Tag, ein angebrochenes Leben, das endlos war. Sie fühlte sich müde und betrogen.

Sie beschloß, zum Friseur zu gehen.

Let it bleed

Carroll Fowley stand im vorderen Waggon der Elektrobahn, die in einer weitgeschwungenen Betonrinne lautlos zum nächsten Flughafengebäude glitt, in hohen Bögen und Krümmungen an anderen Betonrinnen vorbei, über ein Brachland hinweg, das menschenleer war und hinter der getönten Scheibe schweflig wirkte wie ein lebensfeindlicher Planet. Ihr Spiegelbild schwebte darüber hinweg wie eine bleiche, körperlose Halluzination. Zwei dunkle Augen über hohen Wangenknochen, ihre braunen Haare wie eine gestutzte Welle, der Mund halb geöffnet und reglos, als seien ihm die Worte ausgegangen. Mit einem prüfenden Blick versicherte sie sich, daß die Knopfleiste ihrer Bluse gerade saß und das Halstuch mit dem Emblem ihrer Fluglinie keine Falten warf.

Sie mochte Dallas Airport, und besonders mochte sie das durchdachte, vollelektronische Zubringersystem mit den automatischen Ansagen vom Band, die von einer neutralen Frauenstimme gesprochen waren, das sekundengenaue, zischende Öffnen und Schließen der Türen, die ganze Technologie, die Zufälligkeiten und menschlichem Versagen vollkommen enthoben war.

Wie sie das Trampeln und Hetzen und Rempeln auf Rolltreppen haßte, vor allem auf New Yorks JFK Airport, all das Kindergeschrei, die verschwitzten Gesichter, die Jagd der Zuspätkommenden und ihre Panik, die Maschine zu verpassen. Berührungen waren ihr ohnehin zuwider. Hier war der Reisebeginn eine kühle, stille Meditation.

Ihre beiden Reisetaschen waren mit Gummibändern auf dem chromblitzenden Rädergestell fest verhakt und standen senkrecht neben der Tür. Einige Stewardessen der Jordanian Airlines unterhielten sich kichernd, ein Vater hielt seine Tochter auf dem Arm und erklärte ihr etwas, das mit dem Schwebemechanismus der Bahn zu tun haben mochte oder mit dem Sinn des Lebens; die Kleine lauschte andächtig.

Weiter hinten stand eine Gruppe von Geschäftsleuten, und etwas abseits ein schlanker, schwarzhaariger Mann, der einen silbergrauen Armani-Anzug und eine rote Hermès-Krawatte trug und nachdenklich auf die Schwefellandschaft schaute. Aus den Lautsprechern plätscherte eine Orchesterversion des Stones-Titels »Let it bleed«. Sie schätzte den Armani-Typen auf Anfang dreißig. Sie fand, daß er gut aussah, aber sie konnte nicht sagen, warum. Vielleicht, weil er keine Notiz von ihr nahm.

Nur sie beide verließen den Zug an Flugsteig A 46. Überraschenderweise und bevor sie protestieren konnte, hob der Mann ihren Gepäckkarren über die Schwelle, lässig und beiläufig, und er wartete gar nicht erst ihren Dank ab, sondern schlenderte mit sicheren Schritten davon.

Carroll war für den Flug Dallas – Puerto Vallarta eingeteilt worden. Sie haßte die Route. Obwohl sie als Purserin vorwiegend in der ersten Klasse beschäftigt war, wußte sie, daß rund dreihundert sonnenhungrige Urlauber die Maschine in ein Irrenhaus verwandeln würden. Und was noch schlimmer war: Sie würde drei Tage dort unten in Mexiko festsitzen. Andere Stewardessen hätten über den Flugplan gejubelt, doch Carroll haßte Ferienorte und ihre lauten, schwülen Nächte, diese ganze organisierte Nachlässigkeit, die aus jedem Menschen das Häßlichste herausholte, besonders aus Pauschaltouristen.

Die Maschine war bereits angedockt. Das Personal der Cateringfirma hatte die Essenscontainer durch die Service-Luke hereingerollt und verankerte sie gerade in ihren stählernen Nischen, und die Männer der Putzkolonne zogen mit großen schwarzen Müllsäcken durch die Reihen. Sie trugen orangefarbene Overalls, Plastikhandschuhe und Mundschutz und sahen aus, als entsorgten sie Giftmüll. Die Bestie Mensch, dachte Carroll, ist in erster Linie eine, die Schmutz macht. Jede Berührung war auf Schmutz und Schmerz angelegt.

Sie begrüßte Pilot und Kopilot, die mit ihren Check-ups beschäftigt waren, und verstaute ihr Gepäck. Dann kehrte sie über die Gangway zurück, blickte auf die Uhr und winkte dem Schaltersteward zu. Er nickte entnervt in einer Traube von Passagieren mit erhitzten Gesichtern, die auf ihn einredeten, mit Flugscheinen wedelten und über dem Tresen hingen.

Carroll griff zum Mikrofon und machte ihre Ansage. »Flug AA 485 nach Puerto Vallarta ist nun zum Einsteigen bereit. Zunächst bitte Rollstuhlfahrer, Kinder ohne Begleitung und Passagiere der ersten Klasse.« Sie sprach routiniert und ohne zu stocken und in einem neutralen Singsang. Sie mochte ihre aus den Lautsprechern hallende Stimme, weil sie wie die eines freundlichen Automaten war und nicht zu ihr zu gehören schien.

Nachdem sie das Mikrophon wieder eingehängt hatte, postierte sie sich an der Absperrung und nahm die Flugscheine entgegen. Er war der vierte oder fünfte in der Reihe. Sie sah zunächst den grauen Anzug wie einen Schatten, dann seinen Arm, der ihr die Bordkarte reichte. Es war der Mann von der Zubringerbahn. Mit einem knappen Nicken und der Spur eines Lächelns deutete er an, daß er sie wiedererkannte. Sie riß den Abschnitt ab, warf einen Blick auf seinen Flugschein und sagte: »Angenehmen Flug, Mr. Sanders.« Passagiere der ersten Klasse wurden mit ihren Namen angesprochen. Während sie den nächsten Schein entgegennahm, blickte sie der großen Gestalt hinterher, die die Gangway hinunterschlenderte. Er hatte einen braunen Aktenkoffer dabei, sonst nichts.

Die nächsten in der Reihe waren zwei jugendliche Angeber in Muskel-T-Shirts. Einer der beiden trug ein Paddel unter dem Arm. Als er Carrolls zweifelnden Blick bemerkte, sagte er: »Nur für alle Fälle, Schätzchen, für unsere Notlandung im Wasser.« Er war Mitte zwanzig. Sein Freund, der hinter ihm ging, klopfte ihm grölend auf die Schulter. Pack, dachte Carroll.

Nun zwängten sich die Passagiere der zweiten Klasse an ihr vorbei, Kinder, die Gummitiere umklammert hielten und von ihren Müttern durch den Gang gezerrt wurden, mexikanische Ehepaare mit verschnürten Kartons, korpulente Typen in Hawaiihemden mit überquellenden Taschen.

Carroll übergab ihre Position an Janice, eine vergnügte Kollegin aus Oklahoma, mit der sie schon öfter geflogen war, und begab sich an Bord, um die Passagiere der ersten Klasse zu versorgen. Sanders hatte Platz 1 B, erste Reihe, Gang. Als sie sein Jackett entgegennahm, um es auf den Bügel zu hängen, begegnete sie seinen Augen. Sie waren grau und ruhig und nachdenklich. Er bestellte einen Orangensaft.

Nachdem die Fluggäste ihre Plätze eingenommen hatten und die Gepäckstücke verstaut waren, marschierte Carroll mit Janice zählend durch die Reihen. Dann setzte sie sich auf den Klappsitz, mit dem Rücken zum Cockpit, und zog ihren Sicherheitsgurt fest. Sie strich ihren blauen, engsitzenden Rock glatt, und als sie aufschaute, waren Sanders' Augen auf sie gerichtet. Er lächelte und schaute weg. In einer unwillkürlichen Geste prüfte Carroll, ob die Knopfleiste ihrer Bluse gerade saß, ärgerte sich darüber und schloß die Augen.

Sie genoß diese Sekunden vor dem Start, die erfüllt waren von dem Vibrieren der Kabine, dem Heulen der Turbinen und den ruhigen, kurzen Anweisungen, die aus dem Cockpit drangen. In diesen Sekunden war alles neu, alles voller Erwartung und Aufbruch. Als sie ihre Beine übereinanderlegte, spürte sie ihre Nylons in einem flüchtigen autoerotischen Kitzel, und sie sog den Duft ihrer frischgewaschenen Bluse ein, den Hauch ihres Parfüms. Diese Sekunden gehörten ganz ihr allein.

Ihre Erregung richtete sich dabei nicht auf irgendeine Ankunft, irgendein Ziel, sondern auf das Verschwinden. Wieder einmal, wie in tausenden Fällen zuvor, würde sie mit geisterhafter Spurlosigkeit eine Stadt, ein Hotel, eine Nacht, ein Stück ihres Lebens hinter sich zurücklassen, würde die Erde verlassen und die Schwere und alles, was sie zu binden drohte.

Fliegen, fand sie, war das perfekte Nirgendwo, die schönste Form der Entwurzelung. Ohne die Fliegerei, das wußte sie, wäre sie längst tot, begraben unter dem Geröll einer Vergangenheit, die sie fast vernichtet hätte. Seit die Sache mit Jeff passiert war, hatte sie sich nirgends mehr zu Hause gefühlt. Hier oben war ihr Zuhause, zwischen Erde und Himmel. Hier war das Leben erträglich.

Als die Flughöhe erreicht war und die Zeichen zum Anschnallen erloschen, verteilte sie Kopfhörer und die Speisekarten und fragte nach den Wünschen für Drinks. Nur fünf Passagiere saßen in den grauen Sesseln der ersten Klasse. Die beiden Angeber mit dem Paddel, ein älteres Ehepaar und Sanders.

Von den Angebern nahm Carroll an, daß sie durch irgendein Bonus-Programm in den Genuß der ersten Klasse gekommen waren. Sie hatten bereits die Turnschuhe ausgezogen, fummelten an ihren Videokonsolen herum und bestellten Tequila, um sich »auf Land und Leute einzustimmen«. Das Ehepaar wollte Champagner, Sanders bestellte einen Orangensaft. »Kein Eis«, sagte er.

Während sie in der Bordküche die Bestellungen ausführte, beobachtete sie ihn durch einen Spalt des Vorhangs. Irgend etwas ging von ihm aus, das sie gleichzeitig faszinierte und beunruhigte. Seinen Koffer hatte er unter den Vordersitz geschoben. Er saß ruhig und entspannt da und schaute zum Bullauge hinaus. Sonnenreflexe spielten in seinem Profil. Ein klares, gebräuntes Gesicht mit Mundfalten, die auf ein brutales Kinn zuliefen wie Fleischerhaken. Ein junges Gesicht, dachte sie. Nur die Augen sind uralt.

Sie servierte die Drinks und kleine Schälchen mit Nüssen. Die Angeber mit dem Paddel bestellten eine zweite Lage, bevor sie ihre Gläser überhaupt entgegengenommen hatten. Das alte Ehepaar lächelte dankbar. Altmodisch hoben sie ihre Gläser und stießen an. Sanders bediente sie zuletzt. In dem Moment, in dem sie ihm das Glas reichen wollte, sackte die Maschine in ein Luftloch. Sie pendelte geschickt aus und setzte das Glas auf seinem Tischchen ab. Doch dann verlor sie den Halt. Blitzschnell griff Sanders ihren Unterarm und hielt sie fest. Er hatte eine große, kräftige Hand, trocken wie Sand.

»Das wäre fast ins Auge gegangen«, sagte Carroll. »Entschuldigen Sie.«

»Nichts passiert«, sagte Sanders.

Wieder dieses Lächeln. Carroll spürte, daß sie errötete, und ging zurück in die Bordküche.

Sie kam sich wie ein Schulmädchen vor und stellte fest, daß sie sich schon wieder ärgerte. Und wieder war er der Grund. Sie fand ihn gönnerhaft. Seit zehn Jahren war sie nun Stewardess, und einer ihrer Grundsätze war, nie auf Flirts von Passagieren einzugehen. Aber hatte Sanders mit ihr geflirtet? Nein, hatte er nicht. Sie war verwirrt und ärgerte sich noch mehr.

Nicht nur die belanglosen Annäherungsversuche gelangweilter Erstklasspassagiere waren ihr zuwider. Seit Jeffs Tod hatte sie um Männer generell einen Bogen gemacht. Sie konnte gut auf sich selber aufpassen, und ihr Bedürfnis nach Sex war nicht so groß, daß sie dafür einen der schnaufenden, jammernden Dreckskerle in Kauf genommen hätte, als die sie die Männer kennengelernt hatte. Jeff war die Ausnahme gewesen.

Ihr Freundeskreis beschränkte sich auf David, einen alten Freund Jeffs, und ihre Mutter. Als Stewardess war sie ohnehin ständig auf Achse. Ihr kleines Apartment auf der Upper West Side in New York sah sie nur selten. Sie hatte alles verkauft, was sie an Jeff erinnerte, alles, was sie sich nach ihrer überstürzten, romantischen Hochzeit angeschafft hatten. Es war ohnehin nicht viel. Die Fotoalben und Briefe hatte sie verbrannt, und seine Tonbänder hatte sie David geschenkt, der wie Jeff komponierte. Die beiden hatten oft zusammen gespielt.

Nur den Ring, den ihr Jeff zur Verlobung geschenkt hatte, trug sie immer noch, einen unscheinbaren silbernen Reif, in den das Mandalazeichen eingestichelt war. Jeff hatte ihn selber angefertigt. Er sah nach nichts aus. Doch wenn man ihn aus der Nähe betrachtete, sah man den ganzen Kosmos.

Carrolls Leben war von den Einsatzplänen der Flugfirma diktiert, und ihr Zuhause waren die stets wechselnden Airport-Hotels mit ihren gleichgültigen Zimmern, den in Zellophan verpackten Gläsern, den Shampoofläschchen, den versiegelten Minibars, den makellos bezogenen Betten, denen nicht anzusehen war, welche Schicksale sie beherbergt hatten. Alle Spuren waren mit jedem neuen Gast getilgt, ob die von Liebesnächten oder von verzweifelten, whiskygeschwängerten Abschiedsszenen, von endlosen Einsamkeiten am Telefon oder besessener Arbeit für die Konferenz am nächsten Tag.

Sie genoß die Gewißheit, daß auch ihr jeweiliges Hotelzimmer schon am nächsten Tag keinen Hinweis mehr auf Carroll Fowley und ihre Existenz enthalten würde. Hotels waren die vollkommene Gedächtnislosigkeit, und Carroll Fowley war ein Schatten – der Schatten von Crystal Jenkins, die vor zehn Jahren gemeinsam mit Jeff Jenkins gestorben war.

Sie hörte den Stewardessen-Call und sah, daß über den Plätzen 3 B und C die Lampen brannten. Die Paddeltypen! Sie konnte Troublemaker auf zehn Meilen riechen, und die beiden gehörten eindeutig in diese Kategorie. »Noch 'ne Runde Tequila, Schätzchen«, rief der mit dem Bürstenhaarschnitt. »Aber mach diesmal 'n paar vernünftige.« Als sie mit den beiden Gläsern zurückkehrte, tätschelte er ihr das Hinterteil.

Carroll richtete sich auf. Es war nicht das erste Mal, daß sie so etwas erlebte, und in ihren Trainingsstunden wurden solche Szenen immer wieder durchgespielt.

»Offenbar haben Sie zuviel getrunken«, sagte sie mit beherrschter Wut. »Wenn Sie sich nicht benehmen, werde ich den Captain holen.« Dann nahm sie das Tablett mit den beiden Drinks wieder auf und machte kehrt, um in die Bordküche zurückzugehen.

Die Bürste hielt sie am Oberarm fest. »Laß die Gläser hier, Schätzchen«, sagte er gehässig, »und sei 'n bißchen nett zu deinen Passagieren, sonst gibt's 'ne Beschwerde.« Carroll versuchte, ihren Arm zu entwinden, aber Bürste zog sie mitsamt des Tabletts an sich.

Plötzlich stand Sanders neben ihr. »Wenn Sie gestatten«, sagte er leise. Anstrengungslos griff er nach einem der Finger, die sich um Carrolls Oberarm gekrallt hatten, und riß ihn mit einem kurzen Ruck nach hinten. Bürste wurde bleich vor Schmerz und setzte zu einem Schrei an. Doch Sanders sagte leise: »Du benimmst dich, du Pfeife, oder ich tu dir wirklich weh.« Der Freund der Bürste hatte sich verschreckt in seinen Sitz zurückgezogen. In Bürstes Augen stand Panik. Wimmernd hielt er seine Hand.

Carroll strich ihren Rock glatt und eilte konsterniert in die Bordküche zurück. Eine Prügelei an Bord, das hatte ihr gerade noch gefehlt. Was mischte sich dieser Kerl da ein! Sie wußte, wie mit solchen Situationen umzugehen war.

Sie spähte durch den Vorhang. Sanders saß wieder ruhig an seinem Platz und las ein Buch, als ob nichts geschehen wäre. Dieser Typ! Brach einem Halbstarken den Finger, und nun las er ein Buch! Sie beschloß, ihn zur Rede zu stellen. Sie stellte ein Glas frischen Orangensaft auf ein Tablett und trug es zu seinem Platz.

»Danke«, sagte sie leise. »Aber ich kann eigentlich ganz gut auf mich selber aufpassen.«

Sanders schaute überrascht auf. »Ich habe es nicht Ihretwegen getan«, sagte er. »Ich habe nur gerne meine Ruhe, wenn ich fliege.«

»Müssen Sie Kindern dafür die Finger brechen?«

Sanders lächelte amüsiert. »Okay«, sagte er, »ich gebe mich geschlagen. Ich wollte Sie retten.«

Carroll räumte das leere Glas auf ihr Tablett. »Ist das Ihr Hobby?« fragte sie. »Die Armen und Hilflosen zu retten?«

»Es tut mir leid«, sagte Sanders. Nun lächelte er nicht

mehr. Seine Stimme klang ernst und entschuldigend. Sie glaubte ihm. Im Grunde genommen war sie ihm dankbar, denn die beiden Halbstarken, da war sie sicher, hätten sie auf dem Fünfstundenflug pausenlos auf Trab gehalten.

Er hatte das Buch, in dem er gelesen hatte, mit dem Rücken nach oben auf den Nebensitz gelegt. Es war Paul Austers *Leviathan*. Paul Auster war kein Bestsellerautor, sondern ein Tip für Eingeweihte. Sie hatte das Buch gerade letzte Woche gelesen. Es war voll von Einsamkeiten und fehlgeschlagenen Liebesgeschichten und ruinierten Hoffnungen. Ein Buch für Verlorene. Wie kam dieser Erste-Klasse-fliegende Armani-Mensch dazu, ihre Fantasien und Verzagtheiten zu teilen?

Bücher von Bedeutung, dachte sie manchmal, sollten jeweils nur für einen einzigen Leser geschrieben und danach vernichtet werden. Immer wenn sie ein Buch, das sie in den einsamen Stunden ihrer Hotelzimmernächte wirklich angesprochen hatte, in der Auslage eines Buchgeschäfts sah, kam sie sich betrogen vor. So, als sei dort ihre Seele ausgestellt.

»Das Buch«, sagte sie. »Ich kenne es.«

Sanders schaute auf. Nun sah sie in seinen Augen, weit hinten, eine plötzliche Wärme aufleuchten.

»Tut mir leid, das von vorhin«, sagte er noch mal.

»Schon gut« erwiderte Carroll und verschwand hinter dem Vorhang der Bordküche.

Sie fühlte sich plötzlich merkwürdig leicht. So, als habe sie jemand berührt, und es war ihr erstaunlicherweise angenehm gewesen. Sie schob die schmutzigen Gläser in den Geschirrcontainer und stellte den Thermostaten für die

Lunchportionen ein. Dann begann sie, den Essenswagen mit Geschirr und Servietten zu bestücken.

Es war nicht, was er gesagt hatte, sondern eher, was er nicht gesagt hatte. Womit er wohl sein Geld verdiente? Offenbar war er vermögend, und er war jung, doch seine Augen waren die von jemandem, der Schmerzen erlebt hatte und die Einsamkeit kannte.

Als sie mit dem Lunchwagen die Runde machte, riet sie ihm von der Pasta ab und empfahl ihm das Endstück eines Filet-Mignon. Vom Kaviar stellte sie ihm eine doppelte Portion aufs Tablett. Den Sherry lehnte er ab. »Zu früh«, sagte er.

Andere Stewardessen hätten aus Höflichkeit insistiert, doch Carroll erkannte sofort, daß Sanders einer war, der stets sagte, was er meinte. Plötzlich wußte sie, was sie an ihm irritierte und gleichzeitig anzog. Er war wie Jeff. Jeff hatte sich nie auf Spielchen eingelassen. Er war eindeutig und aufrichtig, nicht weil er das Gute wollte, sondern weil er, wie er sagte, für Lügen keine Zeit hatte.

Was suchte einer wie dieser Sanders an einem ordinären Rummelplatz wie Puerto Vallarta? Er sah nicht so aus, als würde er zu seinem Vergnügen dorthin fliegen. Als sie den Käsewagen an seinen Sitz rollte – er suchte mit Kennerblick den trockenen Parmesan und einen durchwachsenen Cheddar aus –, sagte sie: »Hoffentlich versaut Ihnen die Hotelreinigung nicht Ihren Anzug. In Vallarta ist man bunte Kampftrinkerhemden gewohnt.«

Sanders lachte. »Ich mache keinen Urlaub. Ich fahre nach Hause. Ich wohne dort.«

Als er Carrolls verblüfftes Gesicht sah, sagte er: »Es gibt

das Vallarta für die Touristen. Und dann gibt es ein anderes – ein Paradies. Dort wohne ich.«

Er zögerte kurz, als dächte er über etwas nach. Dann zog er eine Brieftasche hervor und entnahm ihr eine Karte. Noch einmal zögerte er, bevor er ihr die Karte mit den Worten überreichte: »Vielleicht kann ich Ihnen das andere Vallarta zeigen.«

Er beugte sich zu seinem Buch. Doch dann sah er wieder auf, als sei ihm etwas Wichtiges eingefallen.

»Sie haben sicher schon Hunderte von solchen Karten zugesteckt bekommen. Ich tue das zum ersten Mal.«

Er wirkte tatsächlich für einen Moment verlegen.

»Eine Bitte habe ich. Falls wir uns sehen sollten, verraten Sie mir nicht den Schluß des Buches.« Dann griff er neben sich und nahm seinen Roman wieder auf.

Als Carroll den Käsewagen in die Bordküche zurückgerollt und den Vorhang wieder zugezogen hatte, besah sie sich die Karte genauer. »Jerome Sanders. Unternehmensberatung. New York. London. Puerto Vallarta.« Dazu Telefonnummern und Faxanschlüsse. Die New Yorker Adresse befand sich auf der Madison, in den Sechzigern, in der Nähe von »Barney's«. Wahrscheinlich kaufte er dort seine Anzüge.

Während des restlichen Fluges schien Sanders keine Notiz mehr von ihr zu nehmen. Mit einem knappen Lächeln lehnte er einen weiteren Orangensaft ab. Kurz vor der Landung nahm er sein Jackett mit einem ebenso knappen Lächeln entgegen. Wahrscheinlich war ihm die ganze Sache peinlich, dachte Carroll.

Doch dann, als die Maschine gelandet und die Treppe

herangefahren und die Luke entriegelt war, sagte er ernst und leise: »Ich warte auf Ihren Anruf.«

Überrascht vernahm Carroll darin einen Ton von bittender Dringlichkeit, und sie war noch überraschter, als sie feststellte, daß sie ein Gefühl von Mitleid für ihn entwickelte. Mitleid mit einem wie Sanders?

Die Urlauber torkelten in die brütende Hitze hinaus, als seien sie in der offenen Luke, einer nach dem anderen, mit Faustschlägen begrüßt worden. Vorne, dem Pulk über das Rollfeld vorauseilend, sah sie Sanders, der in der Zollbaracke verschwand.

Eine Stunde später passierte Carroll die Schranke auf der Zufahrt zum Camino Real, die von einem Schwarzen in Fantasie-Livree hochgezogen wurde. Das Real war eine der exklusiveren Bettenburgen in Puerto Vallarta und gab sich mit seinen offenen Patios, einem kleinen Flamingogehege und den palmenüberstandenen Restaurants alle Mühe, karibischen Zauber zu entfalten.

Natürlich kam es nicht ohne die obligaten Boutiquenpassagen aus mit ihren papageienbedruckten Sommerkleidern, den hellblauen Muschelohrringen und roten Korallenhängern, diesem in Hongkong fabrizierten Tropenramsch mit den französischen Namen, dieser unvermeidbaren Couture für Frisöre und Bauunternehmer, aber die Zimmer waren schattig und erträglich und karg möbliert, was Carroll schätzte.

Nachdem sie geduscht und ihre Sachen aufgehängt hatte, war sie in ein schlichtweißes, durchgeknöpftes Sommerkleid geschlüpft und ins Gartenrestaurant hinuntergegangen. Dort setzte sie sich auf einen Rattanstuhl im hinteren Teil unter einen Mangobaum, nippte an einem Fruchtpunsch und dachte nach.

Zehn Jahre lang hatte sie jedes Rendezvous vermieden. Sie wußte noch nicht einmal, ob sie nun eines haben würde. Sie war Anfang Dreißig, schlank, groß und attraktiv. Es fiel ihr nicht schwer, die vielen Angebote, die sie bekam, abzuwimmeln. Sie tat es knapp und kühl, ohne jede Zweideutigkeit.

Es ging ihr im Lauf der Jahre gar nicht mehr nur um Jeff und darum, ihm über den Tod hinaus die Treue zu halten. Sie hatte sich einfach an ihre Unabhängigkeit und ihre Einsamkeit gewöhnt. Ihr Alleinsein war wie ein Schutz. Ein Panzer gegen das Böse.

Denn das Böse, das in ihr Leben eingebrochen war und das Jeff vernichtet hatte, hatte sich den Moment der Liebe ausgesucht, den Zustand allergrößter Arglosigkeit. Nun war sie auf der Hut. Sie wußte, daß es das Böse dort draußen nach wie vor gab. Doch sie war vorbereitet. »Auf dich, Jeff«, dachte sie zärtlich und nippte an ihrem Drink. Und dann dachte sie: Ob Sanders tatsächlich auf ihren Anruf wartete?

Zwei Stunden saß sie dort im Schatten des Mangobaumes. Die Sonne sank tiefer, schwer von Röte, und die Luft wurde seidig, und die Pelikane nahmen ihre waghalsigen Flugmanöver auf. Sie schossen flach über das Gekräusel der Wellen hinweg, um nach kurzem Abtauchen mit einem zappelnden Fisch im Schnabelsack und schwererem Flügelschlag wieder an Höhe zu gewinnen. Zwischen zwei Bambusrohren saß eine Spinne in ihrem achteckigen Netz, das in der Abendbrise leicht nachgab. Schließlich stand Carroll auf und ging in ihr Zimmer.

Sie entnahm Sanders' Karte dem Seitenfach ihrer Handtasche und legte sie neben sich aufs Bett. Nachdenklich starrte sie darauf. Dann nahm sie kurz entschlossen den Hörer ab und wählte seine Nummer. Es klingelte fünfmal. Fünfmal war die Obergrenze, dachte sie. Alles, was darüber hinausging, klang nach Notruf oder eifersüchtigem Liebhaber. Sie wollte gerade einhängen, als er sich meldete.

»Ich hatte nicht damit gerechnet, daß Sie tatsächlich anrufen«, sagte Sanders.

»Ich auch nicht«, sagte Carroll.

»Ich weiß noch nicht mal Ihren Namen?«

»Carroll Fowley«, sagte Carroll. Fowley war ihr Mädchenname. Und Carroll nur ihr zweiter Vorname. Früher hieß sie Crystal Jenkins. Früher, in einem anderen Leben.

»An der Promenade gibt es ein neues Restaurant. *Mogambo*, wie der Film mit Ava Gardner. Dort gibt es das beste Prime-Rib südlich von Dallas. Und der Hummer ist frisch. Wo wohnen Sie?«

»Im Camino Real.«

»Kann ich Sie in einer Stunde abholen?«

»Klingt gut«, sagte Carroll.

»Also bis dann«, sagte Sanders und hängte ein.

Anderthalb Stunden später saßen sie im Restaurant vor einem offenen Fenster und schauten auf die Promenade hinaus, auf der Luftballonverkäufer herausgeputzten mexikanischen Kindern aufgeblasene Mickymäuse um die Handgelenke banden. Liebespaare schlenderten untergehakt vorbei; und Zuckerwatteverkäufer ließen ihre rosafarbenen Riesenpyramiden schaukeln. Carroll spürte den kühlen Wind vom Meer her und schloß die Augen. Sie fühlte sich wohl wie lange nicht mehr.

Sanders hatte für beide bestellt. Er hatte einen leichten Wein ausgesucht und er unterhielt sie mit Geschichten über John Ford und die Dreharbeiten zu *Mogambo*. Das Restaurant war mit Elefantenzähnen, riesigen Krokodilhäuten und Kupferlaternen als Safari-Lodge dekoriert.

»Wir sind ein filmverrückter Ort«, sagte Sanders: »Alle sind stolz darauf, daß der Regisseur John Huston die letzten Jahre seines Lebens hier verbracht hat.«

»Das ist die Heldenverehrung der 90er Jahre«, meinte Carroll. »Man baut Filmsets nach. Mexikanische Kellner, die in dem Afrikatraum eines amerikanischen Regisseurs französische Weine servieren. Das ist echt international.«

Über sich selber sprach Sanders kaum, was Carroll recht war. So konnte sie seine Rätselhaftigkeit genießen. Die meisten Lebensgeschichten langweilten sie ohnehin, all diese kurzbeinigen Karrieren und Kindersorgen und Ehetrotts. Wie banal, gemessen an ihrer eigenen Tragödie!

Später schlenderten sie auf der Promenade auf und ab, und irgendwann ergriff Sanders ihre Hand. Sie ließ es geschehen. Es war eine sympathische und vollkommen natürliche Geste. Sie hatte sich seit Jahren nicht so geborgen gefühlt. Genau genommen seit zehn Jahren.

Am Ende der Mole lag eine säulengeschmückte Rotunde, vor der Straßenhändler ihre bunten Waren ausgelegt hatten. Im Schatten eines in Beton gegossenen Neptuns, der mit seinem Dreizack auf das Meer hinaus wies, stand ein Feuerschlucker, der seine lohenden Fackeln über dem Kopf in die Nacht schwenkte. Unter den bunten, von Petroleumfunzeln erleuchteten Tischen fesselte einer ganz besonders Carrolls Aufmerksamkeit. Auf dem Brett war ein Gewirr von kleinen Figuren aus Zuckerwerk ausgebreitet, Hochzeitsleute und Motorradfahrer und Fußballspieler, Priester, die Kinder übers Taufbecken hielten, und Popsänger, die sich über Mikrophone beugten. Das besondere an ihnen war, daß alle Totenköpfe trugen. Eine kleine, lustige Welt aus grinsenden Schädeln mit leeren Augenlöchern.

»Makaber«, murmelte Carroll.

»Morgen ist Allerseelen«, sagte Sanders. »Hier ist der Tag ein Freudenfest. Sie feiern die Toten, die Nähe zu ihren Ahnen. Es wird eine große Knallerei geben und eine Prozession durch die ganze Stadt. Abends wird getanzt.«

»Sie machen sich über die Toten lustig«, sagte Carroll. »Als ob der Tod keine Bedeutung hätte.«

»Vielleicht hat er das tatsächlich nicht.«

»Dann hat das Leben auch keine Bedeutung.«

Sanders schwieg. Er sah auf das Meer hinaus. Weit draußen glommen die Laternen der Fischerboote. In der Molenbeleuchtung am Strand spielten kleine Kinder Fußball. Vor einem Restaurant schmetterte eine Mariachi-Band, und eine füllige Mexikanerin wiegte sich zu den Klängen mit ihrem kleinen Enkel.

»Das hat Bedeutung«, sagte er leise und drückte ihre Hand. »Das Leben ist ein Fest. Man muß nur lernen zu tanzen.«

Auf der Fahrt zum Hotel verabredeten sie sich für den nächsten Tag. Er stieg nicht aus, als er sie absetzte. Er lächelte ihr nur zärtlich zu und küßte ihre Hand.

Als sie auf ihr Zimmer kam, streifte sie ihr Kleid ab. Diesmal hängte sie es nicht sorgfältig auf, sondern warf es achtlos über einen Sessel und ging unter die Dusche. Danach stellte sie sich vor den Spiegel und musterte sich. Sie kam sich jünger vor, und in ihren braunen Augen entdeckte sie einen Glanz, der vorher nicht da war.

Am nächsten Vormittag fuhr Sanders mit einem offenen Jeep vor. Er trug eine weite Khakihose und ein weißes Polohemd. Seine nackten Füße steckten in braunen Ledermokassins. Er strahlte, als er sie sah.

Sie fuhren die hochgelegene Küstenstraße nach Süden und bogen nach einigen Meilen rechts ab in einen Schotterweg, der vor einem schmiedeeisernen Tor endete.

»Bienvenido«, sagte Sanders und sprang vom Fahrersitz. »Willkommen zu Hause.«

Von außen sah das Haus aus wie ein kleiner Bungalow. Doch als sie durch das Tor trat, blieb sie überwältigt stehen. Zu ihren Füßen lag ein großer schattiger Raum, dessen Kacheln in den blaugrünen Farben des Meeres spielten, das sich dahinter bis zum Horizont erstreckte. Hibiskusbäume und geschmackvolle Blumenstoffe, maurische Mauerdurchbrüche und Lichtreflexe sorgten für ein raffiniertes Spiel von Innen und Außen, von Architektur und Natur. Der Raum führte über Treppen in einen tieferliegenden, der in einen weiteren hinabführte, und alles endete schließlich in einem Garten mit Pool, dessen Wasser aus einer efeubewachsenen Grotte gespeist wurde. Das ganze Anwesen war wie ein Wasserfall, der Stufe um Stufe zum Meer hin stürzte, und alle Räume waren mit der gleichen Geschmackssicherheit ausgestattet und angenehm kühl.

»Die Japaner haben das erfunden«, sagte er. »Sie pflegten ihre Häuser an Hängen zu bauen, um sie von den Fallwinden kühlen zu lassen.« Er ging zum Eisschrank, holte einen Behälter heraus und gab ihr seine Hand. »Komm.«

Hinter dem Pool führte eine steile schmale Treppe hinab zu einem Anleger, an dem eine Yacht in der Dünung dümpelte. Sie nahm Platz auf einer weichen weißen Lederbank, und bald tuckerten sie um eine kleine Landzunge herum in die offene See. Sanders manövrierte das Boot durch eine Gruppe von bizarren Felsbrocken und erzählte ihr von der mit ihnen verbundenen Legende.

»Die Felsen sind von einem eifersüchtigen Gott dorthin geschleudert worden. Er wollte einen Rivalen töten.«

»Götter haben immer einen Grund zu töten«, sagte Carroll. »Das unterscheidet sie von Menschen. Nur Menschen töten grundlos.«

»Was hast du gemacht, bevor du geflogen bist«, fragte Sanders.

»Nichts Besonderes. Ich war ein ganz gewöhnliches Scheidungskind, das vor dem Fernseher in einem Vorort von Denver aufgewachsen ist. Und du?«

»Wahrscheinlich die gleichen Fernsehprogramme. Allerdings keine Scheidung, sondern die gemeinsame Hölle. Das genügte, um zumindest einen Vorsatz zu fassen.«

»Nämlich?«

»Nie zu heiraten!«

Sie lachten.

»Und danach?« fragte Carroll. »Ich meine, das hier. Warum Puerto Vallarta? Sieht nicht so aus, als ob du das alles geerbt hättest.«

Sanders' Gesicht wurde abweisend. »Digitale Steuerungen. Großrechneranlagen. Ich erkläre dir gerne die Einzelheiten, du würdest aber vor Langeweile über Bord springen. Und alleine schaffe ich den Hummer bestimmt nicht.«

Sie hatten eine stille Bucht erreicht. Sanders warf Anker und öffnete die Kühlbox. Sie tranken Champagner zum Hummer, aßen Trauben und Käse, und plötzlich lag Carroll in seinen Armen.

Sie wußte im Grunde genommen schon seit sie ihn angerufen hatte, daß sie mit ihm schlafen würde. Dennoch kam alles wie eine Überraschung, ein plötzliches Fieber – eine zufällige Berührung am Unterarm, die sanfte Dünung des Bootes, ein Blick, ein Griff, der war wie ein elektrischer Schlag. Sie war bereit, so bereit wie noch nie.

Sanders küßte sie verlangend, und sie spürte, wie er gleichzeitig den Träger ihres Kleides herunterschob. Sie hob ihm die Brust entgegen, die hart war und erregt, und stöhnte leicht auf, als er sie in den Mund nahm. Er zog ihr das Kleid über die Hüften, nahm sie in die Arme und legte sie vorsichtig auf die weiße Lederbank unter dem Schattendach. Dann drang er hart in sie ein.

Er war dunkel in der Sonne, wie ein Gott, das weiße Zeltdach über ihm, ein Fetzen Himmel, blau. Alles drehte sich. Sie spürte die Muskelstränge in seinen Schultern, seine schmale Hüfte und sein rhythmisches Stoßen, wie das eines Kämpfers, der genau wußte, was er wollte. Seine Stöße trugen sie weit weg, an den Rand des Universums, und irgendwo dort, an den Rändern, war ein unnennbarer Schrecken, wie ein Schatten, ein fernes Wiedererkennen, das ihre Lust jedoch noch vergrößerte. Sie spürte den heißen Atem an ihren Schläfen, spürte seine Lust und seine Gier, und dann zog sich ihr Unterleib zusammen in Krämpfen und Wellen, und sie explodierte in einer grenzenlosen schmerzhaften Wonne, in einem Schrei, der alles auf einmal loswurde: die einsamen Hotelzimmer, die Geometrie steriler Flughäfen, die Verbitterung, die erzwungene Kontrolle über ein Leben, das in den letzten zehn Jahren keines war, sondern nur ein Weitermachen.

Gelöst lag sie neben ihm. Sie fuhr ihm über die geschlossenen Augen, die Nase, den harten, männlichen Mund. Sie legte die Hand auf seinen Brustkorb, der sich hob und senkte. Sie war glücklich. Sie wußte, daß sie ihn liebte, und daß sie diesen Moment liebte, der weder von Vergangenheit noch von Zukunft beschmutzt war, sondern rein, süß, pur.

Er schlug die Augen auf.

»Wie wär's mit einem Sprung ins Wasser?«

»Solange du mitspringst«, sagte sie verliebt, »springe ich überall hin.«

Er hob sie auf wie eine Feder, und als ihr dämmerte, was er vorhatte, schrie sie »Nein!« und strampelte mit den Beinen, doch er hatte sie schon über die Reling gehoben und ließ sie fallen. Sie tauchte ein, schwerelos, und spürte die Kälte, das Brausen an ihren Ohren und den Druck, das grüne Wasser, und dann hörte sie eine dumpfe Explosion und wußte, daß er nachgesprungen war. Sie schwommen aufeinander zu und küßten sich, und dann kraulten sie voneinander weg. Auf einem Stein in der Brandung stand ein Reiher auf einem Bein stoisch in der Gischt und suchte das Meer nach Beute ab.

Irgendwann hatten sie genug und schwammen zum Boot zurück. Er zog sich als erster an der Reling hoch, um ihr beim Hinaufklettern zu helfen. Ein schlanker, muskulöser Rücken, der sich vertiefte, bevor er in die Wölbung des Hinterns überging. Und dort, in dem dunklen Tal, knapp vor der Wölbung, sah sie die Spinne, und ihr wurde übel.

Die Tätowierung war schon fast ausgebleicht von den Jahren, blau und verschwommen und kaum zu erkennen auf der braunen Haut, aber es war die gleiche Spinne. Sie hatte sechs Beine, drei links und drei rechts. Das untere Bein auf der rechten Hälfte war unvollständig, klein und unnatürlich nach unten abgewinkelt wie ein unbrauchbarer Rest. Vielleicht war dem Tätowierer die Tinte ausgegangen, oder er hatte einfach keine Lust mehr gehabt.

Carroll ließ sich sinken, tiefer und tiefer. Sie hatte diese Spinne schon einmal gesehen, vor zehn Jahren in der Wüste von Utah. Damals verschwand sie unter einer Jeans, die hochgezogen wurde. Neben ihr lag Jeff mit zerbrochenem Schädel, und die Stimme oberhalb der Jeans sagte: »Die sind beide hinüber. Laß uns den Wagen filzen und verschwinden.«

Sie waren aus dem Nichts aufgetaucht. Jeff und sie hatten sich ein Feuer gemacht, und sie saßen vor ihrem Wagen in der Dunkelheit und lauschten in die Wüste. Jeff war davon überzeugt, daß die roten Felsen Stimmen hatten und daß es eine Musik der Stille gäbe, und auch sie hatte daran geglaubt, denn Jeff konnte sehr überzeugend sein. Es war eine verzauberte Nacht. Die Wüste war wie der erste Schöpfungstag, ein Bett, das nur für sie beide gemacht war, und auch die Sterne funkelten nur für sie beide. Sie waren die ersten Menschen und die letzten, sie waren Liebende.

Dann hatten sie das Röhren der Motorräder gehört, schon Minuten, bevor sie tatsächlich in Sicht kamen, denn die Wüste trug weit. Jeff hatte gestöhnt. »Besuch«, sagte er. Es kam nicht selten vor, daß sich Wüstenfreaks gegenseitig Besuche abstatteten. Er hatte den Kassettenrekorder angestellt. »Let it bleed«, von den Rolling Stones. Dann kramte er einen Plastikbecher hervor, und als ihre Maschinen ausrollten, rief er: »Hallo, Jungs, der Kaffee ist gerade fertig.«

Die beiden blieben kurz auf ihren Maschinen sitzen. Sie warfen sich einen Blick zu und grinsten. »Großartig«, sagte derjenige der beiden, der eine schwarze Lederhose trug, »gib dir keine Mühe mit dem Zucker.« Sie stiegen ab und fummelten an ihren Gepäckträgern herum. Dann kamen sie näher. Carroll sah die Eisenstangen als erste. »Jeff, paß auf«, brüllte sie.

Es war eine kurze Angelegenheit. Wahrscheinlich war Jeff schon mit dem dritten oder vierten Schlag auf den Kopf tot. Sie hatte sich schreiend abgewandt und war in die Wüste hinausgelaufen. Sie kam nur fünfzig Meter weit. Die beiden bearbeiteten sie mit Tritten und Fäusten. Der mit den Jeans hielt sie von hinten wie mit eisernen Klammern um den Oberkörper fest, und die Lederhose riß ihr die Shorts herunter. Sie spürte einen Schlag auf den Kopf und wurde ohnmächtig.

Sie lag nackt und zerschrammt und blutend im Geröll, als sie wieder zu sich kam. Der zweite der beiden Kerle verging sich an ihr mit harten Stößen. Es dauerte eine

Ewigkeit, in der sie sich tot stellte. Schließlich war er fertig. Er stand auf, drehte sich um, und durch ihre verklebten Augenlider sah sie die Tätowierung. Kurz darauf waren beide in die Nacht hinaus gefahren.

»Carroll! Carroll!« Die Stimme kam von oben. Undeutlich sah sie über der Oberfläche eine dunkle Gestalt, die sich über das Wasser hinabbeugte. Jenseits der gleißenden Sonnenreflexe wartete ein Monster, ein Liebhaber und ein Mörder, einer, der küßte und tötete. Die Spinne. Sie wollte sinken, sinken und nie wieder hinauf.

Als sie nach Luft schnappend auftauchte, wurde sie von einem kräftigen Arm gepackt, der sie in die Höhe über die Reling hievte.

»Was ist los mit dir, mein Kleines«, fragte Sanders besorgt. »Ich dachte, du kommst nie wieder hoch!« Er drückte sie an sich. Dann griff er nach einem Handtuch, hüllte sie ein und rieb sie warm.

»Du zitterst!«

Carroll ließ sich auf die weißen Polster fallen. Tatsächlich, sie klapperte mit den Zähnen. Sie zwang sich zur Ruhe. Das Boot war das gleiche, der Mann, der sich über sie beugte, war der gleiche, und drüben, auf dem Felsen in der Brandung, stand der gleiche reglose Reiher. Alles war gleich. Und doch hatte sich alles geändert.

Sie war der Spinne wiederbegegnet. All die Jahre hatte sie sich ausgemalt, wie es wäre, wenn sie sie wiederträfe. In den Gesichtern von Tausenden von Passagieren, in Hunderten von Flughäfen und Hotellobbys hatte sie nach dem Bösen gesucht, das ihren Mann vernichtet und ihr Leben zu einem engen Tunnel verdüstert hatte.

In den ersten Monaten war sie zu einer Psychoanalytikerin gegangen um herauszufinden, warum das Böse gerade sie getroffen hatte. Sie hatte darüber gelesen, daß es geheime Täter-Opfer-Beziehungen gebe und daß manche Menschen als Opfer geradezu vorherbestimmt waren.

Sie war auf der Hut gewesen. Doch wie beim ersten Mal hatte das Böse den Moment der Liebe genutzt um zuzuschlagen. Offenbar war die Arglosigkeit sein Terrain, und es mästete sich an der Ahnungslosigkeit seiner Opfer.

Vielleicht, überlegte Carroll, war das Böse wie die Liebe. Beides war unbegreifbar. Beides schlug, wie man so sagte, aus heiterem Himmel zu. Möglicherweise ließ sich auch das Böse nur in der Arglosigkeit besiegen, aus heiterem Himmel, blitzartig, grundlos?

Sie schlug die Augen auf und begegnete Sanders' grauem Blick, der ihr nun wachsamer vorkam und eine Spur jener benommenen Verliebtheit verloren hatte, die sie vorher in ihren Zauber gezogen hatte. Sie strahlte ihn an.

»Danke, mein Schatz. Du hast mir das Leben gerettet. Schon zum zweiten Mal.« Sie gab ihm einen Kuß auf die Stirn. »Scheint wirklich eine Art Hobby von dir zu sein.«

Der Zweifel in seinen Augen erlosch. Nun war er wieder der zärtliche, besonnene Liebhaber, der sie auf seiner Yacht entführt hatte, um ihr das Paradies zu zeigen. Die tiefstehende Sonne goß Gold auf die Wellen, das der Bug zerteilte und in langen Schnüren hinter sich herzog, während das Boot zurück zur Landzunge tuckerte und schließlich am Steg anlegte.

Er bot ihr seine Hand, als sie aus dem Boot kletterte, und dann stiegen sie die schmale Treppe hinan, über die

Terrasse hinweg, hinauf zur mittleren Etage des Anwesens. Sie duschte und zog sich um. Sie hatte ein schlichtes, blutrotes, körperbetontes Kleid mit Spaghettiträgern mitgenommen. Ein Hauch Parfüm ins Dekolleté. Er hatte in der Zwischenzeit den Tisch gedeckt und die Kerzen angezündet, die unter großen Glaskelchen standen.

Sanders' Koch, den er für diesen Abend beurlaubt hatte, hatte verschiedene Pasteten vorbereitet sowie Entenbrust, eine große Platte mit Prosciutto di Parma und verschiedene italienische Antipasti. Dazu gab es knuspriges, italienisches Weißbrot, das Sanders aufgebacken hatte. Carroll sah sein ebenmäßiges Gesicht, das von den letzten Strahlen der Abendsonne gerötet war. Die Augen lagen in dunklen, schattigen Höhlen. Plötzlich fiel ihr ein, daß heute Totensonntag war.

Sie hob ihr Glas und dachte: »Auf dich, Jeff«, und dann sagte sie: »Auf dich, mein Liebling«, und stieß mit Sanders an.

»Du hast wohl eine wilde Zeit gehabt«, sagte sie schließlich. »Ich habe ein Foto von dir gesehen, im Schlafzimmer. Die Haare waren ein bißchen länger. Und die Maschine, eine Harley Davidson?«

»Wer sagt dir, daß das Foto mich zeigt?« Seine Augen waren leer, als schaute er nach innen. »Jemand, den ich vor langer Zeit gekannt habe. Jugendsünden. Er ist mittlerweile tot.«

»Was ist passiert?«

»Er ist aus der Kurve getragen worden«, sagte Sanders nachdenklich. »Er liebte das Risiko.«

Er schaute sie an. »Manche Menschen leben erst auf in

Grenzbereichen. Da, wo der Tod nur eine Haaresbreite weit weg ist.«

»Auf deinen Freund.« Carroll versuchte, ihre Stimme warm klingen zu lassen. »Warst du mal in der Wüste?«

»Warum fragst du?« fragte Sanders zurück. Seine Stimme klang eine Spur schärfer.

»Die Wüste ist der Übergang«, sagte Carroll. »Der Übergang vom Leben zum Tod. Nichts als Weite und Kälte und Hitze und Leere.«

Sanders ergriff ihre Hand und küßte sie. Dann schwieg er. Er schaute an ihr vorbei aufs Meer. Schließlich sagte er leise: »Du scheinst dich in der Wüste auszukennen.«

Carroll lachte. »Was macht man schon als …«

»… Scheidungskind«, fiel Sanders lächelnd ein.

»Man packt den Rucksack und macht sich auf den Weg nach Westen. Mit einem mageren Scheck und dicken Flausen. Damals waren die Rolling Stones auf jeden Fall noch keine Flughafenmusik.«

»Und heute?« fragte Sanders. »Alle Träume ausgeträumt, die bittere Illusion der Lebensmitte?«

»Na hör mal, Lebensmitte, so gebrechlich bin ich noch nicht. Auch wenn du mich dauernd retten mußt. Nein«, sie nahm einen Schluck Weißwein und schaute ihn nachdenklich an, »heute habe ich das Gefühl, daß die Abenteuer erst anfangen. Alles andere war Vorgeplänkel.«

»Du bist schön«, sagte Sanders.

»Und du bist stark«, sagte Carroll. Sie stießen an.

Mittlerweile war die Sonne untergegangen, und von beiden gab es nur noch den tanzenden Widerschein der Kerzen auf den Gesichtern und die Stimmen.

»Was ist mit morgen? Und übermorgen?« fragte Sanders. »Ich glaube, ich möchte, daß du bei mir bleibst. Für lange Zeit.«

Carroll war von der Liebeserklärung überrumpelt. Sie rührte sie sogar.

»Wer weiß, was morgen ist«, sagte sie schwach.

Das Gespräch stockte. Carroll nahm es in einem neckischen Tonfall wieder auf: »Du meinst, ich soll hier auf dich warten, bis du von deinen Geschäftsreisen zurückkommst?«

Sanders reagierte gekränkt. »Gib mir eine Chance, Carroll«, sagte er beschwörend. »Gib dir selber die Chance, mich wirklich kennenzulernen.«

Nur Stimmen und Stille und Sterne. Wie damals in der Wüste. Ihr Mörder machte ihr eine Liebeserklärung.

»Vielleicht kennst du dich selber nicht«, sagte Carroll. Vielleicht weißt du noch nicht einmal, dachte sie, daß man sich in dich verlieben kann.

Merkwürdig, mal sprach sie zu Sanders, mal zu einem Mörder. Für beide hatte sie Gefühle. Das eine war Liebe, das andere tödlicher Haß. Vielleicht gelang es ihr, den Mörder zu vernichten und nur den Liebhaber zu behalten, diesen ruhigen, ernsten Mann, der Paul Auster las und alles über die Legenden der Eingeborenen wußte?

Sie war verwirrt. Sie durfte sich nicht davontragen lassen von ihren Gefühlen, von den Erinnerungen an die Ekstasen des Nachmittags. Sie mußte klaren Kopf bewahren, die Kontrolle behalten, einen Plan entwickeln. Das war sie Jeff schuldig.

Doch was, wenn er es nicht gewesen war? Wenn es noch

eine zweite derartige Tätowierung gab, ein genaues Duplikat? Schließlich war eine Spinne ein recht gewöhnliches Motiv für Tätowierungen.

Doch da war etwas, das ihr vollkommene Sicherheit gab. Es war der Moment, in dem er sie am Nachmittag in die Ekstase getrieben hatte, mit diesen harten Stößen eines Kämpfers. Da hatte sie ihn bereits wiedererkannt, ohne es zu wissen. Sie hatte die dunkle Wolke geahnt und den Abgrund und den Schatten des Bösen gespürt, der ihre Lust nur vergrößerte.

Sie hatte sich einmal mit einer Freundin darüber unterhalten, ob man Männer mit verbundenen Augen wiedererkennen könnte, nur an der Art, wie sie Liebe machten. Sie waren beide der Meinung, daß es möglich sei. Sogar leicht.

Sanders streichelte ihren Arm. Dann zog er sie an sich und küßte sie. Er spürte ihre Gänsehaut und ihr leichtes Zittern und deutete dies als Verlangen. »Laß uns hineingehen«, sagte er. Er führte sie die Stufen hinauf in ein Schlafzimmer. Wie alle anderen Räume war auch dieser zum Meer hin offen, und im Mondlicht wirkte das Bett wie weißer Marmor. Ein Opferblock, dachte Carroll.

Sanders ging zu einer Konsole, die in der Zimmerecke auf dem Kamin stand, und drehte die Hi-Hi-Anlage an. Die CD, die auflag, war »Let it bleed« von den Rolling Stones. »Yes, we all need someone we can lean on…«

Carroll wußte, daß sie noch eine Umarmung nicht aushalten würde. Ihr Schmerz und das Böse würden sie vernichten.

Allmählich stieg Panik in ihr auf. »Ich muß kurz ins

Bad«, sagte sie und fügte zärtlich hinzu: »Lauf mir nicht weg.« Im Badezimmer drehte sie die Dusche heiß auf und schloß den Vorhang. Dann schaute sie sich um nach einem Gegenstand, der klein genug war, um sich verstecken zu lassen, und wirkungsvoll genug, um als Waffe zu dienen.

In einer Porzellantasse standen Bürsten und Kämme. Daneben lag ein Elektrorasierer. Sie öffnete ein Schränkchen über dem Waschbecken. Ein Seifenbehälter aus Porzellan fiel hinunter und zerbrach. Sie hielt die Luft an. Dann suchte sie weiter.

Ihr Blick fiel auf eine Statue aus Ton, die primitive Darstellung einer gebärenden Frau, die in der Hocke saß und, das Gesicht zu einer grinsenden Schmerzgrimasse verzerrt, zwischen den Beinen einen Kinderkopf herausdrückte.

Die Skulptur war zu groß, entschied sie. Schließlich fand sie eine Feile mit einem breiten Griff aus Horn. Sie hörte ein Geräusch. Als sie sich umwandte, sah sie direkt in Sanders' Augen.

Sie waren grau und kalt und ein wenig müde. »Suchst du das hier?« fragte er und hielt ihr ein großes Messer hin. Ein Küchenmesser, schwarzer Griff und solide Stahlklinge.

Sie schrie auf. Atemlos sagte sie: »Hast du mich vielleicht erschreckt. Ist das ein neues Spiel?«

Er schwieg. Eine Weile sah er sie forschend an.

»War es die Tätowierung?« fragte er schließlich. »War es das?«

»Ich weiß nicht, wovon du sprichst«, sagte sie. »Was ist los mit dir?«

»Ich kann dir sagen, woran ich dich erkannt habe«, sagte

er. »Der Ring. Schon auf dem Flughafen, als du mir die Bordkarte abgerissen hattest, hatte ich ihn wiedererkannt. Diesen Ring gibt's nur einmal auf der Welt. Damals hattest du blonde Haare. Du hast sie lang und offen getragen. Stand dir besser.«

Er lächelte geringschätzig und kam näher. Sie wich zurück. Nun stand sie am Duschvorhang. Sie war in die Enge getrieben.

»Tod und Leben«, sagte er und schüttelte den Kopf. »So dicht beieinander.«

Er machte einen weiteren schnellen Schritt auf sie zu, doch plötzlich stürzte er vornüber, das Messer immer noch umklammert, und er fiel in die Dusche, riß dabei den Vorhang herunter und stöhnte auf. Er war auf die Seife getreten, ausgerutscht und auf die Kacheln aufgeschlagen und dabei offenbar in die Messerklinge gefallen. Als ihn nun das fast kochende Wasser im Kreuz verbrühte, schrie er.

Carroll versuchte, über ihn hinwegzuspringen, doch er hielt sie am Fußgelenk fest. Sie fiel. Er richtete sich auf. Mittlerweile war der Dampf so dicht, daß man nur noch Schemen wahrnehmen konnte. Carroll umklammerte die Feile und stach zu. Sie schien ihn ernsthaft verletzt zu haben, denn nun entrang sich ihm ein fast unmenschlicher Schrei. Gleichzeitig löste sich sein Griff. Sie sprang an ihm vorbei ins Freie.

»We all need someone we can bleed on...«, kam es aus den Lautsprechern. Sie kauerte sich an die niedrige Balustrade, die das Schlafzimmer zum Meer hin abgrenzte. Sie zitterte, und sie spürte, wie sie in der Kühle der Nacht fror.

»Take my arms, take my legs, baby won't you take my head«, sang Mick Jagger, und es war die gleiche schläfrige Höllenstimme, die damals durch die Wüste gehallt war, zwischen den roten Felsen, wo die Spinne sich über sie hergemacht hatte.

Die Spinne! Sie hatte die Spinne besiegt und ihr Leben von einem Alpdruck befreit. Sie fühlte sich müde und erschöpft und völlig leer. Sie hörte die Grillen zirpen.

In der Ferne schlug ein Hund an. Irgendwo raschelte es, ein schepperndes, kriechendes Geräusch. Schlangen, dachte sie, und schaute auf – und starrte in Sanders' blutverschmiertes Gesicht.

Sie sprang auf und schrie und sah, wie er versuchte aufzustehen. Eine Grimasse im Todeskampf, eine grinsende Schmerzgrimasse. Seine Augen waren vom Aufschlag auf die Kachelwanne zugeschwollen, und aus seinem rechten Ohr ragte die Feile. Hinter ihm erstreckte sich eine breite Blutspur ins Badezimmer. Seine Rechte hielt das Messer, sein Hemd war rot und naß von Blut. Er mußte sich das Messer in den Bauch gerammt haben. Seine Schläfen schwollen an vor Anstrengung, als er es hob. Dann stach er zu.

Carroll war zur Seite gesprungen, und Sanders fiel über die Balustrade auf die tiefergelegene Terrasse. Sie hörte ein dumpfes Klatschen, als sein Körper aufschlug. »We all need someone, we can feed on«, sang Mick Jagger, »so if you want it baby, take a feed on me.«

Carroll lief die Treppe hinunter. Sie kam an der Küchenkonsole vorbei. Auf dem Küchentisch sah sie ein elektrisches Fleischmesser, ein plumpes, batteriebetriebenes

Ding, aus dem eine schmale, lange Sägeklinge herausragte. Sie nahm es an sich und trat auf die Terrasse hinaus.

Er atmete noch. Auf seinem Rücken, in der Einbuchtung oberhalb seines Hinterns sammelte sich schwarze Flüssigkeit – die Spinnentätowierung ertrank in einer Pfütze aus Blut.

Es gab da noch eine Frage, die sie beantwortet haben mußte, ein Problem, das sie zehn Jahre lang beschäftigt hatte. »Warum?« fragte sie und schaute auf Sanders herab.

Blut quoll aus seinem Mund. Er hustete. Sie setzte die Fleischsäge in Betrieb. Seine Lippen bewegten sich. Er gurgelte ein Wort heraus, dann erstarb seine Stimme. Sie senkte ihren Kopf dicht über ihn. Sie hörte seinen rasselnden Atem.

Langsam senkte sie die Säge in sein rechtes Bein. Sanders stöhnte auf und verlor das Bewußtsein. Carroll lief zur Küche hinüber und kehrte mit einer Schüssel kalten Wassers wieder, das sie ihm über den Kopf goß.

»Warum?« fragte Carroll noch einmal. Noch einmal riß Sanders die Augen auf, erschreckt. Dann verlor er endgültig das Bewußtsein.

Ein letztes Mal senkte Carroll das Fleischmesser in Sanders' rechtes Bein, und sie arbeitete mit sachlicher, hausfraulicher Konsequenz, als ginge es darum, den Thanksgiving-Truthahn zu zerlegen, und die Säge fraß sich durch Muskeln und Sehnen und Knochen, bis sie das Bein durchgetrennt hatte. Der Stummel zuckte noch, nachdem Sanders tot war. Wie das verkümmerte Bein einer Spinne, dachte sie.

Am nächsten Nachmittag rollte Carroll Fowley, frisch und duftend in ihrer Stewardessenuniform, ihre beiden Reisetaschen zur Maschine aa 365 nach Dallas. Nachdem sie die Piloten begrüßt und ihr Gepäck verstaut hatte, ging sie zur Absperrung der Gangway und griff zum Mikrophon.

»Flug AA 365 nach Dallas ist nun zum Einsteigen bereit. Wir bitten zunächst die Passagiere in Rollstühlen, Kinder ohne Begleitung und Fluggäste der ersten Klasse.«

Diesmal hatte ihre Stimme einen warmen, gelassenen, ja fast persönlichen Klang.

Die Kolumne

Miko hatte lange geschlafen. Als er die Augen aufschlug, begegnete er Rimbauds Blick, wie jeden Morgen, zwei dunklen Punkten in den grauen Partikelwolken einer unscharfen Fotografie, die als Poster über dem Fußende seines Bettes hing. Über Rimbauds Mund klebten Sonnenstreifen, schräg und hell wie Pflaster. Er schloß seine Augen wieder und zog Rimbaud mit sich in seine Halbträume, und irgendwo in diesen vorwachen Bilderwirbeln tauchten nordafrikanische Sandstürme auf und eine Gestalt von hinten, die langsam in der Wüste verschwand. Rimbaud, dachte Miko, hatte es richtig gemacht. Selbstauflösung. Sagen, was zu sagen ist, und abtauchen. In Rimbauds Fall: von der Lyrik in die Waffenbranche übergewechselt, eine konsequente Haltung.

Von der Straße her hörte er Hupen und die keuchenden Hydraulikbremsen eines LKW. Seine Wohnung lag im zweiten Stock und das Haus genau im Knick einer heimtückischen, abfallenden Kurve. Er schloß die Augen und wartete auf den schmatzenden Zusammenstoß aus Blech und Glas. Wieder nichts. Wieder ein Tag, der ohne befreienden Knall begann. Er wußte schon jetzt, daß es eine freudlose Angelegenheit werden würde.

Die Kolumne war fällig, und er fühlte sich elend. Jedesmal war es das gleiche. Jedesmal schob er die Sache bis zum letzten Moment vor sich her. Auf dem Schreibtisch, einer Platte auf zwei Böcken, lag der Word-Processor, flach und grau und dumm, daneben ein überquellender Aschenbecher, zwei Kaffeetassen und die Zeitung mit dem aufgeschlagenen Kinoteil. Richtig, er war ins Kino geflüchtet.

Was hatte er gesehen? Irgendwas mit explodierenden Autos, splitternden Hochhausfenstern, torkelnden Hubschraubern. Ihm fiel der Titel nicht ein. Vielleicht sollte er wieder mal gegen den deutschen Film schreiben, dachte er. Er hatte zwar seit Jahren keinen mehr gesehen, aber daß sie langweilig waren, wußte jeder. Welche Fernsehanstalt würde schon brennende Hubschrauber finanzieren?

Er quälte sich aus dem Bett, duschte und zog sich an. Jeans und das graue Flanellhemd von Movado, das ihm Lina geschenkt hatte. Nachdem er die Kaffeemaschine in Betrieb gesetzt hatte, schnappte er sich seine Lederjacke und lief die Treppe hinunter zum Kiosk.

Der Laden lag im Nebenhaus. Er wartete, bis der Alte vor ihm seine Flasche Jägermeister und die Bildzeitung in einer Aktentasche verstaut hatte, deren Verschluß klemmte. Am Lottotresen war eine junge Frau damit beschäftigt, ihren Schein auszufüllen; auf dem Arm hielt sie ein gurgelndes Baby, das immer wieder nach den Zetteln griff und jedesmal, im letzten Moment, routiniert von der Mutter weggedreht wurde. So ist das Leben, mein Kleiner, dachte Miko. Das Glück liegt stets knapp außer Reichweite. Besser, du gewöhnst dich früh daran.

Wie immer war er deprimiert, als er auf die Steckwand mit den Magazinen sah, diese bunte Riesentapete aus halben Sätzen, roten Ausrufezeichen, gebleckten Gebissen und Busen, diesen ganzen wahnsinnigen Durchfall aus Bildern und Stoßseufzern und Meinungen. Jeder hatte eine Meinung. Es meinte wild durcheinander. Rechts unten steckte die *Metro* mit dem Coverfoto eines Rocksängers, und irgendwo darin wurde von ihm, Miko, höchstpersönlich gemeint, in einer Kolumne, die seinen Namen trug. Dafür die ganze Viecherei? Lächerlich.

Er legte seine Münzen auf den Wechselteller und warf einen sehnsüchtigen Blick auf das Magazin, das daneben aufgestapelt war. Wenn überhaupt, dann dahin, dachte er sich. Das wurde gelesen. Mißmutig trottete er hinaus. Er war schon im Treppenhaus, als ihm auffiel, daß er seine Zeitung zwar bezahlt, aber nicht mitgenommen hatte. Fluchend kehrte er wieder um.

Alle zwei Wochen war es das gleiche. Die Kolumne war fällig, und er war ohne Ideen und lief durch den Tag wie sein eigener Schatten. Er hing bei »Harry« rum oder in anderen Kneipen. Er ging seine private Haßliste durch. Haß befeuerte. Er riß aus ins Kino, er blätterte in Magazinen oder döste vor dem Fernseher und lauerte auf Beute, auf ein Thema, eine Idee, auf irgend was, worüber die Leute sprachen. Deadline war ein passendes Wort für Abgabetermin. Es gab kein besseres.

Ihm kam es selber wie ein Wunder vor, daß er es stets rechtzeitig schaffte. Aus all den dahingekrümelten Stunden und halben Gedanken, den kleinen Demütigungen und der großen Wut wuchs dann doch jedesmal eine Kolumne, die geschrieben war wie mit dem Tennisschläger unter dem Arm, lässig und von witziger Niedertracht. Siegerprosa. Die Leute mochten keine Verlierer. Verlierer waren die, die er in seiner Kolumne fertig machte.

Lina war in der Uni. Heute war ihr früher Tag. Sie ging früh und kam früh nach Hause. Ihr Geschirr stand noch herum. Neben der Butter lag eine Haarbürste, und auf dem Wachstuch trocknete eine kleine Pfütze Orangensaft. Miko ärgerte sich über das Durcheinander. So sind sie, die Idealisten, dachte er: Ständig wollen sie die Welt verändern, aber sie sind zu faul, die Küche aufzuräumen.

Er hatte sich angewöhnt, in Stereotypen zu denken. Stereotypen waren kolumnenträchtig. Immer ging es darum, aus dem Tanz der Tatsachen die Summe zu ziehen und die Welt in Licht und Schatten zu trennen. Ein Schöpfungsakt. Allerdings brauchte Gott nur sieben Tage – er quälte sich zwei Wochen für seine hundert Zeilen.

Natürlich gehörte Lina nicht wirklich zu jener Sorte von Weltverbesserern, die er haßte. Lina war schön, jung und hatte Geschmack. Die anderen trugen Bärte und Gesundheitstreter und hatten ihn als Lehrer traktiert. Die anderen, das waren die verspießerten 68er, die immer »inhaltlich« waren und so humorlos wie eine Ceaucescu-Rede. Seit damals hielt er nichts mehr von Behutsamkeit. Behutsamkeit war die Ausrede von Langeweilern.

Noch zwei Stunden, bis Lina zurückkam. Zwei Stunden Ruhe. Allerdings: Er mochte das Gefühl, wenn er sie in ihrem Zimmer wußte. Er konnte sich besser konzentrieren, wenn jemand da war.

Er saß am Küchentisch und überflog die Titelseite. Die Bundesbank hielt am Leitzins fest. Kolumnenträchtig war das nicht. Nachdem er dem Sportteil befriedigt entnommen hatte, daß Boris Becker bereits in der zweiten Runde aus irgendeinem Turnier geflogen war, flöhte er das Feuilleton. Die Wertmann-Debatte ging weiter. Nun waren neue Unterlagen aufgetaucht, die ihn eindeutig belasteten. Das Schwein hatte gelogen.

Wertmann war ungefähr so alt wie er selber. Kurzgeschorene Haare, wie seine, und blaßblaue, irrlichternde Augen hinter einer Nickelbrille. Auch Mikos Brille hatte runde Gläser, aber der Rahmen war aus Horn, und auf den Bügeln stand »Armani«. Lina hatte sie ihm geschenkt, für sein Kolumnenfoto. Horn sei ein nützliches Naturprodukt, sagte sie, und mit seiner alten Brille habe er einfach zu dämlich ausgesehen. »Mit so 'ner Brille glaubt dir kein Mensch.«

Jetzt also war es tatsächlich raus. Da hatte dieser Wertmann jahrelang bei seinen Dissidentenfreunden in ungelüfteten Wohnküchen herumgesessen, um später vor irgendeinem Stasischreibtisch aus dem Gedächtnis zu rezitieren. Verräterlyrik. Der Verrat der Intelligenz – das war doch schon so was wie ein Thema.

Den dritten Kaffee nahm er mit in sein Zimmer. Er setzte den Computer in Betrieb und öffnete ein neues Dokument. Er ließ die Hände über dem Keyboard schweben... und kurz darauf wieder in den Schoß sinken, wie ein Pianist, dem die Noten weggerissen worden sind.

Dann setzte er neu an und tippte:

»Der Verrat der Intelligenz.«

Er schwärzte die Zeile und vergrößerte sie auf achtzehn Punkt. Immerhin schon ein Titel. Nun ging es um den Rest. Nur noch hundert Zeilen, dachte er sich, dann hab ich's hinter mir. Wolken fegten über den Frühlingshimmel wie rasende Riesenmops. Großreinemachen. Ein neuer Tag, ein neuer Himmel, eine neue Kolumne. Verdammt, nur ein erster Satz!

Er nahm die Tasse auf und wanderte in den Flur hinaus. Er kehrte wieder zurück, setzte die Kaffeetasse ab und leerte den Aschenbecher in den Papierkorb. Ziellos ging er zum Bücherregal, nahm Hugo Balls Dada-Manifeste heraus und überflog unterstrichene Passagen. Mein Gott, das waren noch Feuilletons! Attackenprosa, Asphalt und Witz und Bildung.

So was gibt's nicht mehr, dachte er bei sich. Damals ging es um den Lauf der Welt. Heute nur noch um Durchstechereien in der Baubehörde. Damals wurde um Ideen gekämpft. Heute nur noch um Karrieren. Und was die Sache verschlimmerte: um Karrieren, die andere machten, während er in der zweiten Liga festsaß.

Mit seinen Kolumnen hatte er sich in den späten achtziger Jahren seine Szenegefolgschaft erschrieben. Ab und zu wurde er sogar in den großen Blättern zitiert, weil er jung war und als Sprachrohr einer neuen Generation galt. Er war auf dem Weg nach oben. Bissig und übermütig hatte er die »Revolte der Oberfläche gegen die Substanz« gefordert und hatte dabei an seinen älteren Bruder gedacht, der als Sozialarbeiter im Ruhrgebiet verkümmerte. Das war seine Nische: die »Lifestyle-Revolution gegen die penetrante Besserwisserei der Linken« durchzusetzen.

Doch nun, nach der Wiedervereinigung, war das alles Sandkastenspielerei. Jetzt waren andere, ernstere Probleme auf der Tagesordnung. Brennende Ausländerheime,

Skinhead-Attacken, Bürgerkriege. Jetzt ging es nicht mehr um Krawatten, sondern um »die Demokratie«. Das Problem war nur, daß sich sein Publikum an seine Frivolitäten gewöhnt hatte. Miko saß in der Falle. Er war erwachsen, doch die Leser wollten kluge Kindereien.

Er stellte das Buch zurück ins Regal und setzte sich wieder vor seinen Computer.

»Der Verrat der Intelligenz.«

Nachdem er einige Minuten, den Kopf in die Hand gestützt, auf den Monitor gestarrt hatte, seufzte er und beschloß, einkaufen zu gehen.

Eine halbe Stunde später stand er mit einer vollgepackten Einkaufstüte im Treppenhaus vor seinem Briefkasten und öffnete die Klappe. Zwei Zeitungen vom Supermarkt lagen darin, Schweinelendchen waren günstig. Wieder kein Scheck von der *Metro*. Er würde ein ernstes Wort mit Werner sprechen müssen. Schließlich lieferte er seine Kolumnen pünktlich, also sollten sie pünktlich bezahlen.

Dann sah er den Brief, der in einer schwer lesbaren Handschrift adressiert war. Alles, was nicht nach Rechnung aussah, fiel ihm auf. Die Miete war wieder fällig, dachte er, als er den Brief in die Einkaufstüte steckte und die zwei Stockwerke hochstieg.

Aus dem Hinterhof roch es nach Urin. Beinahe hätte er die Fahrräder im ersten Stock umgestoßen. Überall standen Fahrräder. Überall gab es bunte Namen auf wiederverwertetem grauem Papier, das mit Heftzwecken in die Türpfosten gestoßen war. Überall lebten Weltverbesserer. Während er die Tür aufschloß, überlegte sich Miko, wen er mehr haßte, sich oder die Welt oder die Weltverbesserer. Es war nicht sein Tag.

Er räumte die Sachen in den Kühlschrank und den Eistee für Lina ins Eisfach. Dann nahm er sich den Brief vor. Er trug keinen Absender, und die Handschrift war ihm unbekannt. Der Name in der Anschrift sah so ähnlich aus wie seiner, aber eben nur ähnlich; wie sein eigener war es ein langer Name, der mit einem »M« begann, ein polnisch klingender, dreisilbiger, konsonantenreicher Name. Für einen Briefträger, der seine Tour hinter sich bringen wollte, hatte das wohl ausgereicht. Straße und Hausnummer stimmten – offenbar war der Brief nicht an ihn gerichtet, trug aber seine Adresse.

Kaum hatte er die Lasche aufgeschlitzt, sah er die Scheine. Drei Tausendmarkscheine, in der Mitte gefaltet. Drei Riesen. Es war lange her, daß er mal einen in den Händen gehabt hatte. Und nun gleich drei. Sorgfältig legte er sie nebeneinander auf das Wachstuch und nahm sich den Brief vor.

Er war an eine »liebe Ursula« gerichtet, unterschrieben mit »Ottilie« und ließ sich nur in Bruchstücken entziffern. »Ich hoffe, Dir geht es gut, mein kleiner Engel.« War das »Engel« oder »Enkel«?

Die Krakelschrift gehörte einer altersschwachen Hand, die sich bemühte, Böden und Füße der Buchstaben auf gleiche Höhe zu setzen. Die Schrift verrutschte immer wieder und ließ einzelne Worte unter die Linie klappen wie kleine, auseinanderfallende Ziehharmonikas.

Ihm war unwohl, während er las. Es kam ihm vor, als spähte er durch ein Schlüsselloch, ohne zu mögen, was er dort sah. »Leider hörte ich das letzte Jahr gar nichts mehr von Dir, mein Schatz, aber...« Wieder wurde alles unverständlich, doch kurz darauf tauchte die Zahl auf, die magische Zahl: »3000 Mark«.

Es sah so nach »Reichsmark« aus. 3000 Mark, »damit Du Dir den Mantel kaufen kannst, den Du Dir gewünscht hast, und es schön warm hast im Winter.«

Welchen Winter meinte die Alte? Die härteste Zeit war vorüber, der letzte Schneematsch war gerade weggeschmolzen.

Ihren Brief schloß die Alte mit dem Wunsch, daß sich das »liebe Ursulein« in Zukunft öfter mal melde und daß sie es in ihr »Herz geschlossen habe« und für die Nichte bete. Das klang wie auf einer Feldpostkarte. Ein Adieu von der Sterbefront, von einer Vergessenen.

Eines wußte Miko sicher – wer immer dieses »Ursulein« sein mochte, sie hatte das Geld der Alten nicht verdient. Wie kam sie dazu, ihrer Großmutter die zusammengesparten Pfennige für Luxuskram aus der Tasche zu ziehen?

Pfennige ist gut, dachte er dann. Ein bißchen mehr als Pfennige. Womöglich hatte die Alte doch einiges auf der hohen Kante. Soll ja ein Tick von alten Leuten sein. Hunderttausend Mark in der Matratze, solche Geschichten las man oft.

Ein Mantel für dreitausend Mark? Dachte die an einen Zobel? Überhaupt: Galten Zobel nicht als geschützte Art? Lina hatte all diese Naturschützer- und Wildlife-Broschüren herumliegen. Er würde einmal nachschauen, wie es mit Zobeln aussah.

In diesem Moment kam Lina in die Wohnung gestürmt.

»Hallo, Miko«, rief sie, als sie an der Küchentür vorbeilief, weiter den Flur hinunter in ihr Zimmer, um ihren Rucksack mit den Lehrbüchern und Heften abzustellen. Sie fuhr mit dem Fahrrad zur Uni. Fast jeder im Haus fuhr Fahrrad.

Schließlich kam sie in die Küche, mit erhitzten Wangen, und drückte ihm einen Kuß auf, der ihn irgendwo überm Ohr erwischte. Gleichzeitig hatte sie die Kühlschranktür aufgeklappt und fischte sich eine Dose Eistee aus dem Seitenfach.

Dann hatte sie begriffen, was sie dort auf dem Küchentisch hatte liegen sehen.

»Was ist das denn?« fragte sie entgeistert. Und dann breitete sich ein Strahlen über ihrem Gesicht aus.

Sie trug billige Sachen, Jeans, eine bestickte Weste aus dem Trödel, ein weißes Männerhemd, und sie war so schön, daß es ihm manchmal weh tat, wenn er sie sah.

»Ist ja Wahnsinn«, sagte sie, nahm die drei Scheine und befühlte sie. »Sind die echt? Hast du geerbt?«

»Ja, und – nicht direkt«, sagte er. »Der Brief ist von einer gewissen Ottilie. Er kommt aus dem 18. Jahrhundert, direkt auf den Tisch.«

Sie hörte gar nicht richtig hin, sondern schnappte sich das Kuvert. Sie überflog die Vorderseite, dann schaute sie auf die Rückseite.

»Von wem ist denn der?« fragte sie. »Irgend 'ne Oma von dir?«

»Du weißt doch, daß ich keine Oma mehr habe«, sagte er.

»Von wem ist er dann?« fragte sie, eine Spur ungeduldiger.

»Woher soll ich das wissen? Ich kann es selber nicht entziffern.«

»Du meinst, jemand schickt dreitausend Mark in einem Brief, und er ist an niemanden?«

»Natürlich ist er an wen. Aber offenbar nicht an mich. Das versuche ich ja gerade rauszubekommen, an wen er ist.«

Nun las sie sich den Brief durch. Sie runzelte die Brauen und versuchte, den Sinn zu entschlüsseln, so, als habe sie es mit einer dieser Molekülketten zu tun, die sie derzeit für ihr Physikum zu pauken hatte. Sie interessierte sich tatsächlich dafür. »Bausteine des Lebens«, sagte sie, »daraus sind wir gemacht.«

Normalerweise mochte es Miko, wenn er sie so sah. Konzentriert, in sich gekauert, als ob sie die Welt ausbuckeln wollte und alles, was sie stören könnte. Sie hatte starke, geschwungene Augenbrauen, die sie zusammenzog, ihre Stirn war hoch und zerfurcht, und sie kaute auf ihrer Unterlippe. Doch jetzt entdeckte er eine Sturheit in ihrer Haltung, die ihn störte.

»Na ja, am besten, wir bringen ihn rüber zur Wache«, sagte sie schließlich, »vielleicht kriegen die raus, an wen er ist.«

Als ob er nicht selber wüßte, was zu tun sei! Als ob er sich nicht auch schon Gedanken gemacht hätte! Spielte er etwa überhaupt keine Rolle mehr?

»Und was machen wir mit den dreitausend Mark?«

Zunächst sah sie ihn verständnislos an.

»Natürlich geben wir die mit ab«, sagte sie, »darum geht es doch wohl.«

Er schwieg. Ihr Blick wurde dunkler, fragend. Dann schien ihr zu dämmern, was in ihm vorging.

»Willst du das Geld etwa behalten? Du, das gehört nicht dir. Das ist Diebstahl.«

»Moment mal«, fuhr er auf, »ich habe doch gar nichts gesagt.« Er lehnte sich zurück. »Aber schließlich kann man über alles reden.«

Der Brief lag zwischen ihnen wie eine häßliche Kröte. Miko haßte die Schrift. Sütterlinkanten, eine Schrift wie Moder, in alle Richtungen zerzittert. Er stützte den Kopf auf die Hand und schaute verächtlich auf das Kuvert. Lina stand an der Fensterbank, die weiße Frühlingssonne im Rücken, dunkel im Gegenlicht. Sie biß auf ihrer Unterlippe herum.

»Wir müssen ihn...«

»Wir können doch...«

Sie hatten beide gleichzeitig zu sprechen angesetzt, und nun schwiegen sie, gemeinsam. Miko fingerte eine Zigarette aus der Packung und zündete sie an. Er stand auf, ging zum Kühlschrank, suchte ziellos herum und setzte sich wieder. Verdammt noch mal, er hatte eine Kolumne zu schreiben. Er brauchte Ruhe, den Kopf frei, und vor allem den Rücken. Was er nicht brauchte, war Krach mit Türenschlagen.

Er versuchte ein Lächeln. Linas Gesicht war schwarz vor dem Fenster. Er nahm ihre Hand und versuchte, sie an sich zu ziehen. Sie sträubte sich.

Er ärgerte sich darüber, daß er eine Ablehnung riskiert hatte.

»Wann ist es denn soweit?« sagte er höhnisch.

»Was?« fragte Lina überrascht.

»Wann überreichen sie dir endlich den Nobelpreis? Für Selbstgerechtigkeit und Dummheit?«

»Mein Gott, bist du bescheuert«, rief Lina. Sie stieß sich von der Fensterbank ab und warf ihre Teedose in den Müll. In der Tür drehte sie sich um und sagte nachdenklich: »Du hast dich verändert.« Dann ging sie hinaus.

»Ach ja?« rief er ihr hinterher.

Eine Weile blieb er noch in der Küche sitzen und starrte auf den Brief. Aus Linas Zimmer kam Musik. Police. »Every breath you take.« So gut wie eine anonyme Spende, der Brief. »Every move you make.« Das Geld war ein Geschenk von oben, eindeutig.

Es sah ziemlich klamm aus zur Zeit. Vor allem jetzt, wo er sich dieses Hobby leistete, das nicht billig war. Es begann vor ein paar Wochen mit einer kostenlosen Probe. Seither nahm er das Zeug in größeren Abständen, um sich ein bißchen auf Trab zu bringen. Ab und zu ein Sniff. Es war besser als Whisky, weil es nicht so dumm und pelzig im Kopf machte.

Natürlich kam es auf die richtige Dosierung an. Insgesamt war es nichts Ernstes, denn er konnte damit umgehen. Nie würde er sich das Zeug zum Beispiel spritzen. Nur ab und zu eine kleine Portion durch die Nase. Genug, um sich ein bißchen aufzumöbeln. In der *Metro* gab es viele, die sich so entspannten. Aber das Zeug war teuer.

»I'll be watching you«, hörte er aus Linas Zimmer. Hatte sie was mitbekommen? Was sollte diese Bemerkung, er habe sich verändert?

Er nahm den Brief und die Scheine und ging zurück an

seinen Schreibtisch. Sein Zimmer lag nach vorne raus. Als sie eingezogen waren, hatte Lina sich sofort für das hintere entschieden, wo sie auf die Kastanie schauen konnte. Er dagegen mochte den Blick auf die Straße. Er fand seine Aussicht realistischer.

Auf der blakenden Scheibe des Monitors stand fett und schwarz:

»Der Verrat der Intelligenz.«

Er schwärzte den »Verrat« und ersetzte ihn durch »Moral«.

»Die Moral der Intelligenz.«

Nicht schlecht, die Überschrift. Sie machte die Sache grundsätzlicher. Jedem dürfte schon mit der Überschrift klar sein, daß es um das Gegenteil von Moral ging. Daß erstens alle Intelligenzler, ganz besonders diejenigen, die er namentlich aufführen würde, korrupt waren bis ins Mark. Und daß zweitens er selber die Ausnahme bildete, denn ihm fiel die Korruption auf, er prangerte sie an, er nannte Roß und Reiter und war unbestechlich und... verdammt, jetzt war ihm der Faden gerissen.

Geistesabwesend starrte er auf die Scheine. Er nahm einen davon auf und besah ihn sich genauer. Ein alter Mann. Mißmutige Kerben in den schmalen Lippen. Bärtig. Ein paar krause Locken über die Glatze gelegt. Schwerreiche Verwahrlosung, dachte er. Die Währung der Millionäre. Bei »Harry« verkehrten Journalisten, die so was jeden Abend aus der Tasche zogen.

Er kramte in seinen Jeans, fand einen Fünfmarkschein und strich ihn glatt. Eine junge venezianische Dame, ein Stich von Albrecht Dürer. Die Note fürs Volk, wesentlich sonniger. Sogar ein Mädchenlächeln. Die Bundesbank tat eben alles, um den kleinen Mann aufzumuntern. Oder Pechvögel wie ihn, die schon jetzt besser schrieben, geistreicher und feuriger als das Gros der Wortbeamten, die in den Hamburger Magazinhochhäusern ihre dreizehnten Monatsgehälter nachrechneten. Ihm fehlten einfach die Verbindungen.

Im Flur klingelte das Telefon. Lina und er hatten sich darauf geeinigt, den Apparat in die neutrale Zone zu stellen. Er hörte, wie ihre Tür aufflog. Sting sang »Oh, can't you see, you belong to me«. Kurz darauf hörte er ihre Schritte. Sie klopfte und rief, schon wieder auf dem Rückweg: »Ist für dich.«

Miko lief in den Flur, nahm den Apparat, klemmte den Hörer in die Halsbeuge und ging zurück in sein Zimmer.

»Hallo, Werner«, sagte er und versetzte der Tür einen Schwung mit dem Bein, um sie zuzuknallen. Linas wegen. Doch das Kabel sperrte, und der Effekt verpuffte. Ihre Tür am Ende des Flurs sah aus wie eine hochgezogene Zugbrücke.

»Die Kolumne«, sagte Werner. »Ich dachte mir, du solltest die Sache mit Wertmann noch einarbeiten.« Er sprach hessisch. Miko kannte keinen Berliner, der aus Berlin kam.

»Ich sitz schon dran«, sagte Miko. »Wie war sein IM-Name? Heine? So gut war der doch nie!«

Werner kicherte.

»Jetzt sagt er, er konnte nicht anders. Er sei abhängig gewesen.«

»Glaub ich nicht«, sagte Miko. »Der tut so was, weil er's irgendwie toll findet.«

»Sie hätten ihn geprügelt und fertig gemacht, wenn er nicht mitgespielt hätte. Er sei einfach zu schwach gewesen, um dagegen anzugehen.«

»Also, geprügelt sah der schon immer aus«, sagte Miko. Dann setzte er hinzu: »Es gibt Leute, die brauchen Abhängigkeiten. So was wie 'ne späte Mutterbrust. Fragt sich nur, ob er zu dumm oder zu feige war, das zu durchschauen.«

Er starrte geistesabwesend zum Fenster hinaus. Auf dem Trottoir gegenüber humpelten Tauben unter den Auslagen des Obstladens herum und pickten aufgeregt im Matsch. Alle Tauben in dieser Stadt sehen aus, als seien sie von Dächern gefallen, dachte er sich. Vollgepumpt mit Berliner Nachkriegsruß. Übernachten wahrscheinlich in Gullis. Einfach zu schwer, die Viecher.

»Bist du noch dran?« hörte er Werners Stimme.

»Sicher«, sagte Miko und schüttelte sich wach. »Wie kann so einer weiterleben, frag ich mich. Der ist doch nackt.«

Früher einmal war Wertmann der subversive Geheimtip, der DDR-Rimbaud, jung und verrätselt und unrasiert, der absolute Darling dieser blassen Alster-Ästheten in Boss-Anzügen, die mit Tausendern um sich schmissen und sehnsüchtig über die Mauer nach dem gefährlichen Leben schielten. Jetzt, plötzlich, war Wertmann die Unperson der Stunde. Jetzt wurden die Bleistifte gespitzt. Es würde ein Schlachtfest werden. Kritiker pflegen sich für ihre Fehlurteile bitter zu rächen.

»Ich bin ihm mal bei einer Lesung begegnet. So 'n Wolfgang-Borchert-Typ, mit Nickelbrille und kurzgeschorenen Haaren und langem Mantel. Ständig draußen vor der Tür. Und so ist der offenbar durch die Szene geschlichen und hat sich Notizen gemacht. Das gibt's doch nicht.«

»Schaffst du's bis morgen mittag?«

»Klar«, sagte Miko gereizt. »Wieso fragst du?«

»Ich meine nur«, sagte Werner. »Du siehst 'n bißchen blaß aus in letzter Zeit.«

»Der Scheck ist noch nicht da«, sagte Miko. »Kümmer dich mal besser darum.«

»Ist ja gut«, sagte Werner beschwichtigend. »Also, dieser Wertmann...«

»Ich komm morgen mittag rein«, sagte Miko und legte auf.

Offenbar lag er richtig. Alle sprachen über den Wertmann-Fall.

»Die Moral der Intelligenz.«

Er setzte den Cursor auf eine neue Zeile und beobachtete eine Weile, wie er auf- und abblinkte, ungeduldig, als ob er auf den Startschuß wartete, die Jagd, die Strecke, den Sieg.

Nichts. Er stand auf, ging in die Küche und schmiß die Kaffeemaschine an. »Message in a bottle« kam aus Linas Zimmer. Dort drinnen war die Welt in Ordnung, dachte er neidisch. Linas monatlicher Scheck von zu Hause kam pünktlich, und sie war sich mit Sting darin einig, daß der Regenwald gut war und die, die ihn abholzten, böse. Sie stand von vornherein auf der richtigen Seite, ohne groß nachzudenken. Für Lina war alles einfach. Naturprodukte gut, Kosmetikkonzerne böse.

Auf Schminke allerdings konnte sie wirklich verzichten.

Sie hatte volle schöne Lippen, gut durchblutet, wahrscheinlich, weil sie so oft darauf herumbiß. Mit ihren dunklen Augen und den dicken, schwarzen Haaren sah sie umwerfend gesund aus, und wenn er mit ihr bei »Harry« aufkreuzte, drehten sich die Köpfe ihr zu.

Als sie zusammengezogen waren, hatte sie die ganze Wohnung mit Naturpostern vollgeklebt. Jeder Riß im Putz verschwand unter Flamingoschwärmen oder dösenden Krokodilen. Beim Zähneputzen glotzten ihm nun die Samtaugen von Zebras über die Schultern, und über dem Telefon spielte ein junger Puma an der Mutterzitze. Die Wohnung sah aus wie das Abonnentenbüro von Greenpeace. Bis auf sein Zimmer. Darüber wachte Rimbaud.

Lina wollte Tiermedizinerin werden und irgendwann Elefantenbabies vor Elfenbeinjägern retten. Sie hatte diese Art von Romantik, und wenn er ehrlich war, liebte er sie auch dafür. »Tiere sind nicht falsch«, hieß einer ihrer Glaubenssätze. Und ein anderer: »Tiere sind Opfer.«

Daß die meisten Tiere Opfer von Tieren waren, übersah sie, denn soweit er sich in der Natur auskannte, ging es da in der Hauptsache ums Töten. Und was die Wahl der Mittel anging, waren sie nicht zimperlich: lauern, zupacken, anpirschen, Fallen stellen, täuschen. Die Starken fraßen die Schwachen, darauf lief es hinaus.

Dennoch ging von Lina ein Zauber aus, der alle seine Einwände zu kümmerlichen Haarspaltereien schrumpfen ließ. Sie war so unbeirrbar wie eine Schlafwandlerin, und sie wurzelte in ihren Instinkten wie ein Baum, um den man nicht bangen mußte. Wenn sie schlief, dann schlief sie. Wenn sie aß, tat sie nichts als das. Und wenn sie sich liebten, wenn sie ihn mit Armen und Beinen umschlang und ihre Orgasmen herausschrie, war ihre Lust natürlich und obszön und wild. Er genoß es, wenn Frauen im Bett für sich selber sorgen konnten.

Sie las seine Kolumnen und mochte seine Empörung. Wenn er den Boden unter den Füßen verlor, machte sie ihm klar, was er eigentlich hatte sagen wollen. Auch wenn er sich über ihre Weltverbesserei lustig machte – er brauchte sie. Sie verkörperte den Grund, aus dem heraus er selber überhaupt zu schreiben begonnen hatte. Sie fand sich nicht ab.

Merkwürdig hatte sie ihn angeschaut, als er die Geldscheine an sich genommen hatte. Nicht empört oder wütend zunächst, sondern ratlos. Und dann hatte sie zum Fenster hinausgeschaut, als ob ihr die ganze Sache peinlich wäre. Als ob er eine dumme Bemerkung gemacht hätte oder beim Pinkeln im Garten erwischt worden wäre.

Dann war da noch etwas: Enttäuschung. Er hatte einen Vertrag gebrochen und an der Tatsache gerüttelt, daß sie beide grundsätzlich und reflexartig und ohne jedes Zögern auf der richtigen Seite standen. Es gab die Bösen und die Guten. Sie beide gehörten zu den Guten.

Ungeduldig riß er die Kanne aus der Maschine. Aus dem Filter tropfte es weiter. Kleine braune Pfützen tanzten brodelnd auf der Wärmeplatte. Als er einen Schwamm nahm und darüber hinwegwischte, traf ihn ein heißer Tropfen auf dem Handrücken. Er fluchte.

Seufzend nahm er die Tasse auf und ging zu ihrem Zimmer hinüber. Er klopfte kurz, bevor er eintrat. Sie saß in T-Shirt und schwarzen Leggings auf ihrer Patchwork-

Decke, die Beine flach und weit auseinandergespreizt, das Buch dazwischen. Er hatte nie kapiert, wie man in einer solchen Lage entspannen konnte. Setzte wohl jahrelanges Yoga-Training voraus.

Sie schaute nur flüchtig auf, um sich gleich wieder in ihr Buch zu vertiefen, das Modelle von Molekularverbindungen zeigte, alle übersichtlich, alle farbig, alle sonnenklar. Man mußte sie nur noch auswendig lernen und hatte die Rätsel des Lebens gelöst.

Er setzte sich auf die Bettkante.

»Können wir reden?« fragte er.

»Worüber?« murmelte sie in ihr Buch.

»Über den Nobelpreis für Dummheit«, sagte er. »Die Schweden haben gerade angerufen. Jetzt soll *ich* ihn bekommen. Ich bin natürlich völlig aus dem Häuschen und dachte, wir feiern das jetzt irgendwie.«

Sie nagte an ihrer Unterlippe, aber diesmal, um ihr Lachen nicht zu zeigen.

»Mensch, Lina, ist doch klar, daß der Brief an die Alte zurückgeht. Ich wollte doch nur mal ein paar Möglichkeiten durchspielen. Es war ein Spiel, verstehst du. Ein Spiel.«

Sie sah ihn zweifelnd an. Dann lächelte sie.

»Du bist manchmal vielleicht komisch, Miko«, sagte sie. »Deine Spiele versteht kein Mensch.«

»Deshalb gewinne ich sie immer«, sagte Miko erleichtert. Er küßte sie in den Nacken und stand auf. »Ich muß jetzt an meiner Dankesrede arbeiten«, sagte er und ging hinaus.

Der Verein zur gegenseitigen Anbetung war wiedereröffnet. Sein Sieg schmeckte ein wenig schal, weil er ihn mit einer schnellen und kalkulierten Unterwerfung errungen hatte, doch dann sagte er sich, daß nur Idioten den einsamen Wolf spielten. Und nur noch größere Idioten würden das Glück mit einer Frau wie Lina aufs Spiel setzen. Er brauchte Zustimmung, und ganz besonders brauchte er Linas Zustimmung.

Er setzte sich wieder an den Schreibtisch und sah auf den Monitor. Nun zu Wertmann. Er nahm einen Schluck Kaffee. Was er brauchte, war ein Schnellstart mit Feuer und Trara und genug Schubkraft für die ersten drei Absätze.

Er sah Wertmann vor sich, die Nickelbrille, den flackernden Blick dahinter, in den Armeemantel gehüllt, dünn und schwarz, damals, in diesem Kellertheater. Über sein Manuskript gebeugt hatte er dagesessen und geflüstert, Worte wie »Ordnung« und »Schwanz« und »Dynamitstangen«, fürchterliches, symbolisches Zeug.

»Lüge bleibt Lüge, wie smart sie sich auch verpackt«, schrieb Miko.

Er nahm einen Schluck Kaffee, beugte sich wieder über die Tasten wie einer, der auf die Fortsetzung eines Diktats wartete – und brach ab.

Ganz plötzlich fühlte er sich müde und geprügelt. Der Rücken schmerzte, und seine Beine waren wie aus Holz. Im gleichen Moment schob sich eine Wolke vor die Sonne und tauchte sein Zimmer in düsteres und schwefliges Licht. Rimbaud löste sich in seine gepunkteten Galaxien auf, und mit einem Schlag sah die Welt vor seinem Fenster aus wie ein Sarg von innen.

Er spürte eine Panik aufsteigen, die ihn in letzter Zeit

immer häufiger anfiel. Irgendwo dort draußen lag eine Dunkelheit, die nach ihm griff, und er wußte, daß es eine Dunkelheit war, aus der er nie wieder zurückkehren würde. Er spürte, wie ihm der Schweiß auf die Stirne trat. Jetzt ein bißchen Stoff, sagte er sich, und er wäre sicher, wenigstens für die nächsten Stunden. Top, obenauf, Herr der Lage.

Sein Blick fiel auf den Brief. Er nahm das Geld heraus und betrachtete die Scheine. Nicht, daß er das Zeug brauchte. Er konnte damit umgehen. Andere, die bei »Harry« verkehrten, waren jeden Tag drauf, während er ganz gut eine Woche ohne schaffte.

Dreitausend Mark. Das würde einen ganzen Monat reichen. Einen Monat lang Weltmeister, mit Weltmeistergefühlen und Weltmeistersätzen. Einen Monat lang sprudeln vor Ideen, scharf sein, bissig, unverwundbar.

Er atmete tief.

»Der Weg in ein falsches Leben«, schrieb er, »beginnt immer mit einem falschen ersten Schritt.«

Er würde Wertmann als Beispiel nehmen, als Modellfall, um den Verrat einer ganzen Kaste bloßzulegen. Dieses Schwein, dachte er. Und dann: Ein Mantel für dreitausend Mark. Das gibt's doch nicht.

Der Kaffee war kalt. Er brauchte nur einen ersten Satz, einen Satz, auf dem er in seine Kolumne hineinlaufen konnte wie auf einem Steg, über ein Gelände hinweg, das plötzlich merkwürdig sumpfig geworden war.

Gedankenverloren starrte er auf den Brief, während er sich zwang, nach dem zündenden ersten Satz zu suchen. Plötzlich fiel ihm auf, daß die Handschrift auf dem Kuvert nicht altersschwach war, sondern etwas Herrisches und Unnachgiebiges hatte. Was mischte sich die Alte in sein Leben ein?

IM Heine. Lachhaft war das. Er stand auf, ging zum Regal und nahm den *Romanzero* heraus. Er las ein paar Zeilen, die aus lauter seltenen Schmuckwörtern bestanden, aus Edelsteinen und Madolinen und Thymian. Woher nahm der nur die Heiterkeit? Was hätte Heine mit den dreitausend Mark gemacht? Behalten natürlich. Mathilda hätte sie behalten. Sie war praktischer veranlagt als Lina. Sie hätte Wein gekauft und Medikamente für Henri und für sich ein paar neue Hüte.

Dieser dämliche Brief herrschte plötzlich über seine Gedanken wie ein Monarch. Was wäre schon, wenn er das Geld an sich nähme? Es wäre in den richtigen Händen. Kein Mensch, der hungert oder Hungernden hilft, schickt Geld im Brief. Dafür gab es Spendenkonten. Das hier war Überflußgeld, das für nutzlosen Ramsch ausgegeben werden würde.

In Gedanken saß er zu Gericht über den Fall. Als Gutachter hatte er alle geladen, die er je zu Fragen der Moral gelesen hatte. Nietzsche war eindeutig dafür, daß er das Geld behielt. Kant und Jesus waren dagegen, wenn auch aus unterschiedlichen Gründen. Camus ließ sich des längeren zur Frage der Abhängigkeit aus, während Kierkegaard auf eine Entscheidung drängte. Lenin plädierte dafür, mit dem Geld den revolutionären Terror zu finanzieren. Trotzki auch, allerdings empfahl er, vorher gut essen zu gehen.

Miko tippte *Hilfe* und starrte über den Monitor hinweg

zum Fenster hinaus. Frühlingswetter. Seelenwetter. Für Sekunden leuchteten die Apfelsinen auf der anderen Straßenseite theatralisch auf, um sich mit der nächsten Wolke wieder in graue, harte Kugeln zu verwandeln, die bestimmt keiner kaufen würde.

Zwei ältere Frauen standen auf dem Gehweg und unterhielten sich. Sie standen da mit ihren Tüten in der Hand, und jede sah über die Schulter der anderen, als ob sie sich gegenseitig Rückendeckung geben wollten.

Zwei kleine Mädchen hüpften, die Hände in ihre Ranzenriemen gestemmt, nebeneinander die Straße hinunter. Ein schmaler, blasser Mann kam ihnen entgegen. Er schaute zu Boden und sah aus, als ob er mit sich selber spräche. Die Mädchen wichen ihm aus und kicherten. Plötzlich ertappte sich Miko dabei, daß er Gedichtzeilen vor sich hinmurmelte: »Ein Buckliger hielt sich den Bauch, und eine Greisin schwang den Stock und schrie. Leicht eine Dame lächelte.« Komisch, daß gerade jetzt diese Flaschenpost aus seiner Vergangenheit vorbeischaukelte.

Es war das Expressionismus-Seminar bei Schumacher gewesen. Pinthus' *Menschheitsdämmerung* war seine Bibel. Damals hatte er so sehr an die Magie von Worten geglaubt, daß er sie auswendig gelernt hatte. Er war nach Berlin gekommen, in die Stadt Benns und Lasker-Schülers, und hatte Germanistik studiert, und dann hatte er geschrieben, voller Feuer und Enthusiasmus.

Mit seinen Kolumnen, so glaubte er, konnte er die Welt bewegen. Und gleich im ersten Jahr war ihm dieser Coup geglückt. Er war in der Universitätsbibliothek auf Feuilletons gestoßen, die in den 40er Jahren von einem faschistischen Leitartikler verfaßt worden waren, der nun, schon seit Jahrzehnten, eine TV-Diskussionsrunde leitete und als besonnener demokratischer Kopf galt. Mikos Kolumnen sorgten für den Rücktritt des Mannes. Sogar ein TV-Interview hatte er gegeben – mit einem Schlag war Miko eine Berühmtheit. Sein Ruhm hielt etwa drei Wochen lang an.

Mittlerweile hatte er den Verdacht, daß Worte nicht mehr waren als Unterhaltungsmusik. Ob es sich nun um diesen Fernsehmoderator handelte oder um Wertmann, die Pfeife, ob um die Alte mit ihrem Geld oder um Lina und ihre Regenwald-Manifeste, alles nur verschiedene Melodien. Alles nur ein Spiel, darauf lief es hinaus. Ein Spiel mit Worten. Er nahm alles viel zu ernst, sagte er sich. Es ging nicht um Besonnenheit, sondern um Krach. Das wollten die Leute lesen.

Entnervt stand er auf, griff sich seine Lederjacke und verstaute Brief und Scheine darin. Dann ging er zu Linas Zimmer und steckte seinen Kopf zur Tür hinein: »Ich bring das Geld mal kurz auf die Wache und geh danach in die Redaktion. Brauchst du was?«

Lina kauerte auf ihrem Stuhl vor dem Schreibtisch wie ein Känguruh. »Wie wär's mit 'nem Kuß«, sagte sie und streckte die Arme in die Höhe. Er ging zu ihr hinüber und küßte sie in den Nacken. Sie roch nach Apfel.

»Was ist mit später, essen?« fragte sie. »Soll ich Spaghetti kochen?«

»Tolle Idee«, sagte er. Dann verließ er die Wohnung.

Er trat vors Haus und stand einen Moment unschlüssig herum. Wie mit Messern fiel der Wind über ihn her. Er zog seine Lederjacke zu. Wenn ihm bis zur nächsten Kreuzung ein Taxi entgegenkäme, sagte er sich, würde er es anhalten und zu »Harry« weiterfahren. Sonst würde er einfach weiterlaufen bis zur Wache, eine Querstraße weiter, und den Brief abliefern.

Mißmutig machte er sich auf den Weg. Kein Taxi. Er blieb vor dem Schreibwarengeschäft stehen und betrachtete gelbe, geprägte Briefbögen mit Veilchenaufdruck. Sie sahen aus, als sehnten sie sich nach Krokohandtaschen und Spitzentüchern, die nach 4711 dufteten.

Der nächste Laden war neu. Auf den Rahmen des Schaufensters glänzte frischer, roter Lack, und drinnen standen ein paar trübe, ockerfarbene Naturholzpferdchen und unbehandelte Würfel aus Kork. Schafft euch Barbiepuppen ins Fenster, dachte Miko, dann kommt ihr vielleicht über den Sommer.

Immer noch kein Taxi. Miko ging die Straße hinunter, in seine Lederjacke gekrümmt, frierend und mechanisch einen Schritt vor den nächsten setzend, schleppend, als hätte er Gewichte an den Füßen. Für einen Moment blieb er in der Schleuse des Woolworth-Eingangs stehen, ließ die warme Wolke aus Menschenschweiß und Elend und Kartonstaub über sein Gesicht hinwegwischen und wäre um ein Haar von einem jungen Pärchen umgerannt worden, das eine Standlampe nach draußen trug.

Sie trugen die Lampe, die mit Pappbandagen umwickelt war, vorsichtig wie einen Schwerverwundeten. An dem Ende, das der Mann hielt, schaute ein Fuß aus Messing hervor, und in den Gesichtern der beiden stand: »Diese Lampe gehört uns, uns, uns, und wer uns anrempelt und diese schöne, unbezahlbare Messinglampe dabei beschädigt, den töten wir.« Der Mann sah verdrießlich aus, wahrscheinlich, weil die Glühbirnen extra berechnet worden waren.

Miko fühlte sich wie tot. Mein Gott, so ging das noch mindestens fünfzig Jahre weiter. Irgendwo vor ihm türmte sich die Dunkelheit und kroch auf ihn zu. Jetzt fiel ihm der Titel des Gedichts wieder ein. »Die Ballade von Wahn und Tod.« Werfel. »Ich ging wie Tote gehn, ein abgeschiedner Geist, verwaist und ungesehn.«

Lauter Woolworthgesichter, lauter billige Dauerwellen und Bomberjacken von Adidas. »Verostung« hatte Werner das Unglück der Vereinigung genannt. »Ästhetische Verschlampung.« Als ob Schöneberg je was anderes gewesen wäre als der Osten. Verosteter konnte der Osten gar nicht sein als dieses Stück ehemaliger Westen. Dieser Westen war schon immer Transsilvanien, und daß Berlin nun, nach der Wiedervereinigung, eine Metropole war, behauptete nur die *Metro*, weil das ihr Verkaufsschlager war.

»Ein Mädchen küßte sich die Hand«, so ging es weiter, das Gedicht. »Ein Mädchen küßte sich die Hand. Und ich verstand, was sie verband, und schritt durch ihre Alchemie.« Er hatte die Straßenkreuzung erreicht. Er hätte schreien können. Wo blieben diese verdammten Taxis? Wenn man eins brauchte, war keines zu sehen.

Schließlich sah er eins auf der anderen Straßenseite. Er winkte. Der Taxifahrer erwiderte sein Zeichen, wendete an der nächsten Ampel und hielt am Randstein. »Winterfeldplatz«, sagte Miko, als er sich auf die Kunstledersitze fallen ließ. »Harrys Bar.«

Er konnte Harry nicht ausstehen, diesen pomadigen Österreicher, der »schiek« sagte, wenn er »chic« meinte.

Schon »chic« gehörte Mikos Ansicht nach auf den Index unaussprechbarer Unwörter.

Die Haare des Taxifahrers waren naß nach hinten gekämmt und standen in dunklen, glänzenden Stacheln auf einem breiten Hemdkragen auf, der mit babyblauen und rosafarbenen Streifen durchwirkt war. An der Kragenkante leuchtete ein wundgescheuerter Pickel. »Über die Berliner?« fragte der Fahrer in den Spiegel.

»Was?« fuhr Miko auf.

»Welche Route?« fragte der Fahrer gereizt. »Potsdamer ist Baustelle.« Es klang, als sei er kurz davor, ihm die Hände zu brechen.

»Egal«, sagte Miko.

Der Taxifahrer schüttelte den Kopf und murmelte vor sich hin. Miko mußte grinsen. Ihm war plötzlich leichter. Noch zehn Minuten, dann war er erlöst. Er konnte die Wärme schon spüren, die Welle, die der Stoff durchs Blut schickte.

»Was ist nun mit der Todesstrafe«, fragte er. »Oder doch lieber auf Hertha?«

»Hä?« fragte der Taxifahrer.

»Schon gut«, sagte Miko.

Als das Taxi hielt, entdeckte Miko, daß er sein Portemonnaie zu Hause gelassen hatte, also mußte er auf den Brief zurückgreifen. Er kniffelte einen der Scheine aus dem Kuvert und hielt ihn nach vorne. Der Taxifahrer schaute auf die Banknote und dann in den Spiegel. »Wolln Sie mich verscheißern, junger Mann?« Er klang nun wie einer der Löwen auf Linas Serengeti-Poster, dunkel und ausgehungert und gemein.

»Warten Sie 'n Moment«, sagte Miko. »Ich geh wechseln.«

Er stieg aus und stieß die Schwingtür zu Harrys Bar auf. Dahinter hing ein Filzvorhang mit Schlitz in der Mitte, was, wie Miko vermutete, wahrscheinlich eine Wiener Kaffeehausmode war, irgendwas gegen den kalten Wind aus den Karpaten.

Doch hier, bei »Harry«, wirkte das Ding wie ein Theatervorhang. Jeder, der eintrat, mußte auftreten. Er hatte schon Leute gesehen, die sich gar nicht mehr von dem Vorhang trennen wollten. Sie standen stundenlang am Eingang herum und warteten auf Applaus. Mit einer Hand hielt Miko das Ding zur Seite und ging schnell hinüber zum Marmortresen.

»Tag, Harry«, sagte er, »gib mir mal 'n Zwanziger, der Taxiheini kann nicht wechseln.«

Dann legte er den Tausendmarkschein vor sich hin. Harry nahm ihn und hielt ihn in die Luft.

»Ist ja schiek«, sagte er, »host den söbst gmocht?« Dann griff er in seine schwarze Geldtasche.

Kurz darauf saß Miko am Tresen, nippte an seinem Espresso und schaute sich im Lokal um. Es war früher Nachmittag und nicht viel los. Am Tisch, der ihm am nächsten war, saß ein Fernsehmoderator aus dem dritten Programm mit seiner Freundin vor Desserttellern, auf denen Reste von Tiramisu in Vanillesoße schwammen. Mit am Tisch war ein Anwalt mit gepunkteter Fliege, der meistens Schauspieler in Arbeitsgerichtsprozessen vertrat.

»Katastrophal«, rief der Moderator, »Goethe wie in Castrop-Rauxel.« Was weißt du von Goethe, dachte

Miko. Iß lieber deinen Teller leer, du Fuzzi, sonst mußt du morgen schlechtes Wetter ansagen.

In der Ecke unter den riesigen Wandspiegeln sah er Baumann, der auf ein Magazin starrte, das ihm ein Jüngling mit roten Brillenbügeln hinhielt. Es war die *Metro*. Beide lachten. Baumann war ein Bulle mit randlosen Brillengläsern, der ein linkes Monatsblatt herausgab und in seiner Kolumne die Artikel von Kollegen zensierte.

Deutschlehrerkomplex, dachte Miko. Seit zwanzig Jahren zitiert er in seinen Leitartikeln Karl Kraus. Mittlerweile denkt er, er ist es selber. Früher war er mal komisch. Mittlerweile ist er nur noch eine verkrachte Existenz. Irgendeiner hatte Miko erzählt, daß er sich die Ersatzteile für sein Rennrad aus Italien einfliegen ließ.

Wie er sie haßte, diese Salonkommunisten. Sahen alle aus wie seine Lehrer, bierernst, deutsch und besoffen von sich. Im übrigen Antisemit, dieser Baumann. Er hatte während des Golfkriegs gegen die Amis polemisiert, und in den Vergröberungen und Freund-Feind-Schemata der Kolumnenschreiberei genügte das eindeutig, um Baumann und Saddam Hussein zur judenvernichtenden Achse zu erklären, was Miko prompt getan hatte.

Mikos ausgesprochenes Lieblingsthema war der häßliche Deutsche, der dumpf, verfressen, ungebildet, gedächtnislos war, also anders als er selber, und vor allem antisemitisch. Typen wie Baumann.

Baumann schüttelte den Kopf. Er sah auf, begegnete Mikos Blick und sah grußlos wieder weg. »Altes humorloses Arschloch«, dachte Miko.

Links von ihm standen zwei Lederjacken mit Ohrringen und Pferdeschwänzen und unterhielten sich über eine Newton-Ausstellung. Er verstand nur »Baudrillard« und »Kloschüsseln« und »so was von neunziger Jahre«.

»Zahlen«, murmelte Miko zu Harry. »Und gib mir den Rest in Päckchen raus.« Harry verschwand.

Man müßte einen Gesprächskontrolleur hier einstellen, dachte sich Miko. Nur, um ein gewisses Niveau zu halten. Einen, der von Tisch zu Tisch wanderte, um jedes falsche Zitat, jede unzulässige Analogie, jede schiefe Metapher auf der Stelle zu bestrafen. Einen, der diesen Zombies seine schwere Pranke auf die Schulter legte und knurrte: »Genug gesabbert. Baudrillard völlig mißverstanden. Es reicht – raus hier.« Oder: »Noch ein falscher Kraus, und du kriegst auf die Fresse, du Fettsack.«

Harry kam zurück und schob ihm ein längliches, mit Stanniol umwickeltes Päckchen zu. Miko ging damit auf die Toilette. Er rollte einen der verbleibenden Tausender zusammen, kratzte eine Linie Pulver zur Seite, hielt das Röhrchen dran und zog kurz und schnell.

Sein Kopf fiel nach vorne, als er die sanfte Explosion unter den Haarwurzeln spürte. Wärme floß in die schweren Arme, Wärme pumpte hinter seinen Augäpfeln, und kurz darüber, hinter der Stirn, war es kühl und klar und frisch. Die Welt war wieder eine Badewanne. Dann stand er auf, spritzte sich kaltes Wasser ins Gesicht und spürte sein Blut in den Schläfen hämmern.

Ihm war schwindelig, als er ins Lokal zurückkehrte, aber er ging wie auf Ballons, so leicht fühlte er sich, so schmerzlos und satt, daß er Harry sogar einen Gruß zulächelte, als er dem Ausgang zustrebte. Er sah noch, wie Baumann auf die rote Brille einredete. Verkrampftes Arschloch. Man sollte Kokain staatlich verordnen, dachte Miko, als er durch den Vorhang schlüpfte. Das würde doch alle ganz erheblich entspannen.

Ihm war so warm, als er zur U-Bahn-Station lief, daß er die Jacke gar nicht zuknöpfte. Er schwitzte. Am Kiosk auf dem Bahnsteig kaufte er sich eine BZ und setzte sich auf die Bank. Am anderen Ende des gelben Kacheltunnels standen ein paar Junkies auf ihren Spinnenbeinen herum, halbwüchsige Greise mit zahnlosen Mündern und dem Blick von Wölfen. Wie kann man sich nur so hängen lassen, dachte sich Miko.

»Und jetzt sacht se, sie hätte das Geld im Brief geschickt.« Miko ließ die Zeitung sinken und schaute vorsichtig auf. Vor ihm stand eine dickliche Frau um die Vierzig und sprach auf eine andere, dünnere ein. Sie trug Steghosen, schwarze Kunstlederjacke und einen rosafarbenen Häkelpullover, unter dem sich ein mächtiger weißer BH wölbte.

»Ich bitte Sie, mit der Post!«

Die Dünne war so bekümmert, daß sie nicht wußte, ob sie nicken oder den Kopf schütteln sollte. So legte sie ihn einfach quer und wiegte ihn hin und her.

»Und die Polizei?«

»Na ja, sie ist schon ein bißchen senil. Vielleicht hat sie sich das nur eingebildet«, sprach die Dicke weiter.

»Und wenn nicht?«

»Die Polizei sagt, erst mal kommt der Nachforschungsantrag bei der Post. Müßte alles der Reihe nach gehen. Ich glaub, die hat sich das ausgesponnen. Dreitausend Mark. Im Brief. Heutzutage!«

In diesem Moment fuhr donnernd der Zug herein und verschluckte, was die Dünne erwiderte. Ihr Mund bewegte sich wie ein harter Vogelschnabel.

Miko stieg mit den beiden ein. Obwohl noch Plätze frei waren, blieben die beiden stehen und hielten sich an den Stangen fest. Sie sprachen jetzt leiser und legten lange, verträumte Pausen ein. Wahrscheinlich dachte jede der beiden darüber nach, was sich mit dreitausend Mark alles anstellen ließe.

Die Dicke stieg aus, als auch Miko hinaus mußte. Zielstrebig steuerte sie auf den Ausgang zu, den auch Miko nahm. Sie bogen in die Straße ein, in der er wohnte. Er schlenderte hinter ihr her, hinter einer Lederjacke und krummen Beinen und zwei Tüten, die ihn tatsächlich nach Hause zu ziehen schienen.

Doch zwei Häuser vor dem Schreibwarengeschäft lief sie in eine Toreinfahrt. Sie nahm den rechten Treppenaufgang. Miko ging ihr hinterher. Er hörte sie keuchen und kurz darauf mit dem Schlüssel fummeln. Durch die geöffnete Tür hörte er einen Fernseher laufen. Applaus brandete auf in irgendeiner Quizshow. Kurz darauf fiel die Tür ins Schloß.

Miko stieg die Stufen hoch und nahm den Namen auf dem Klingelschild unter die Lupe. Tatsächlich, er sah so ähnlich aus wie seiner. Als er leise die Treppe hinunterging, dachte er an die Alte, die wohl einfach die Hausnummer verwechselt hatte. Wahrscheinlich hatte sie an irgendeine Jahreszahl gedacht, als sie den Brief adressierte, an irgendeine Zahlenkombination aus dem Gedächtniswirbel eines langen Lebens, und so war das Geld bei ihm gelandet.

Ohne sich lange zu besinnen, machte er wieder kehrt, stieg die Treppen erneut hinauf und klingelte an der Wohnungstür. Ruhig stand er da, satt und sicher auf der kühlen Kokainwelle und selbstverständlich wie ein Bote, der einen Auftrag erledigte und zu dessen Routine es gehörte, an fremden Türen zu klingeln. Er hatte keine Ahnung, was er sagen würde.

Er hörte Schritte. Hinter der Tür klickerte der Spion. Ein Riegel wurde zurückgeschoben. Dann schaute die Dicke durch einen feindselig schmalen Türspalt und sagte: »Ja?«

Hinter ihr konnte er eine Garderobe aus Zebramustern erkennen. »Entschuldigen Sie die Störung«, sagte Miko, »aber ich komme von der Nachbarschaftsaktion ›Der Kunde ist König‹. Wir machen eine Umfrage. Nur ein paar Fragen.«

»Was gibt's?« brüllte eine Männerstimme aus dem Fernsehzimmer. »Frieda, wer ist da?«

Die Dicke brüllte in den Flur zurück.

»Nichts. 'ne Umfrage.«

»Was?«

»Mensch, Egon, trink dein Bier. Und stell den Apparat leiser.«

»Was?«

Jetzt ignorierte die Dicke den Mann am Fernseher und wandte sich Miko zu.

»Also, ich weiß nicht«, sagte sie. »Ich kenn mich da nicht so aus. Was wollen Sie denn wissen, junger Mann?«

»Zunächst mal eine generelle Frage. Wie würden Sie Ihr Lebensglück einschätzen, auf einer Skala von 1 bis 10?«

Die Dicke schaute ihn ratlos an.

»Ich meine«, besserte Miko nach, »sind Sie so ganz zufrieden, oder irre glücklich, oder was?«

Miko hörte schlurfende Schritte im Flur, deshalb sagte er hastig: »Vielleicht 'ne fünf?«

Jetzt tauchte hinter der Dicken ein unrasiertes Männergesicht auf.

»Also, ich weiß nicht«, sagte die Dicke, »die Heizung könnte mal gemacht werden. Das ganze Haus...«

»Was soll 'n der Quatsch«, fragte der Mann. »Ist der von der BeWag?«

Ohne eine Antwort abzuwarten, fuhr er fort: »Betrügerbande. Noch nicht mal richtig ablesen könnt ihr. So 'n kleener Heizlüfter, und denn dreihundert Mark mehr. Möcht mal wissen, wo das ganze Geld hingeht. Möcht ich jetzt wirklich mal wissen.«

Die Dicke drehte sich um.

»Mensch, Egon, du setzt dich jetzt wieder rein, ab.«

Dann wandte sie sich an Miko. Sie lächelte entschuldigend. »Tut mir jetzt wirklich leid, aber Sie sehn ja. Können Sie nicht wann anders vorbeikommen?«

»Gute Idee«, sagte Miko. »ich schau nächste Woche noch mal vorbei. Und vielen Dank.«

Er lief die Treppe runter. Unten studierte er die Namen an den Briefkästen. Alle sahen solide und unbeschädigt aus. Als er den richtigen Kasten gefunden hatte, nahm er die beiden verbliebenen Tausender, strich sie glatt und steckte sie durch den Schlitz.

Kurz darauf öffnete er die eigene Wohnungstür. Aus Linas Zimmer dröhnten die Eurythmics. Sie stand in der Küche vor dem Herd und sang mit: »Some of them want to uhuse you, some of them want to get used by youhuu.«

In der Pfanne brutzelte Rinderhack. In einem Topf blubberte Tomatenpampe, in einem anderen kochte Brühe und in dem großen die Spaghetti. Auf dem Tisch lagen aufgerissene Packungen, umgestoßene Dosen, ein Topflappen, fünf verschiedene Löffel und eine Haarbürste. Sie griff nach dem Topflappen, sah ihn, fuhr zusammen und schrie auf: »Hast du mich erschreckt!«

Er lächelte. »Ich wollte nur sagen, das Geld ist in den richtigen Händen.«

Lina sah verschwitzt aus. Sie strahlte. »Ist gleich soweit«, rief sie.

Miko ging in sein Zimmer. Er zog seine Jacke aus und hängte sie über den Stuhl. Er nahm den *Romanzero* aus dem Regal und legte den Brief der Alten hinein. Das Stanniolpäckchen verstaute er dahinter. Dann setzte er sich an den Monitor.

Wertmann. Er mußte antizyklisch an die Sache. Gegen den Strom. Sicher fielen nun alle über Wertmann her. Also kam es darauf an, ihn zu heben. Nicht Wertmann war der Feind, sondern die Baumanns dieser Welt.

»Verurteilungen sind leicht zu haben«, schrieb Miko. »Jeder Schwachkopf drischt dieser Tage auf Wertmann ein. Übersehen wird dabei, daß jeder Verrat seine Tragik hat, und jeder Lüge eine Not vorausgeht.«

Er hielt kurz inne und überflog, was er geschrieben hatte. Dann machte er weiter:

»Oft ist es nur ein erster kleiner, falscher Schritt, der in ein falsches Leben führt und in Abhängigkeiten, aus denen es tatsächlich kein Entrinnen gibt. Ich höre sie schon von ›Widerstand‹ rülpsen, diese Linksmoralisten, die im Widerstand natürlich Erfahrung haben: Wahrscheinlich haben sie im letzten Toskana-Urlaub mal ein verbranntes Steak zurückgehen lassen. Wertmann, liebe Leute, ist nur ein armes Schwein. Sicher keiner, mit dem ich einen trinken gehen möchte. Trotzdem: Ein armes Schwein, eine kleine Nummer.«

Der Ton haute hin. Nun ging es um die Richtung. Er sah Baumanns Visage vor sich, den viereckigen Schädel, die randlose Brille. Wie er ihn angeglotzt hatte. Er hatte nicht gegrüßt, obwohl er Miko kannte. Ein herablassender, kalter Blick. Eindeutig antisemitisch.

»Als ob der krumme Buckel und das krumme Denken Ost-Spezialitäten wären.«

Baumann, dieser verfressene, behagliche Salonkommunist, dieser antisemitische Betondeutsche. Er war überfällig.

»Die eigentlichen Radfahrer sitzen in Westkneipen rum – die Ersatzteile für ihre Räder lassen sie sich, noblesse oblige, aus Italien einfliegen. Krumme Buckel der Luxusklasse.«

Miko hatte Baumanns letzte Kolumne noch gut in Erinnerung, in der er über Wertmann hergefallen war. Jahrelang hatte er die Ergüsse Wertmanns als subversive, linke Kampflyrik gegen die Versteinerungen des realen Sozialismus in seinem Blatt abgedruckt. Nun distanzierte er sich von ihm, mit gnadenlosen Guillotinewörtern. Aus dem jugendlichen Helden war eine »Made« geworden. Die Unbarmherzigkeit Baumanns, dachte Miko, wurde nur noch übertroffen von seinem Opportunismus als Blattmacher, seinem Instinkt für auflagenfördernde Polemik.

Hoffentlich kapierte der *Metro*-Leser die Anspielung auf Baumanns Radfahrerei. Wahrscheinlich nicht. Er würde es deutlicher machen müssen. Schließlich war er, Miko, bekannt für seine Direktheit.

»Typen wie Baumann und sein ideologisch bankrottes Linksblatt.«

Hoffentlich las der Kerl noch was anderes außer seinen eigenen Kolumnen.

Taxi

Nach Flushing wolln Sie? Kostet Sie vierzig. Okay, alles klar, ich wollt's Ihnen nur sagen. Manche sehen nur den Preis auf der Uhr und denken nicht daran, daß ich auch wieder zurück muß. Um diese Zeit finden Sie keinen, der nach Manhattan will. Schlafen dann alle schon in Flushing, den Schlaf der Gerechten, wenn Sie verstehen, was ich meine –.

– Ist ja 'ne schöne Gegend, Flushing. Hat sich aber auch verändert, was? Ziehn jetzt 'ne Menge Schwarze dahin. Mein Onkel wohnt da draußen. Er sagt, langsam isser in der Minderheit.

Alles hat sich verändert, alles geht bergab, und keiner tut was. Am allerwenigsten die Politiker. Entschuldigen Sie, wenn ich so offen darüber rede, aber das ist nun mal meine Art.

Sagen, wie es ist. So bin ich nun mal. Hat kein Sinn drumherumzureden, sage ich immer, sondern immer geradeaus. Wenn man was zu sagen hat, soll man es sagen. Wozu leben wir im freiesten Land der Welt? Ich meine, das ist doch wohl der Sinn der Demokratie, daß man sagt, wie es iss, oder, habe ich recht?

Yeah, man! Politiker! Ich würde lieber zu 'nem ausgehungerten Löwen in 'n Käfig, als zu 'nem Politiker. Sind Sie Politiker –?

– Dachte ich mir. Sie sehen nämlich vernünftig aus. Sieht

man auf'n ersten Blick. Man wird zum Menschenkenner. Ich kann einem am Gesicht ablesen, ob er was taugt. Ich seh sofort, ob Sie 'n Politiker sind oder nicht. Die meisten grinsen, als ob sie ihnen das Fell mit den Zähnen abziehen wollen. Schlimmer als Anwälte. Versprechen alles und tun nichts. Die ziehn uns doch alle übern Tisch. Hütchenspieler im Anzug. Wolln immer 'ne Quittung und geben keine Trinkgelder.

Ich kenn'n Journalisten, der weiß alles über Politiker. So was lesen Sie nie in der Zeitung, was der weiß. Wenn der das alles schreiben würde, wär er heute schon tot. Wenn mich einer überfallen würde, dem würd ich's gar nicht übelnehmen. Es sind die Politiker, die dafür sorgen, daß solche Leute frei rumlaufen. Drogenhändler, Illegale. Hab ich recht, oder was –?

– *That's what I mean.* Und jetzt kommen sie mit Trennscheiben. 'ne typische Bürokratenidee. Trennscheibenpflicht für alle Taxis. So 'ne Trennscheibe nützt Ihnen gar nichts. Steht ja meistens offen. Geschlossene Trennscheiben, das ist wie Einzelhaft. Läuft doch sowieso jeder mit seiner Trennscheibe rum. Hab ich recht?

Bei manchen habe ich den Eindruck, daß sie nur mit dem Taxi fahren, um zu reden. Kommen sie sonst nicht dazu. Ich meine, richtig reden. Die packen manchmal richtig aus. Und jetzt kommen die mit Trennscheiben. Schlägt sich übrigens aufs Trinkgeld. Ich rede gern mit meinen Fahrgästen. Und die mit mir. Es ist 'ne Vertrauenssache. Hab ich recht –?

– Sag ich doch. Man sieht's ihnen natürlich nicht an. Das Böse ist überall. Sie zum Beispiel. Tragen 'n sauberes

Hemd, teure Jacke. Wer sagt mir, daß Sie keine Knarre dabeihaben. Ich hab gesehen, daß Sie was Schweres in der Tasche haben. Man kriegt 'n Auge für so was. Und jetzt kommen die mit der Trennscheibe. Als Pflicht!

Ich meine, das kann doch jeder halten, wie er will, oder? Als ob man die Gefahr besiegen könnte. Ich sag Ihnen, nehmen Sie die Gefahr weg, nehmen Sie auch das Leben. Gefahr ist immer dabei, wenn zwei Menschen aufeinandertreffen. 'n Leben ohne Gefahr, das ist wie 'n Zierfisch im Glas. 'n Leben ohne Gefahr, das ist die komplette Einsamkeit. Kann es sein, daß ich Sie schon mal gefahren habe –?

– Ich meine, ich kenne Ihr Gesicht. Vielleicht aus der Zeitung –?

– Ich will Sie um Himmels willen nicht beleidigen oder so was. Vielleicht stört's Sie ja, wenn ich spreche. Vielleicht wolln Sie ja Ihre Ruhe haben –

– Ich meine, das ist schließlich New York, da können Sie die ganzen Stars hoch und runter haben. Kürzlich hatte ich Mike Keenan von den Rangers. Er fragt, ob ich ein Autogramm haben will. Ich sage, nee, will ich nicht. Sagt er, warum ich kein Autogramm haben will. Jeder würde eins von ihm wollen. Sag ich, das ist jetzt nicht persönlich, aber für mich sind alle Menschen gleich, ob ich nun Mike Keenan bin oder ich, wenn Sie verstehen, was ich meine. Er meinte, ich sei 'n komischer Vogel, und hat gelacht. Ist schon in Ordnung, dieser Mike Keenan. Hat 'n gutes Trinkgeld gegeben. Man sieht den Leuten an, ob sie Menschen sind, sage ich immer.

Letztlich ist alles 'ne Erfahrungssache. Als ich angefangen habe, hab ich natürlich Fehler gemacht. Da waren die beiden Teenager, die mich an der Madison rangewunken haben, 'ne gute, teure, unverdächtige Gegend. Aber als die sagten, sie wollten zur »Soul Machine« rüber, drüben an der 11., da hätt's bei mir klingeln müssen. 'n großer Parkplatz, dahinter die Projects, wo sie verduften können. So isses dann auch gelaufen. Der Kleinere hält mir seine Spritze vor den Kopf und zittert und is aufgeregt. *Coño tu madre!*

Ich hab ihn erst mal beruhigt. Ich sage: »Ich geb dir alles, aber hör auf zu brüllen.« Auf spanisch, weil sie Latinos waren. Ich sage: »*Dios mío!* Ihr seid doch meine Leute, verdammt noch mal, also brüllt mich nicht an.« Und dann hab ich ihnen die Kohle gegeben. Sechsundfünfzig Dollar. 'ne halbe Schicht. Seitdem guck ich genau hin, ob jemand koscher ist. Alles wegen der blödsinnigen Drogen.

Früher haben wir uns unsere Highs mit Schnaps besorgt. Sollen sie ihnen doch die Drogen lassen. Ich selber rauche nicht und trinke nicht. Noch nicht mal Kaffee. Aber von mir aus soll sich jeder vollpumpen mit dem Zeug. Hat doch nur ökonomische Gründe, daß es verboten wird. Mir hat mal jemand gesagt, sie könnten das alles freigeben, und dann gäb's von heute auf morgen damit keine Probleme mehr. Der einzige Grund dafür, warum sie's nicht tun, ist, daß sie dann die ganzen Drogenfahnder und Agenten entlassen müßten. Gäb 'ne Massenarbeitslosigkeit. *Shit.* Stellen Sie sich vor: lauter Drogenbeamte, die auf der Straße rumhängen. Und die ganzen rauschgiftsüchtigen Drogenhunde. Das würde keine Gesellschaft verkraften. Hab ich recht, oder was –?

– Ist 'ne Frage des Standpunkts. Ich wußte, daß Sie das verstehen. Ich hab das im Blick, ob jemand weiß, was gespielt wird. Jetzt kommen die Pusher von den Inseln und aus China und verdienen an einem Tag, was sie zu Hause nicht innem Jahr aus'm Boden kratzen könnten. Und wer läßt die rein? Na –?

– Klar, die Politiker. Und uns schmieren sie an. Schmeißen mit Taxi-Zulassungen nur so um sich. Mittlerweile nehmen uns die Illegalen das Geschäft weg. Ich hab ja nichts gegen diese Länder, wo sie alle Mohammed heißen. Aber sie können doch dort Taxi fahren. Meine Eltern sind aus Puerto Rico gekommen. Ham immer ihre Steuern gezahlt, wie jeder ordentliche Amerikaner. So bin ich groß geworden. Immer Steuern zahlen und wissen, was richtig und was falsch ist. Anständig bleiben. Hab ich recht –?

– Ich seh sofort, ob jemand Politiker ist oder 'n anständiger Kerl. Ich seh auch, ob einer Schulden hat oder unglücklich verheiratet ist oder so was. Sicher, ist kein Kunststück. Trifft auf die meisten zu. Sind die meisten mit der Falschen zusammen. Männer und Frauen, das hat sich ein Sadist ausgedacht. Ein Unglücksprogramm. Ein paar Tage lang Herzklopfen und Sterne und Tralala, und dann ein Leben lang Steinbruch. Dann hängen sie drin mit 'nem Haufen Rechnungen, und die Alte will immer mehr, und sie können nur noch versuchen, das alles zu vergessen. Ist doch so, oder –?

– Nein, ich bin nicht verheiratet, falls Sie das wissen wollen. Ich habe keine Zeit dafür. Es gibt soviel zu tun. Im übrigen, Liebe, hat mal jemand gesagt, ist wie'n Schwinger, den du nicht kommen siehst – dann trifft er dich besonders hart. Ich wohne alleine. Einsam bin ich deswegen nicht. Alles kann einem zum Gefährten werden. Der Fernseher, die Lampe, ein Buch, das Licht. Ich weiß, es klingt verdreht, aber es stimmt.

Wenn man was im Kopf hat, ist man nicht einsam. Der Kopf hat immer was zu tun. Ich schreibe Kinderbücher, während ich fahre. Das heißt, ich denke sie mir aus, und später schreibe ich's auf. Hier (greift auf den Nebensitz und hält ein großes dünnes Buch hoch) – das ist von mir. Und hier der Werbezettel: »Mr. Juan Xavier bringt frischen Wind in das Gebiet der Kinderbuchliteratur.« Habe ich mir selber ausgedacht, den Spruch. PR ist das Wichtigste.

So 'n Taxi ist die beste PR-Zentrale, die es gibt. Ich fahr mit Leuten durch die Gegend, an die man sonst gar nicht rankäme. Gerade hatte ich einen Japaner, der mir seine Karte gegeben hat. Er will das Ding groß in Japan rausbringen. Wird dann zwar 'n bißchen komisch aussehen, mit dieser Schrift. Aber issen Riesenmarkt. Da lesen sie ja verkehrt rum. Müssen Sie praktisch das Buch verkehrt rum halten. Aber mir ist das egal. Bezahlt wird in Yen. Das ist das japanische Geld, und jeder weiß, was sich die Japaner damit alles kaufen können. Ich meine, die kaufen uns Amerika doch unterm Arsch weg. Alles mit dem Yen.

Zur Zeit kümmert sich mein Agent um die Filmrechte. Ich arbeite gerade an einem Titelsong. Marketing ist alles in dieser Branche, hab ich recht –?

– *Yeah, man.* Da kenn ich mich aus. Da hab ich so sicher recht wie'n Politiker verdorben ist.

Ich sag Ihnen, Taxifahren ist wahrscheinlich der einzige

Job, den man full-time macht und immer nebenher. Man sitzt, verdient Geld, und der Kopf bleibt frei. Es gibt 'ne ganze Menge Taxifahrer, die schreiben. Wir haben auch Filmstars. Der aus der Saftreklame mit dem Löwen, der durch die Büsche jagt und dann diese Flasche sieht und alles andere sausen läßt, um die Flasche auszutrinken – der fährt auch Taxi. Er hat nicht direkt den Löwen gespielt, aber er war die Stimme. Hat 'n wahnsinniges Organ. Der hat auch den schwarzen Roboter mit der Maske gespielt, in einer Folge von Raumschiff Enterprise. Was glauben Sie, wer alles Taxi fährt. Aber einen Politiker gibt's nicht bei uns. Den würden sie gar nicht ranlassen. Irgendwo muß man 'ne Grenze ziehen, oder –?

– Sehen Sie, ich wußte, daß Sie clever sind. (Nachdenklich.) Ich bin mir fast sicher, daß ich Ihr Gesicht schon mal gesehen habe...

Sie kriegen ne Menge mit, wenn Sie fahren. Die meisten denken ja, so'n Taxifahrer hört nicht hin, oder er ist taub oder debil. Ich hatte kürzlich zwei ältere Ladies zum Flughafen, die auf dem Weg nach Acapulco waren. Und die haben sich die ganze Fahrt über ausgemalt, was sie mit den Männern anstellen würden, die sie dort treffen. Also, da wär selbst 'n Seemann rot geworden. Das ging bis in die kleinsten Details. Man sollte nicht glauben, wie versaut alte Damen sein können. Aber mir ist nichts Menschliches fremd. Und letztlich sind wir doch alle Menschen, oder –?

– Aber Regeln sind wichtig. Ohne Regeln läuft gar nichts. Meistens beginne ich meine Schicht mit 'nem kleinen Scherz, um mich aufzumöbeln. Das ist schon 'ne richtige Routine geworden. Ich frag dann immer den Dispatcher, ob *ich* die Fahrgäste bezahlen müsse oder die *mich*. Und er erklärt mir dann immer ganz geduldig, daß ich das Geld kassiere und daß es dafür die Uhr gibt, auf der der Fahrpreis steht. Der hält mich für durchgeknallt und redet immer ganz vorsichtig mit mir.

Und dann, nach genau sechs Stunden, die Pause. Das ist 'ne eiserne Regel für mich. Ich fahr dann immer runter in die 23., ins Malibu. Also wenn's einen Nuklear-Krieg gäbe, würde ich im Malibu untertauchen. Da gibt's Pastrami-Sandwiches, da kriegen Sie 'ne Maulsperre. Warn Sie da mal –?

– Hier, ich geb Ihnen 'ne Karte, da steht die Adresse drauf. Könn' ja sagen, daß Sie von mir kommen. Nicht, daß ich jetzt direkt mit 'nem Atomkrieg rechne. Der kalte Krieg ist vorbei. Aber jetzt laufen sie alle mit diesen Koffern rum, wo russische Atomsprengköpfe drin sind, und irgendwann geht einer los. Und dann ist Ruhe. Stille. Keine Menschen mehr.

Die Welt ist sowieso zu laut geworden. Am besten isses nachts. Ich mach gern die Nachtschicht. Ist ruhig, und man kommt besser durch. Die Nacht ist wie eine Erlösung. Die Maschine steht still. Alles leuchtet nur, wie auf Stand-by. Wie'n großes Bremslicht, sag ich immer. Nachts leben die Menschen, wie es eigentlich sein müßte. Ruhig. Die Fifth Avenue bei Nacht, das ist wie ein Gedicht aus Licht. Sehen Sie da drüben, Bergdorf Goodman? In den Schaufenstern die Puppen?

Ist meine Lieblingsecke. Die stehen da rum, allein unter den Scheinwerfern, wie Stars, die vergessen worden sind. So schön und so still. Als ob sie den Atem anhielten, weil sie so mitgenommen sind von ihrer Schönheit. Und die Hände. Haben Sie mal die Hände von Schaufensterpuppen betrachtet? Schwebende Hände, wie Vogelschwingen, ganz lang und schmal, und alle zeigen irgendwohin, wohin, weiß keiner. Wahrscheinlich zeigen sie ins Paradies. Ins Puppenparadies.

Tagsüber ist das hier die Hölle. Aber nachts sind die Engel unterwegs. Und natürlich Verrückte. Kürzlich hatte ich einen, der sah eigentlich ziemlich normal aus. Ich bin so mit ihm ins Gespräch gekommen, und da fragt er mich plötzlich, ob ich 'n Moment Zeit hab. Ich sag, ich muß arbeiten, Zeit ist Geld. Und da sagt er, er würde mich für die Zeit bezahlen. Der wollte, daß ich ihm meine Stiefel innen Nacken drücke. Ich sollte nur kurz anhalten. Und dann würde er sich aufn Bürgersteig legen, und ich soll ihm in den Nacken steigen. *Oh fuck*, dachte ich. Es hat in Strömen geregnet. Aber er meinte, das würde die Sache nur besser machen. Ich hab's dann gemacht. Ich hab ihm meinen Schuh in den Nacken gestellt, und ich hatte an dem Tag 'n paar gemeine Dinger an, so grindige, dicksohlige Treter. Hier irgendwo am Park hab ich's gemacht. Der hat sich dafür auch noch bedankt. Hat mir fünfzig gegeben. Dafür, daß er sich in den Matsch legt. Haben Sie schon mal so was erlebt –?

– Dachte ich mir. Ich auch noch nicht. Kann man sich gar nicht vorstellen, ich meine, da käme man ja gar nicht von alleine drauf, oder? Ist ja auch 'ne Perversion. Aber ich sag Ihnen, da kratzen Sie 'n bißchen, und dann kommt bei jedem irgend so 'n verdrehtes Ding raus. Geht wahrscheinlich um Macht. Macht und Unterwerfung, darum dreht sich doch alles. 'n Machtjunkie, der Dreck fressen will. Alles menschlich, habe ich recht –?

– Und ob es so ist. Regenzeit ist generell 'ne gute Zeit fürs Geschäft. Fängt eigentlich schon mit den ersten Herbsttagen an. Die ersten kühlen Tage. Ist nicht nur der Regen, es ist der Wind, der den Leuten durch die Klamotten kriecht. Wenn die 'n Taxi winken, ist das wie ein Reflex. Die meisten sind noch gar nicht vorbereitet auf die Jahreszeit. Der Mensch an sich ist nie vorbereitet. Deshalb gibt's so viele Katastrophen. Es liegt wohl in der menschlichen Natur, immer wieder fassungslos zu sein.

Die tragen ihre dünnen Sommerfummel, als ob sie das Wetter dadurch beeindrucken könnten. Und dann die erleichterten Gesichter, wenn man hält. In solchen Momenten habe ich den Eindruck, ich tu was Gutes. Was Sinnvolles. Dienst an der Gemeinschaft.

Die meisten kommen ja mit dem Winter nicht klar. Tage, an denen es kaum hell wird. Die werden dann trübsinnig. Ich überhaupt nicht. Ich mag es, wenn man nicht alles so genau erkennen kann. Ist wie ein Schutz, der sich über die Stadt legt. Geht Ihnen auch so, oder –?

– Kürzlich hatte ich einen, der wollte, daß ich ihn hier rauslasse. Mitten auf der 59th-Street-Bridge. Die ganze Fahrt über war er still, aber ich hab im Spiegel gesehen, wie er seine Lippen bewegt hat. Als ob er 'n Rosenkranz betet. Stumm. Ich hab sofort geahnt, daß er sich um die Ecke bringen will. Der hat nicht 'n Rosenkranz gebetet, sondern sein Leben. Lauter Leidensstationen. Wie er so sein Leben vor sich hergemurmelt hat, hab ich ihn in 'n Gespräch verwickelt.

Ich hab ihm erzählt, wie toll das Leben ist, obwohl ich mich gar nicht besonders gefühlt habe. Ich hatte an dem Tag 'ne Tour in die 125., und der Typ sagte, ich solle warten, er müßte nur kurz rauf und Geld holen von seinem Schwager, und er wäre gleich wieder da. Nach 'ner Viertelstunde Warten hab ich aufgegeben. 'n schwarzer *motherfucker*.

Aber der nun hatte mir das Geld im voraus gezahlt. Wir haben uns auf dreißig Dollar geeinigt. Hat mir fünfunddreißig gegeben. Anständiger Kerl, aber eben total fertig. Der murmelte die ganze Zeit vor sich hin. Ich dachte mir, den muß ich irgendwie aufmöbeln. Und da hab ich ihm mein Kinderbuch gezeigt.

Handelt von Kokosnüssen. Ja, Sie haben richtig gehört. Kokosnüsse. Spielt unter Einwanderern von den Inseln, wo die Kokospalmen eingehen und wo die Palmen keine Nüsse mehr produzieren. Die Bäume wachsen und sterben, ohne je eine einzige Kokosnuß hervorgebracht zu haben. Aber natürlich hat die Geschichte 'n Happy-End. Da gibt's ein paar Kinder, die entdecken die Kokosnußinsel, 'ne ganze Stadt aus Kokosnüssen, die von so plüschigen Kokosnußleuten bewohnt wird. Und dann kriegen sie den Samen, weil sie eben nette Kinder sind und die Kokosnußleute selber so was wie plüschige Kinder sind.

Der hat mich zuerst angeguckt wie ein Irrer. Und dann war er ganz still. Und dann hat er plötzlich angefangen zu lachen und konnte sich gar nicht mehr einkriegen. Aber es war kein fröhliches Lachen. War eher so 'ne Art Verzweiflungshusten. Er meinte, er fühlt sich selber wie 'ne verdorrte Kokosnußpalme, die nichts mehr bringt. Sah aus, als ob er 'n guten Job gehabt hat, guter Anzug, gute Schuhe, hab ich gesehen, als er da stand und winkte. Man kriegt 'n Blick für so was. Die Schuhe waren geputzt und gewienert. Ich meine, wer putzt sich die Schuhe, bevor er in'n Fluß springt –?

– Hat 'n Könner geputzt, die Schuhe. Ich frag ihn, ob er weiß, daß man 'ne ganze Menge Erfahrung braucht, um Schuhe so hinzukriegen. Er meint, darüber hätte er sich noch nie Gedanken gemacht. Alles für die Katz, sag ich ihm, wenn er jetzt damit in den Fluß springt. Geputzte Schuhe sind wie Visitenkarten. Wem will er denn da unten Eindruck machen mit seinen Schuhen? Den Fischen?

Gibt eh keine mehr. Ist alles verseucht, alles hin, der East River ist 'ne Kloake, da lebt nichts mehr. Das hab ich ihm natürlich nicht gesagt. Ich hab nur über seine Schuhe gesprochen. Da hat er plötzlich wieder gelacht. Und dann hat er sich wieder in die Stadt zurückbringen lassen. Hat mir 'n gutes Trinkgeld gegeben und hat gemeint, er würde sich mein Buch besorgen. *Yeah, man.*

Ist 'n besonderes Buch. Ich weiß nicht, ob's ein Erfolg wird. Der Japaner war einfach hin und weg. Kann sein, daß ich damit reich werde. 'n Millionär. Na und? Ich würde trotzdem weiterfahren. Ham Sie sich schon mal überlegt, was Sie mit 'ner Million Dollar machen würden –?

– Also, ich würde mir Fernsehzeit kaufen. Man hat nicht gelebt, wenn man nicht wenigstens einmal im Fernsehen war. Wo meine Familie herkam, war das natürlich anders. Da kannte jeder jeden. Aber hier kennt man Sie nur, wenn Sie mal im Fernsehen waren. Einmal, ein einziges Mal ein Millionenpublikum. Und alle wissen, daß es Sie gibt. Verstehen Sie, was ich meine. Man hätte 'ne Spur hinterlassen, wenn man abgeht. Ich würde mir 'ne Stunde TV-Zeit mieten, zur besten Sendezeit, und dann würde ich mein Buch vorlesen. Und anschließend würde ich mein Rezept zur Rettung der Menschheit vorstellen.

Sie gucken so seltsam. Sind erstaunt, was –?

– Sind erstaunt, daß 'n einfacher Taxifahrer das Rezept hat. Aber ich habe Zeit nachzudenken. Nachts habe ich die besten Ideen. Allen ist doch klar, daß es so nicht weitergeht. Und alle schauen zu, wie gelähmt. Weil keiner weiß, wie's zu machen ist. Politiker haben einfach keine Zeit, wirklich über Probleme nachzudenken. Die sind mit ihren Wahlen beschäftigt und damit, von wem sie sich schmieren lassen. Aber ich, Juan Xavier, habe die Lösung. DIE LÖSUNG, verstehen Sie –?

– Haben Sie zugehört, was ich Ihnen erzählt habe –?

– Die Sache mit den Kokosnüssen –?

– Kokosnüsse. DIE LÖSUNG –

– *Yeah, man.* Ich würde erstmal auf Kokosnüsse umstellen, um mit dem Hunger fertig zu werden. Können Sie essen, die Kokosnüsse, haben alle Vitamine, die man braucht. Sind nahrhaft. Sie können sogar Schnaps draus machen. Treibstoff. Ich könnte mein Auto praktisch mit Kokosnuß fahren. Und dann würde ich alle Illegalen und alle Politiker auf Kokosnußplantagen schicken. Spür'n Sie die Matte unter Ihren Füßen? Wissen Sie, was das ist? Kokosfaser! Verstehen Sie jetzt, was ich meine –?

– Es hat doch einen Sinn, daß die Natur ein paar hundert Millionen Jahre daran gearbeitet hat, so was wie 'ne Kokosnuß hervorzubringen. In der Bibel wimmelt's vor Kokosnüssen. Gott hat seinen Plan gehabt, als er die Kokosnuß geschaffen hat. Vielleicht hat Gott sogar den Weltuntergang geplant. Weil er gesehen hat, daß wir's nicht verdient haben. Daß wir noch nicht mal so was Simples wie 'ne Kokosnuß zu schätzen wissen.

Das Gute verdorrt, trocknet aus, geht dahin. Keine Kokosnüsse mehr. Und das Böse übernimmt. Die Unfruchtbarkeit, der Niedergang. Sie sehen das Böse überall. Kinder schlagen Kinder tot, Jugendliche erschießen Jugendliche, Frauen legen sich unter jeden Kerl, Männer denken nicht mehr an Familien, sondern daran, wie sie ihren Schnitt machen. Das Böse sitzt im Grinsen der Politiker, das Böse ist überall. Sehen Sie das Böse nicht –?

– Das Böse wird elektronisch erzeugt. Seit es das Fernsehen gibt, wird die Welt immer böser. Sie setzen Ihr Kind vor den Fernseher, und es sitzt da fünf Stunden und hat mehr böse Strahlung abgekriegt als früher jemand in seinem ganzen Leben. Ich würde das Fernsehen verbieten.

Dann diese Sex-Commercials, die 900-Nummern, wo sie dich übers Telefon scharf machen. Sie sagen zwar, daß man über achtzehn sein muß, um anzurufen, aber es gibt heute schon Vierzehnjährige, die ihre Stimme so verstellen können, daß sie wie Erwachsene klingen.

Also, wenn ich Präsident wäre, würde ich das verbieten. Und dann würde ich Kolonien auf dem Mond bauen. Alle Kriminellen und alle Arbeitslosen würde ich dort hochschicken, für ein interstellares Bauprogramm. Ist doch jedem klar, daß es hier unten zu eng wird. Je enger es wird, desto wahnsinniger werden die Leute. Wir steuern auf die Katastrophe zu, auf den Untergang, aufs Jüngste Gericht.

Na ja, vielleicht ist es gut, daß es zu Ende geht. Kann sich die Erde von uns erholen. Oder nicht –?

– Triste Gegend hier. War früher auch alles anders. Die Ampeln stammen noch aus besseren Zeiten. Verrückt, daß sie ausgerechnet hier funktionieren, wo keine Menschenseele wohnt. 'ne rote Ampel um diese Zeit, so was kann sich nur 'n Politiker ausdenken.

Ich meine, ich kenn Sie doch! Verdammt, ich hab Ihr Bild in der Zeitung gesehen... Gestern... (Plötzlich aufgeregt, ängstlich)... Hören Sie, ich sag keinem, daß ich Sie gefahren habe, *oh fuck, no,* Sie können mir vertr –

(Der Passagier hat eine 9-mm-Pistole aus dem Mantel gezogen und den Taxifahrer ins Genick geschossen. Er steigt aus, öffnet die Fahrertür, greift sich das schwarze Lederetui mit dem Geld, das der Fahrer unter seinem Sitz verstaut hatte, und verschwindet mit ruhigen Schritten in der Nacht.)

Sinfonie für einen Mantel

Ihren Mantel abgeben? Nur über ihre Leiche.

Nicht, daß sie den New Yorker Philharmonikern nicht trauen würde, von denen, soweit sie es weiß, ausnahmslos alle bis hin zur Piccolo-Flöte ohne Vorstrafen sind und einen in Tausenden von Probenstunden gefestigten Charakter besitzen, ohne den sie wohl kaum das Kunststück fertigbrächten, im gleichen Moment anzufangen und eine Ewigkeit später gleichzeitig aufzuhören, auf den Schlag genau. Pure Zauberei, denkt Adelaide Bloom in stiller Bewunderung. Musik ist eben die Sprache der Götter, wie Gennaro sagte, als er ihr die Mortadella abwog.

Kein Wort also gegen die Philharmoniker. Aber für die Garderobieren, die dort mit den fliegenden Händen von Casinocroupiers Marken austeilen und Mäntel dafür in Empfang nehmen, ja an sich reißen, sie brutal im Genick packen und über Haken werfen, um im nächsten Moment wieder am Tresen zu stehen, für diese beunruhigend geschäftigen Livrierten würde sie nicht unbedingt die Hand ins Feuer legen. Man würde schon unwahrscheinliches Lottoglück haben müssen, um in der Ziehung nach Konzertende tatsächlich den richtigen Mantel ausgehändigt zu bekommen. Den eigenen!

Überdies ist es durchaus möglich, daß sich unter den Zeitkräften, die für diese Jobs heutzutage engagiert werden, ein drogensüchtiger Iraner befindet, der ihren Mantel nach Konzertbeginn durch die Hintertür hinaus zum Times Square trägt, um ihn dort gegen Crack zu tauschen. Jeder in Manhattan raucht Crack, meinte Gennaro. Ganz besonders die Iraner.

Adelaide Bloom schüttelt bedauernd den Kopf, als sie an der Schlange, die sich vor der Garderobe gebildet hat, vorbeidefiliert. Sie ist versucht, den festlich Wartenden zuzurufen: Hat einer von euch schon mal an Feuer gedacht? Man stelle sich vor: Es brennt, und jeder rennt zur Garderobe, und da ist niemand mehr, weil sich die drogensüchtigen Garderobieren längst aus dem Staub gemacht haben! Das gleiche gilt natürlich für andere mantelvernichtende Katastrophen wie Hochwasser und Erdbeben.

Schwer atmend spielt Adelaide Bloom diese Szenarios im Geiste durch, während sie sich langsam durch das Festgewoge der Avery Fisher Hall schiebt, die Hand ihrer alten Mutter fest umklammert, die sie in dem Gewühl nicht verlieren möchte.

»Wir geben unsere Mäntel nicht ab, Mutter«, brüllt sie.

»Sie spielen Händel?« fragt die Mutter zurück. Adelaide überlegt kurz, ob sie statt ihres Mantels vielleicht die Mutter... Dann zieht sie sie entschlossen weiter.

Von allen Mänteln, die sie nicht abgibt, wird sie ganz besonders diesen nicht hergeben, denn er ist ein Geschenk und ein Vermächtnis, eine beige, puffige Kreation von der Größe eines Segels, mit einem Fuchsbesatz, der dösend über ihrem Nacken hängt, mißmutig und mächtig, als müsse er ein Schwein verdauen. Vielleicht ist ihm auch nur schlecht von den Mottenkugeln aus Fleischmanns Schrank, einem schweren Tresor aus Eiche, der Adelaide Bloom von

Fleischmann zusammen mit dem Mantel vermacht wurde, bevor er nach Europa zurückging.

Wie es Fleischmann wohl geht? Immer wenn sie den Mantel herausholt, muß sie an ihn denken. So ist jeder Konzertbesuch auch eine Gedächtnisveranstaltung für Fleischmann, der ihr mal einen Heiratsantrag gemacht hatte.

Dieser Mantel hat es nicht verdient, in die Garderobe eines Konzertsaals verbannt zu werden. Sie trägt ihn, damit ihn die Leute bewundern können. Fleischmann wäre stolz, wenn er sie und den Mantel so sehen könnte, ein Beduinenzelt, das in den Marmorwüsten der Avery Fisher Hall auf der Rolltreppe in den ersten Stock schwebt.

In ihrem Kielwasser trippelt Ada, ihre Mutter, zierlich wie ein Mädchen, hinein und hinab in den Mittelgang der Konzerthalle, eine rot ausgelegte Rampe, die direkt zu ihrem Platz führt, z 54, den Ecksitz. Adelaide stellt ihre Tasche, ihren Schirm, ihre Plastiktüte und ihre Mutter auf dem Platz neben sich ab. Dann schält sie sich aus ihrem Mantel.

Sie steht im Mittelgang und achtet darauf, daß keiner an ihr vorbei kann bei diesem Manöver. Hinter ihr bildet sich ein Stau. Sie kann die Köpfe, die sich recken, kann die Blicke förmlich spüren und das Gerempel und Geknuffe hinter ihr. Alle sind neidisch auf ihren Mantel.

Sie breitet ihn über ihren Stuhl aus wie eine dicke, weiche Festdecke. Bevor sie sich darauf niederläßt, wirft sie ihrem Hintermann mißtrauische Blicke zu. Der Mantel hängt über. Sie zupft ihn über der Lehne zurecht. Der Fuchs hängt schlapp wie ein seekranker Passagier über der

Reling. Seine Augen stieren den Hintermann an, und Adelaide Bloom stiert mit, eindringlich. Unterstehe er sich, den Mantel zu berühren!

Schließlich läßt sie sich in ihrem Mantelnest nieder, entschlossen, sich in den nächsten Stunden darin wie zu Hause zu fühlen. Sie besetzt den Außenplatz ihrer Reihe mit der abweisenden Ewigkeit eines Staudamms. Die später erscheinenden Konzertbesucher quetschen sich als dünne Rinnsale an ihren Knien vorbei.

Neben ihr sitzt Mutter. Sie friert leicht, weshalb sie ihren Mantel, ein abgeschabtes blaues Ding, gar nicht erst ausgezogen hat. Doch Mutter, hat Adelaide Bloom entschieden, muß unter Leute. Mutter ist schwerhörig und deshalb ziemlich isoliert.

Eigentlich wollte sie mit ihrem Mann kommen. Doch sie hatte schon geahnt, daß ihm eine Ausrede einfallen würde. Deshalb hatte sie Mutter vorbereitet:

»Du mußt unter Leute, Mutter«, brüllte sie ihr am Nachmittag ins Ohr.

»Wer kommt heute?« fragte Mutter verschreckt.

Doch Adelaide tätschelte ihr nur den Arm.

Jetzt, kurz vor Beginn des Konzerts, gerät der Berg auf z 54 noch einmal in Bewegung. Adelaide Bloom wechselt die Schuhe. Sie verstaut die derben Naßwetterschuhe in der mitgebrachten Plastiktüte, der sie zuvor ihre schwarzen Wildlederpumps entnommen hat. Schwer atmend schiebt sie die Tüte schließlich unter den Vordersitz. Den zusammengeschobenen Schirm im Futteral legt sie auf ihre Knie, wo schon die Krokodiltasche steht.

Mutter ertrinkt fast in ihrem Stuhl, Adelaide Bloom dagegen thront. Lucy, die Puertoricanerin aus Lindas Salon, hatte ihr am Nachmittag die Haare blondiert und genau nach ihren Anweisungen zu einem gelben Bienenstock geformt. Aus dem Meer der Köpfe in der Konzerthalle ragt der von Adelaide Bloom wie der Förderturm einer Ölplattform.

Sie hat sich mit den Hustenbonbons eingedeckt, die draußen für die Zuhörer aus dicken Plastikzylindern verteilt wurden. Ein Geschenk des Hauses für die chronischen Hüstler während der kalten Jahreszeit. Gelbe Honigbonbons in transparenten Knisterfolien. Sie schiebt eines davon Mutter in die Hände und brüllt: »Lutsch das Mutter! Aber paß auf dein Gebiß auf! Nur lutschen, nicht beißen.«

»Wie wir heißen?« fragt die Mutter irritiert, »aber das weißt du doch, Adelaide!«

Adelaide lächelt nachsichtig und klappt das Programmheft auf, doch kaum hat sie hineingeschaut, schlägt sie das Heft schon wieder zu. Die Brille! Sie kramt in ihrer Krokohandtasche, sie wühlt, wühlt tiefer, sie senkt ihren Kopf, um nachzuhelfen. Schließlich hat sie das Etui gefunden.

In der Zwischenzeit hat der erste Geiger das Einstimmen beendet. Nun regnet warmer Applaus auf den Dirigenten nieder, der schwungvoll über das Podium an die Rampe schreitet. Und sie hat noch keine Zeile gelesen. Was für eine Hektik!

Der Dirigent hebt die Hände. Adelaide läßt das Brillenetui zuschnappen, kurz vor dem Einsatz des Orchesters. So beginnt das Konzert mit einer raffinierten Synkope. Klick – badadaa!

Adelaide Bloom ist ziemlich musikalisch. Zu ihren Göttern gehört Glenn Miller. Wie ihm die Brille stand! Und was waren das für schöne Zeiten, kurz nach dem Krieg, als sie Jim kennenlernte und Fleischmann, dessen Uniform immer frisch gebügelt war. Wie konnte sie ahnen, daß Fleischmann sie vergötterte. Er hatte nie etwas gesagt. Sie hatte Jim bereits ihr Jawort gegeben, als Fleischmann schließlich mit der Sprache herausrückte. Nie würde sie seine samtigen traurigen Augen vergessen und den weißen Fetzen Rasierschaum unter seinem linken Ohr, als er ihr den Antrag machte. Nun ist sie fast fünfzig Jahre verheiratet, und Fleischmann ist in Europa, und Glenn Miller völlig aus der Mode.

Was spielen sie denn heute? Aha, Brahms, die tragische Ouvertüre. Nie gehört. Klingt aber kurz. Ouvertüren, das weiß sie als erfahrene Konzertbesucherin, sind meistens kurz, außer bei Wagner.

Kurz *und* tragisch, das klingt vielversprechend.

Normalerweise bedeutet tragisch ja endlos. Aber das hier, vergewissert sich Adelaide mit einem zweiten Blick ins Heft, ist ausdrücklich nur eine Ouvertüre.

Damals, mit Jim, das war eine Ouvertüre. Sie war zwanzig, und sie trug ein gelbes Chiffonkleid, und der Times Square war ein einziges, ausgelassenes Fest. Sie war jung, und die ganze Nation war jung, und sie hatten das Gefühl, sie würden es ewig bleiben.

Als Brahms, liest sie im Programmheft, seine Komposition vollendete, erlebte er eine glückliche Zeit in Bad Ischl. Aber warum um alles in der Welt komponiert man dann tragisch, fragt sich Adelaide. Eine Ouvertüre, das geht in Ordnung. Ein paar pfiffige Melodien und viel Krach am Schluß, mit Bläsern und Becken und Pauken, alles eine

Kette von netten Effekten – schließlich lenkt so eine Sommerfrische ab, vor allem wenn man eine glückliche Zeit hat. Aber tragisch?

Sie selber würde nie auf die Idee kommen, etwas Tragisches zu komponieren, wenn sie glücklich in Bad Ischl wäre. Wo Bad Ischl wohl liegt? Sie würde Jim fragen, wenn sie nach Hause kommt. Schließlich war Jim im Krieg in Europa.

Allerdings ist ohnehin das einzige, was sie komponiert, ein Apfelauflauf mit Zimt oder die Soße für den Schmorbraten. Mein Gott, der Schmorbraten! Hat sie den Herd abgestellt? Sie hat, fällt ihr ein.

Erleichtert läßt sie den Verschluß ihrer Krokotasche aufknapsen und wühlt nach einem der Bonbons. Das Programmheft gerät dabei ins Rutschen. Im letzten Moment nagelt sie es, mit offener Hand, auf ihrem Schenkel fest. Klatsch.

Man hört es bis in die letzte Reihe und natürlich auch vorne: Klatsch! Es ist eine dieser leisen, lyrischen Stellen, die man Adagio nennt. Adelaide Bloom kennt sich aus. Sie knapst die Tasche zu und läßt sich zurücksinken in ihren Mantel.

Wie ist das schön! Die Streicher jauchzen, sie hat den Herd abgestellt, das Programmheft ist nicht zu Boden gefallen, und sie hat ein kostenloses Honigbonbon in der dicken, beringten Hand.

Sie lauscht der knisternden Durchführung des ersten Themas. Das heißt: Die Durchführung stammt von den Holzbläsern vorne, das Knistern von ihr, Adelaide Bloom, Reihe z, Platz 54.

Schließlich schiebt sie das Bonbon in den Mund, zerknäult das Papier und läßt es zu Boden fallen. Nun ist alles in Ordnung. Der Schmorbraten ist vom Herd, das Bonbon im Mund, die Tasche geschlossen und zusammen mit dem Schirm auf ihren Schenkeln, und das Programmheft ist an der richtigen Stelle aufgeschlagen.

Wo waren wir stehengeblieben? Ach ja, Brahms. Tragisch, aber kurz. In Bad Ischl. Eigentlich, heißt es im Heft, habe er die erste Skizze bereits 1860, zwanzig Jahre vor der kompletten Niederschrift angefertigt. Damals hatte er in Wien gelebt, aber er war deprimiert, weil seine Hoffnungen auf einen Posten in Hamburg enttäuscht worden waren.

Adelaide seufzt. Sie kennt das. Kürzlich hatte sich Edgar, ihr Sohn, bei AT & T beworben. Ist nichts draus geworden. Die Kinder haben es schwer in diesen Zeiten. Es gibt keine Jobs mehr. Und bei Ford, wo Edgar vorher gearbeitet hatte, wurden zehntausend Arbeiter entlassen. Auf einen Schlag. Vielleicht sollte sie die Soße für den Sonntagsbraten ein wenig tragisch gestalten.

»Dunkle Gedanken überfielen Brahms sehr leicht«, liest sie im Heft, »denn er wuchs unter dem grauen Himmel Hamburgs auf.« Mitfühlend zerknackt sie das Bonbon zwischen den Zahnreihen. Langsam, behutsam, splitternd, kracksend.

Der Paukist nimmt ihr Motiv mit einem dunklen Wirbel auf und steigert es zu einem Crescendo. Mutter neben ihr fährt zusammen und wacht auf. Adelaide tätschelt beruhigend ihren Arm. »Brahmsch, Mutschi«, flüstert sie ihr über die Bonbonreste hinweg halblaut ins Ohr, »Tragische

Ouvertschüre.« Mutti ist erleichtert, daß nichts Schlimmeres passiert ist, und nickt wieder ein.

Adelaide vertieft sich wieder ins Programm. Sie hat Schwierigkeiten mit der nächsten Passage. Sie muß sie dreimal lesen, und sie bewegt ihre Lippen dabei. »Statt die Beethovensche Scherzo-Stimmung zu brechen«, heißt es dort, »gleitet Brahms über in eine geheimnisvolle Passage, in der nur entfernte Echos des ersten Themas nachhallen...« Sie liest es noch mal. Und noch einmal. Die Musik eilt ihr davon. Während sie noch über der Durchführung brütet, bemerkt sie, wie der Dirigent das Finale vorbereitet.

Sie hat darin Erfahrung. Sie sieht es auf den ersten Blick. Der Dirigent zappelt aufgeregt von einem Bein aufs andere und krallt die Hände, als ob er etwas Schlickartiges aus dem Orchester herausziehen müsse. Dann pumpen seine Arme und fliegen nach oben und schnellen herab. Peng. Beifall.

Mutti wacht auf, und Adelaide beugt sich zu ihr und sagt: »Jetzt kommt sie.«

Mutti nickt. »Wer kommt?« fragt sie.

Doch Adelaide tätschelt ihr nur beruhigend den Arm.

Was jetzt kommt, ist die Sensation des Abends. Die Ouvertüre war kurz und schmerzvoll, doch nun weicht die Dunkelheit dem Licht. Eigentlich war sie nur wegen ihr hierhergekommen.

Sie hat alles gelesen, was über die gefeierte Geigerin geschrieben wurde. *People Magazine* und der *National Enquirer* hatten Geschichten über sie veröffentlicht. Sie sei ein »leidenschaftlicher Vulkan« und hätte die »Grazie einer Königin«. Und das Leben sei für sie zur Zeit »ein Abenteuer der Liebe«. Die Geigerin ist schön und hat dunkelbraune Haare – und sie erwartet ein Baby.

Adelaide ist gespannt darauf, ob man bereits etwas erkennen kann. Da tritt sie auf. Etwas Schwarzes bahnt sich, von der Tür aus, den Weg durch die Streicher. Applaus brandet auf. Auch Adelaide klatscht ihre dicken weichen Hände zusammen.

Da steht die Geigerin mitten auf der Bühne, gleich neben dem Dirigenten, und neigt demütig den Kopf. Sie trägt ein schwarzes Kleid, geschickt unter dem Busen abgesteckt und bodenlang herabfallend, aber Adelaide entgeht nichts. Natürlich ist sie schwanger.

»Sie ist schwanger, Mutti«, brüllt sie ihrer Mutter freudig zu. Diese lächelt und nickt.

»Kommen sie jetzt?« fragt sie. Doch Adelaide lächelt nur beglückt.

Im nächsten Moment allerdings beschleicht sie ein dunkler, grausamer Zweifel. Schwanger – und trotzdem Brahms spielen? Ob das Baby wohl Schaden nimmt? Im Programmheft steht, daß Brahms' Konzert in D-Dur eines der schwierigsten Werke für Violine überhaupt ist. »Ein Konzert gegen die Violine«, wie ein Herr von Bülow bemerkt hat, der im Programmheft ausdrücklich zitiert wird.

Eigentlich unfair, denkt sie sich. Alle gegen eine! Und vor allem rücksichtslos, wo sie doch schwanger ist. Adelaide ist gerührt. Da steht die schöne junge Geigerin, eine werdende Mutter, bodenlanges Kleid, schulterlange braune Haare, weiße Haut und eine kleine entzückende

Wölbung in der Mitte. Graziös läßt sie den braunen Instrumentenkörper zusammen mit dem Bogen von der linken Hand herabhängen und wartet mit demütig geneigtem Scheitel auf ihren Einsatz, tapfer wie Marie Antoinette. So schön, und so schwanger!

Gerührt läßt Adelaide die Krokotasche aufspringen, um ein Taschentuch herauszufummeln. Wolken von Parfüm steigen auf. Sie klappt die Tasche zu und schneuzt sich. Brahms' Violinkonzert kann beginnen. Sie vergleicht das Foto des Programmheftes mit der Erscheinung an der Orchesterrampe. Die Mutterschaft steht ihr gut, findet Adelaide. Sie macht sie fraulicher.

Atemlos beobachtet sie, wie sich die Geigerin in die schwierigen Doppelgriffe zu Beginn des Konzertstückes stürzt. Nach einer Weile läßt sie sich jedoch beruhigt zurücksinken – die Geigerin steht sicher – und blättert im Programmheft, bis sie die Beschreibung des Violinkonzertes gefunden hat.

Sie versteht nicht viel davon, aber vielleicht kann sie die Geigerin warnen. Oder doch zumindest in Gedanken begleiten und beschützen auf ihrer Reise durch die vielen Noten, wo sie allein gegen alle steht.

Das Programmheft ist wie ein Reiseführer in einer fremden Sprache. Aber Adelaide Bloom hat das Gefühl, ihre teure Konzertkarte besser auszunutzen, wenn sie mitliest, alles, auch das, was sie nicht versteht. »Brahms' Fähigkeit, all diese melodischen Bälle gleichzeitig in der Luft zu halten, während der erste Satz sich entwickelt, ist atemberaubend.«

Atemberaubend, dieser Abend! Adelaide nickt zufrieden. Das wird sie in Lindas Salon am nächsten Dienstag erzählen. »Einfach atemberaubend, dieses Konzert.« Und die anderen werden beschämt in ihre Trockenhauben kriechen, weil sie nichts von Musik verstehen. Und dann wird sie von der Geigerin erzählen, und wie schwanger sie war, und alle werden wissen wollen, »wie sie denn so sei«. »Schön«, würde Adelaide sagen. Und dann, noch einmal: »Atemberaubend.«

Adelaide schließt die Augen, wie es die anderen tun. Nach einer Weile wird ihr langweilig, und sie blättert zur Geigerin zurück. Ein wenig enttäuscht liest sie von all den Plattenaufnahmen, die die Geigerin gemacht hat – kein Wort von ihrer Schwangerschaft!

Wahrscheinlich, denkt sie sich, wollen sie das Publikum nicht beunruhigen. Sie klappt ihre Krokotasche auf, nimmt ein weiteres Bonbon und läßt es gefühlvoll im Munde zergehen. Ein Konzert gegen eine einzelne schwangere Geige. Gerührt schluchzt sie auf.

Mutter schläft. Manchmal, wenn Adelaide sie so dasitzen sieht, denkt sie, sie sei tot. Wäre kein schlechter Tod, überlegt sie sich. Im Konzertsaal, inmitten all der schönen Musik und Festlichkeit. Doch dann wacht Mutter wieder auf, weil die Leute tosend applaudieren und aufstehen. »Es ist Pause, Mutter«, sagt Adelaide, »die Leute gehen jetzt in die Pause hinaus.«

»Welche Leute?« fragt Mutter.

Soweit es Adelaide im Gedränge des Foyers erlauschen kann, wird der dunkle Ton der Geigerin gerühmt. Über die Schwangerschaft schweigt man sich aus. Aber der Dirigent wird über den grünen Klee gelobt. Er kommt aus Deutschland, aus dem kommunistischen Teil. Das hat sie im Programmheft nachgelesen.

Vielleicht ist es nur Einbildung, aber Adelaide kommt es so vor, als habe der Dirigent mit bohrenden Blicken nach ihr gesucht, als er zu Beginn des zweiten Teils wieder seinem Podest entgegenstrebt. Nun steht er da, und das Publikum hat sich ausgehustet und ausgeschneuzt. Die Dirigentenhände sind erhoben. Man sieht nur den mächtigen Rücken. Der Smoking spannt und wirft Falten. Kraft geht von diesem Rücken aus und eine geballte Konzentration.

Da rutscht Adelaide die Krokotasche von den Knien, und der Schirm rutscht hinterher. Zuerst macht es »knatsch«, dann »platsch«, mitten in die Stille hinein, und vielleicht hat sogar der Dirigentenrücken gezuckt, aber beschwören könnte sie es nicht, denn die Dirigentenarme waren bereits in der Aufwärtsbewegung, und im nächsten Moment jagt das Orchester los wie von Furien getrieben.

Adelaide beugt sich auf den Boden und findet die Handtasche. Schnaufend taucht sie auf, und dann wieder hinab. Der Schirm! Sie tastet unter dem Vordersitz, schiebt die Plastiktüte zur Seite – da liegt er. Sie ergreift ihn und läßt sich in ihr Mantelnest zurücksinken.

Sie hat die Augen geschlossen. Nicht vor Ergriffenheit, sondern vor Erschöpfung. Die Musik braust dahin, die Streicher stürmen, der Paukist paukt. Nach einer Weile schielt Adelaide Bloom nach dem Programmheft.

»Die Schottische Sinfonie«, liest sie. Felix Mendelssohn hat sie komponiert, mit achtundzwanzig. Ihr Edgar ist bereits vierzig und hat immer noch keine Arbeit. Dafür starb Mendelssohn mit siebenunddreißig Jahren, wie sie dem

Programmheft entnimmt, während Edgar kerngesund ist. Man kann nicht alles haben. Gott gibt, und Gott nimmt.

Im Programmheft abgedruckt ist eine Tagebucheintragung, mit der der Komponist seinen Aufenthalt in Schottland und seinen Besuch des Schlosses der Stuart festgehalten hat. Nebel und Ruinen und Gras zwischen verwitterten Quadern. Kein Wetter für sie.

In zwei Wochen wird sie wieder nach Florida aufbrechen und dort überwintern. Es gibt zwar kein philharmonisches Orchester mit einem kommunistischen Dirigenten in Fort Lauderdale, aber ab und zu spielt eine Salsa-Band im Holiday Inn, und das Wetter ist schön. Nur schade, daß sie dort den Mantel nicht braucht.

Behaglich kuschelt sie sich in ihren Mantel hinein und träumt von Florida, während die Philharmoniker das Scherzo hinter sich bringen. Dann, irgendwie gehetzt, findet Adelaide, springen sie, fast ohne Hustenpause, in den nächsten Satz hinüber, in ein zartes Adagio, das von Adelaides klickendem Krokoverschluß rhythmisch gegliedert wird, von ihrem raschelnden Hantieren mit dem Programmheft und dem leichten Knacken und Krachen, mit dem weitere Bonbons zermalmt werden.

Als der Dirigent den letzten Schlag getan hat und sich im prasselnden Beifall erschöpft umwendet, da hat Adelaide schon wieder den Eindruck, daß er sie anschaut, ja durchbohrt mit einem kalten, grimmigen Blick. Wahrscheinlich, denkt sie sich, ärgert er sich, daß er so lange im Kommunismus leben mußte und jetzt im Winter in New York festhängt, während sie nach Florida fliegen kann.

Sie klatscht wie alle, und während noch der Beifall

rauscht, sagt sie: »Komm, Mutter, ab nach Hause«, und dann steht sie groß und majestätisch im Mittelgang, während die Konzertbesucher begeistert in die Hände klatschen, und zieht sich den Mantel über. Sie greift Tasche und Schirm und Mutter, und bevor sie dem Ausgang entgegenschreitet, verharrt sie noch einen Moment.

Das Publikum applaudiert in prasselnden, anschwellenden Wellen, und fast alle sitzen noch und schauen sie an, und für eine Sekunde fühlt sie, daß der Applaus ihr gilt, ihr und ihrem Mantel. Sie lächelt stolz in die Ränge.

Dann wendet sie sich um und brüllt der Mutter ins Ohr: »Es war wieder ein schönes Konzert.«

Deutschland privat

Großes Wohnzimmer, Parkett, gemäßigt modern. Angrenzend das Schlafzimmer, offene Flügeltüren. Daran angrenzend das Badezimmer. Sie ist Mitte zwanzig, er ist Mitte dreißig. Sie im Abendkleid, er im Anzug, beide mit offenen Mänteln drüber.

SIE: Du hast mich einfach stehen lassen.
ER: Was?
SIE: Du hast mich stehen lassen. Am Büffett.
ER: Sinnlose Veranstaltung. Als ob wir noch 'n Verlag bräuchten.
(Sie werfen ihre Mäntel auf eine Ledercouch.)
SIE: Der Kerl hat mich totgequatscht. Er roch aus dem Mund und hat mich festgenagelt mit diesem dämlichen Gerede, und du hast dich mit dieser Verlagskante amüsiert.
ER: Tante.
SIE: Was?
ER: Du meinst »Verlagstante«.
SIE: Ich meine Kante. Spitzer Winkel. Wie diese teuren Tische, die mit Kunstrost bemalt sind und weh tun. Sah aus, als hättest du dich an ihrem Ohrring festgebissen.
ER: Weil du das Büffett blockiert hast. Ich hatte Hunger. Was hat er denn gesagt?

SIE: Ich hab nicht hingehört. Das Übliche. Daß alles Schrott war. Das ganze Land war Schrott, unsere Theater waren Schrott, und die, die da lebten, waren auch Schrott. Schrottplatzbewohner, Hurraschreier, gehirngewaschene Roboter. Hilf mir mal.

ER: (zieht den Reißverschluß ihres Abendkleides herunter)

SIE: Puahh. Und dabei hat er dauernd versucht, mir in den Ausschnitt zu gucken. Am liebsten wäre er da reingestiegen.

ER: Das ist ein Stammhirnreflex. Bilde dir ja nichts drauf ein. In der Brunft sind wir gleich, Ost und West.

SIE: Der hatte diese verquollenen Kirschenaugen.

ER: Vielleicht war er kurzsichtig. Die meisten Verleger sind kurzsichtig. Deshalb ist die deutsche Literatur auch so aufregend.

SIE: Die deutsche Herrenrasse West, kurzsichtig, aber aufgeschlossen. »Die von drüben«, sagte er, könnten ihm gestohlen bleiben, die seien so »rückständig«. Er hat so 'ne scheußliche Plastikkrawatte getragen. Ich hab ihm gesagt, daß ich von drüben bin. Hast du was mit dieser Verlagsnudel gehabt?

ER: Das hat ihn zerschmettert.

SIE: Er hat gesagt, es gebe natürlich Ausnahmen. Ich sei eine. Ich hab ihm gesagt, er sei keine. Sah aus, als hättest du dich amüsiert.

ER: Das war eine meiner früheren Frauen. Ich bin mit den Alimenten im Rückstand.

SIE: Sah wirklich aus, als ob du was mit ihr gehabt hättest. Die hing an dir, als ob sie die letzten dreißig Jahre keinen Mann mehr gehabt hat.

ER: Die *ist* ein Mann. (Schaltet mit der Fernbedienung den Fernseher an. Zappt sich durch die Kanäle.)

SIE: Es war das letzte Mal, daß ich zu sowas mitgehe. Ich verstehe nicht, worüber die sich unterhalten. Die sind so leer. Die unterhalten sich nicht, die schwappen. So 'ne dünne Phrasenbrühe, die hin und her schwappt. Alles schwappende Phrasen. Davon sind sie randvoll.

ER: Aber man kann doch einfach mal reden. Man muß doch nicht dauernd bedeutsam sein. Die Weltnuß knacken, das Unrecht abschaffen, das Paradies neu erfinden. Genügt doch, wenn man erst mal ein paar regionale Konflikte löst. Ich hab die Sache mit Somalia geregelt. Der Obstsalat war leicht gegoren, fandest du nicht?

SIE: Der einzige, der was taugte, war dieser Korrespondent. Ein schlanker, dunkler Typ. Ganz wache, ganz ruhige Augen. Absoluter Fachmann, was die Mayas angeht. Hat mir über die Tempel erzählt, er hat da unten eine Zeitlang gelebt. Wußtest du, daß die Mayas ökologische Weidewirtschaft hatten?

ER: Sattmann, dieser Schaumschläger.

SIE: Ach, der ist Sattmann? Den hab ich mir ganz anders vorgestellt.

ER: Der versucht die Maya-Nummer bei jeder. Hat er dir von den Fruchtbarkeitsriten erzählt?

SIE: Zunächst mal hat er mir das Leben gerettet. Diese Verlagskröte hätte mich erstickt. Plastikkrawatte und schlechter Mundgeruch. Wahrscheinlich habt ihr uns damit in die Knie gezwungen. (Sie kickt einen ihrer hochhackigen Schuhe durchs Zimmer, torkelt ein bißchen, fällt ins Sofa.) Wie der mir den vom Hals geschafft hat, unglaublich gekonnt, und dann hat er uns 'ne Sofaecke organisiert, und dann haben wir nur dagesessen und uns unterhalten. Über die Inkas oder die Mayas. Ich hab's vergessen. Und die DDR hat gar keine Rolle mehr gespielt. Irgendwie hat mir gefallen, wie der über die Mayas geredet hat. Auch ein untergegangenes Volk. Sind einfach von einer überlegenen Technik weggetrampelt worden. Von einer Horde stinkender, schießender, scheißender, geschlechtskranker Spanier.

ER: Sattmann, dieses Weichei. Im übrigen: Ihr wart nicht die Mayas.

SIE: Nächsten Monat ist er wieder drüben. Hat gesagt, wir sollen ihn mal besuchen kommen.

ER: Er meinte, *du* sollst ihn besuchen. Wahrscheinlich will er dir seine private Tempelsammlung zeigen. Ich habe gehört, die soll nicht so doll sein.

SIE: Du kannst dir offenbar nicht vorstellen, daß sich ein Mann mit 'ner Frau unterhält, ohne mit ihr schlafen zu wollen.

ER: Ich unterhalte mich immer bestens, wenn ich mit einer Frau schlafe.

SIE: Mein Gott, bist du beschränkt.

ER: Alle Männer sind beschränkt. In dieser Beziehung.

SIE: (steht auf, kickt den anderen ihrer hochhackigen Schuhe durchs Zimmer, kichert, geht ins Schlafzimmer) Weißt du noch, wie wir's gemacht haben, vorm Grenzübergang, im Auto?

ER: (folgt ihr) Und wir haben dabei nicht über die Inkas geredet. Mein Gott, das ist hundert Jahre her. Die Flutlichter, so milchig in den beschlagenen Autofenstern. Ich habe immer gedacht, wir werden jeden Moment verhaftet. Und dann nach Sibirien. Natürlich hättest du auf mich gewartet und Kohlsuppe gekocht... Jetzt steht da eine Würstchenbude.

SIE: Ich habe mich immer gefragt, ob die Vopos wohl wußten, was jeder dieser Stempel auf deinen Besuchsscheinen bedeutet hat. Jeder Stempel ein Beischlaf mit Gütesiegel, eine Nummer mit Hammer und Sichel. Kleiner Grenzverkehr.

ER: (lacht) Deswegen.

SIE: Was »deswegen«?

ER: Deswegen fand ich dich so toll. Weil du in diesem Wahnsinn lachen konntest. Ich habe mir gedacht: Was muß die Frau für Kräfte haben, daß sie darüber lachen kann.

SIE: Ich hab an unsere Sache geglaubt. An die Idee zumindest. Und du hast noch nicht mal an dich selber geglaubt.

ER: (liegt auf dem Bett im Schlafzimmer und schaut auf den Fernseher) Der Typ macht mich krank. Was für 'n Schaumschläger. Hier, das mußt du dir angucken. Eine Diskussion über Pornographie. Pornographieexperten. Sehen mir alle eher wie Theoretiker aus.

SIE: (ruft aus dem Badezimmer) Das kam mir immer komisch vor. Du hattest alles, einen tollen Beruf, 'ne Karriere, und du hast jedesmal ausgesehen wie ein Häufchen Elend. (Kommt wieder ins Zimmer zurück) Hey, ich hab dich aufgepäppelt.

ER: Das tust du noch immer.

SIE: (Mittlerweile im T-Shirt, setzt sich hinter ihn und schlingt ihre Arme um ihn)

ER: Heute abend, wie du dagestanden bist. Kaum zu erkennen in diesem Zigarettenqualm. Du hast jemandem zugehört. Sah aus, als ob du ihn kennst... Du kannst zuhören wie eine Königin. Du hörst nicht zu, du neigst dein Ohr.
SIE: (Küßt ihn aufs Ohr) Warum habe ich dich gefunden?
ER: Ich hab dich gefunden.
SIE: Nein, ich hab dich gefunden.
ER: Du dachtest, ich sei vom CIA bezahlt und drogensüchtig und hätte Aids.
SIE: Ich dachte, du bist ein *unglaublich gutaussehender* drogensüchtiger CIA-Agent mit Aids. Das ist ein Unterschied. Du warst sooo cool. Ich habe noch nie jemanden so irgendwo reinkommen sehen. Als ob dir alles gehört, totes und lebendes Inventar inbegriffen. Solche Männer gab's bei uns nicht.
ER: Was war 'n mit dem Typ?
SIE: Wer?
ER: Na, der mit der Brille. Vorhin. Ihr habt euch gekannt.
SIE: Der war auch beim Funk. Hat jetzt offenbar 'ne Lektorenstelle in diesem neuen Verlag. »Unitas«, klingt wie 'ne Versicherung. 'n blöderen Namen konnten die wohl nicht finden.
ER: Er sah 'n bißchen gehetzt aus.
SIE: War er schon immer.
ER: Kennst du ihn schon lange?
SIE: Willst du noch was trinken? (Geht in die Küche)
ER: (ruft ihr hinterher) 'n Bier. Habt ihr was gehabt?
SIE: (Kehrt mit Bier und Glas zurück)
ER: Habt ihr was gehabt?

SIE: Wer?
ER: Der vom Funk.
SIE: Bestimmt nicht. An so was war'n die nicht interessiert.
ER: Die? Wer die?
SIE: Was?
ER: Du hast gesagt, »an so was war'n die nicht interessiert«.
SIE: Du hast das falsch verstanden.
ER: Wer sind »die«?
SIE: (schweigt, geht wieder ins Badezimmer)
ER: (plötzlich nüchtern) Verdammt noch mal, wer sind die? Das darf doch nicht wahr sein.
SIE: (Kommt wieder aus dem Badezimmer und geht am Bett vorbei) Hör auf damit.
ER: (Greift sie am Handgelenk und zieht sie aufs Bett) Setz dich.
SIE: Klaus, hör auf. Du tust mir weh.
ER: Ich hab dich das nie gefragt.
SIE: Stimmt, du hast mich nie gefragt.
ER: (Kopfschüttelnd, angewidert) Ich faß es nicht.
SIE: (Mit Tränen in den Augen) Was sollte ich denn machen, verdammt noch mal. Das war so was wie 'n Kneipengespräch. Ein einziges Mal. Er sagte, die hätten mich in der Zange. Westkontakt. Sie haben wissen wollen, was du machst. Hätte ich nicht mitgespielt, wärst du nicht mehr reingekommen. Es war lächerlich. 'n halbes Jahr vorm Mauerfall.
ER: Wieso hast du mir nichts gesagt?
SIE: Du wärst dann noch zappeliger geworden. Verdammt, Klaus, ich wollte dich nicht verlieren.
ER: Du hast mich ausgehorcht.

SIE: Quatsch.
ER: Was hast du denen erzählt?
SIE: (Jetzt wieder ruhiger) Nichts. War 'n armer Typ. Er hat's auf die leutselige Tour gemacht. Hatte dabei ganz tote Augen. Das Verrückte war: Ich hatte Mitleid mit dem. Das waren Lagerkoller-Augen.
ER: Ich glaub's einfach nicht.
SIE: Der hat gewußt, daß das alles Irrsinn ist. Und das hat uns verbunden. Ich hab's auch gewußt. Alle haben's gewußt. Ganz normaler Irrsinn. So normal wie's Brötchen holen. Er hat einen irren Schrecken gekriegt heute abend, als er mich gesehen hat. Hat mich gebeten, den Mund zu halten. Er hat Familie.
ER: Der Dreckskerl ist seinen Job los! Was bringt der seinen Kindern bei? Wie man die Kindergärtnerin aushorcht?
SIE: Du bist ein Idiot!
ER: Stimmt. Ich bin auf dich reingefallen.
(Sie macht sich frei und verläßt das Zimmer. Er greift nach einer Zigarette. Sie kehrt ins Schlafzimmer zurück und setzt sich mit dem Rücken zu ihm auf ihre Betthälfte)
ER: (leise) Du hast recht. Ich bin ein Idiot. Entschuldige. Es ist nur... Wir haben uns immer alles gesagt. Das war doch immer klar, das hat die Sache doch so vereinfacht. Draußen lügt man und drinnen nicht. Ganz einfach zu behalten.
SIE: Ich hab nicht gelogen. Ich hab's dir nur nicht gesagt, weil du dann ausgerastet wärst.
ER: Dieses Scheißsystem... Das Lügen als Spielregel... Vielleicht sickert das doch durch... Das geht durch die Haut, stelle ich mir vor.

SIE: (ganz gefaßt. Kalt) Ach ja? Ich hab' heute abend kein einziges ehrliches Wort gehört.
ER: Das ist was anderes. Das sind Höflichkeitslügen.
SIE: Genau das gleiche. Die Lüge als Spielregel.
ER: Aber keine, die Leben entscheiden kann.
SIE: (gerät in Fahrt) Ach nee! Hast du dem Sattmann heute abend nicht die Hand gegeben? Hast du nicht gesagt, du freust dich, daß er sich mal wieder blicken läßt? Das heute abend, das war ein Barrakuda-Haufen. Ich habe noch nie so viele gebleckte Gebisse gesehen. Alle freuen sich, und alle warten auf die erstbeste Gelegenheit, den anderen abzustechen. Wieso ist denn der Sattmann in die Wüste geschickt worden? Wieso hat man sich damals für dich entschieden? Hing das nicht auch damit zusammen, daß irgend jemand der Chefetage gesteckt hat, wie sich Sattmann bei »Giorgio« aufgeführt hat? Du hast mir damals selber davon erzählt. Der war krank. 'n Alkoholiker. Der war doch nicht bei sich, als er da herumgebrüllt hat von den »Nieten im zehnten Stock«. Du hast mir das triumphierend erzählt. Du hast gesagt: »Jetzt ist der Sattmann dran.«
ER: (schweigt. Zieht an seiner Zigarette)
SIE: Klar, ihr hier drüben seid spiegelblank.
ER: Was heißt »hier drüben«. Entweder hier oder drüben.
SIE: Wir sind ein Volk.
ER: Wir sind betrunken.
SIE: Ihr seid das Gewissen der Nation, ach was, der Menschheit. Ihr habt alle Rückgrat. Ihr schüttelt den Kopf über uns. Ihr knallt uns eure Donnerworte um die Ohren. Moral! Aufrechter Gang! Daß ich nicht lache.

Ihr habt doch alle eure Jobs dafür bekommen, daß ihr euch im entscheidenden Moment krumm gemacht habt. Ihr habt die Spielregeln eingehalten. Natürlich habt ihr's nicht »Lüge« genannt, sondern »Klugheit« oder »Cleverness« oder »Anpassungsgabe« oder »Teamgeist«. Auch du, mein Lieber!

ER: (wütend) Klar, ich bin ein Wurm. Zufrieden? Ich hab mir alles erschlichen. Ich kann gar nicht schreiben. Ich bringe keinen vernünftigen Satz zustande. Alles Fassade. Eigentlich verkaufe ich Giftgas an Diktatoren. Ich trample auf Menschen herum, trage einen Zylinder, rauche Zigarre, und ich seh haargenau so aus wie eine Kapitalistenkarikatur aus dem *Neuen Deutschland*.

SIE: (lacht plötzlich) Stimmt. Nur der Bauch fehlt dir noch.

ER: (beginnt auch zu grinsen) Ich arbeite dran. Du hast dem wirklich nichts gesagt?

SIE: Nein! Es war eklig. Idiotisch. Ich hab ihm gesagt, du erzählst nichts von deiner Arbeit.

ER: (Zieht sie an sich) Weißt du was?

SIE: Hmm?

ER: Ist 'ne aufregende Idee.

SIE: Was?

ER: Daß ich mit 'ner Agentin geschlafen habe.

SIE: (mit verstellter Stimme) Ich Natascha Ludmilova, KGB. Du wollen machen Sex?

ER: Aber du hast nichts mit ihm gehabt?

SIE: (Spöttisch) Wir haben's überall gemacht. Und dabei haben wir FDJ-Lieder gesungen. »Bau auf, bau auf, Freie Deutsche Jugend, bau auf...« Du Spinner.

ER: Und was machst du mit ihm? Ich meine jetzt.

SIE: Nichts. Der ist schon in der Hölle. Auf jeder dieser Parties kann irgend jemand auftauchen, der ihn erkennt. Der ist 'n einziges Nervenbündel.

ER: Du hast tatsächlich Mitleid mit ihm gehabt?

SIE: Ja. Nein. Natürlich war er 'ne Ratte. Es ist ein irres Kuddelmuddel. Manchmal weiß ich gar nichts mehr. Ich meine, was richtig und was falsch war. Ich habe gestern in deinem Adorno-Buch rumgeblättert. Da steht der Satz: Es gibt kein richtiges Leben im Falschen. Du hattest ihn unterstrichen. Ein Ausrufezeichen dahinter gemacht. Aber das stimmt nicht. Es gibt Richtiges im Falschen. Ich habe es doch erlebt. Die Liebe meiner Eltern. Die Sommerferien in Thüringen. Das Tanzen im Club. Ich habe Komplexe gehabt, weil die anderen in der Klasse einen größeren Busen hatten. Das hatte doch alles nichts mit dem System zu tun.

ER: Doch. Es ist erwiesen, daß der Kommunismus die Entwicklung von großen Busen verhindert hat.

SIE: (kichert und schlägt ihm spielerisch auf die Wange) Das liebe ich an dir. Daß du so gebildet bist.

ER: Adorno hat seinen Pessimismus übrigens auf die westliche Konsumgesellschaft bezogen.

SIE: Der Konsum. Das war auch so was. Den haben wir doch mehr verehrt als ihr. Wir haben ihn angebetet. Ihr habt doch gar nicht mehr gewußt, was Kapitalismus ist. Nämlich ein Geheimnis, ein Sakrament. Mensch, wir haben alle heimlich gekniet vor dem Kapitalismus. Der war so sexy, weil wir ihn nicht gehabt haben.

ER: Stimmt, im Sex sind wir Weltmeister.

SIE: Na ja.

ER: Die Jungen sind die Unversöhnlichsten. Bei euch und bei uns. Die schießen sich ein. In Ostberlin gibt es wieder FDJ-Feten. Blauhemden kommen umsonst rein.

SIE: Ich kann's nicht fassen.

ER: Hat mir Schröder erzählt.

SIE: Früher wollte die keiner freiwillig anziehen. Die sind doch total plemplem. Die woll'n einfach nur dagegen sein. Das ist alles.

ER: Hast du deins noch?

SIE: Klar.

ER: Zieh's an.

SIE: (erstaunt) Jetzt?

ER: Zieh's an. Bitte.

(Sie springt kichernd auf, läuft auf den Flur und kramt in einem Nebenzimmer herum. Schließlich steht sie im Türrahmen. Das Hemd knapp, die oberen drei Knöpfe offen. Sie salutiert)

SIE: »Genosse Vorsitzender, die Pioniergruppe Ernst Thälmann vollzählig angetreten.«

ER: Wahnsinn. Äh, ich meine natürlich: »Rühren.« Darf ich jetzt deinen Kopf tätscheln?

SIE: (in der Zwischenzeit aufs Bett marschiert. Steht über ihm, die Hände in die Hüften gestemmt, und schaut von oben herab auf ihn) Du kannst alles tätscheln, mein Lieber. Und ich sag dabei ein Gedicht von Majakowski auf. Irgendwas über Baukräne und Stahlöfen.

ER: Mein Gott, bist du verdorben.

SIE: (läßt sich übermütig aufs Bett fallen. Rückt an seine Seite) Und du hast mich auf dem Gewissen. Da siehst du mal, was der Kapitalismus mit 'ner jungen Pionierin aus'm Osten anstellt. In null Komma nix verdorben. Einmal durch Bilka gegangen und schon in der Gosse. Vierzig Jahre Aufbauarbeit für die Katz. Und dann die ganzen Sonderangebote. Wenn irgendwas 19,80 kostet, werd ich schwach. Immer noch, vier Jahre später. Es macht keinen Spaß mehr, wenn man sich alles leisten kann.

ER: (guckt auf den stummen Fernseher) Die reden immer noch über Pornographie.

SIE: Woher weißt 'n das?

ER: Das sieht man an den gehetzten Blicken. Da, der mit der karierten Jacke. Der beißt gleich in'n Tisch.

SIE: Vielleicht reden sie über die Treuhand. Das sieht genauso aus.

ER: Um was wetten wir?

SIE: Na, um was schon?!

ER: (grinst) Okay. (Drückt die Lautstärke-Taste) »...sind doch die Erfolge gerade bei den mittelständischen Unternehmen unbestritten...«

SIE: Gewonnen, gewonnen.

ER: (hebt die Hand) Moment. »Aber ist denn das polnische Modell so ohne weiteres auf die übrigen osteuropäischen Länder übertragbar?« (Er dreht wieder leise) Unentschieden, würde ich sagen.

SIE: Wieso denn das? Du warst doch völlig daneben!

ER: Wer sagt denn das? Es gibt doch nichts Pornographischeres, als wenn sich 'ne Runde von gutverdienenden Journalisten über die polnische Mangelwirtschaft unterhält. Das ist doch obszön. Guck sie dir doch an.

SIE: Ihr haßt euch untereinander ganz schön, was? Ihr Journalisten. Kürzlich habe ich 'ne Runde gehört, da haben sie von der Neidkultur im Osten gesprochen. Sei systematisch gezüchtet worden. Aber gegen euch waren wir geradezu unterentwickelt. (Nachdenklich) Ich meine, wie du dich durchbaggerst, wenn ich dich so sehe, auf Parties, mit Kollegen, wenn du irgendeiner Sache hinterher bist, kriegst du sie auch. Du kannst, glaube ich, knallhart sein. Fies. Gemein. Hinterhältig. Pfui! Ich wünschte manchmal, ich wär wie du.

ER: Untersteh dich.

SIE: Und du wärst ich. Was wär aus dir geworden, wenn du in Erfurt aufgewachsen wärst?

ER: Ich hätte mich nicht vor dem Armeedienst drücken können. Na ja, vielleicht doch. Wenn ich Lieder gesungen hätte, hätten die mich freiwillig ausreisen lassen. Aus Notwehr. Schon in der Schule durfte ich nie mitsingen. Dabei habe ich immer gerne gesungen, laut und falsch.

SIE: Du wärst nie und nimmer bei den Dissidenten gelandet. Du hättest Karriere gemacht.

ER: Vielleicht doch.

SIE: Mit 'nem Hirtenpullover in der Kirchenbank? Kann ich mir nicht vorstellen. Ich fand die Typen immer entsetzlich. Aber ihr habt sie umarmt. Und jetzt umarmt ihr sie nicht mehr, und die beschimpfen euch. So einfach ist das. Das geht doch gar nicht um Politik. Das geht um Liebesentzug.

ER: Die Hirtenpullover hatten wir viel eher. Da warst du noch nicht geboren, da hatten wir die schon.

SIE: Hast du auch einen getragen?

ER: Nee, meiner hatte Hammer und Sichel. Rot auf schwarzem Grund. Ich schwöre. Den mußte mir meine Freundin stricken. Wir haben den Marxismus wenigstens benutzt, um Mädchen rumzukriegen. Bei euch war er nur 'ne deutsche, spießige Gardinenpredigt.

SIE: Hat er auch deiner Freundin Spaß gemacht, der Marxismus? Ich meine, die, die ihn stricken mußte? Ausbeuter! Wieviel Frauen hast du vor mir gehabt?

ER: (nachdenklich) Ich weiß nicht, was aus mir bei euch geworden wäre. Ich hätte mir wahrscheinlich den Kopf eingerannt und unter Druck nachgegeben. Das ist wie im Rattenexperiment. Irgendwann lernt auch die dümmste Ratte, daß sie einen gewischt kriegt, wenn sie gerade durch geht. Und dann nimmt sie diese Umwege, die vielen kleinen Türchen. Wie bei den Nazis damals. Irgendein kluger Kopf hat mal gesagt, es gibt ein Menschenrecht auf Feigheit. Die Katastrophe der deutschen Geschichte war, daß sie immer nur die Alternative gelassen hat zwischen Held oder Schwein. Dazwischen gab's kaum was. Warst du eine Heldin?

SIE: Lenk nicht ab. Wieviel Frauen hast du gehabt? Zehn? Zwanzig? Hundert?

ER: Sechshundertneunundachtzig.

SIE: Mit mir, oder ohne mir?

ER: *Mich.* Ohne *mich.*

SIE: Siehst du, du denkst immer nur an dich. Typisch Westen.

ER: Meldet sich Pawel noch bei dir? Wenn du von dem erzählst, klingt es so, als ob du dich wirklich erinnern willst. Als ob du traurig wärst, daß es vorbei ist. Du solltest dich dann mal sehen.

SIE: Der hat 'n Stipendium an der Yale University. Der hatte die Wahl: Entweder mit mir in Moskau oder alleine mit seiner Karriere in Amerika. Er hat sich für Amerika entschieden. Ich hab noch nie so gelitten.

ER: Danke.

SIE: Wie hättest du dich entschieden?

ER: Ich wäre mit dir zusammen nach... nach... Irgendwohin, wo es keine anderen Männer gibt.

SIE: Du meinst, wo's einen wahnsinnigen Überschuß an Frauen gibt. Du in der Jurte, und hundert Jungfrauen bei Vollmond.

ER: Denkst du an ihn, wenn wir... Ich meine, wenn wir miteinander schlafen?

SIE: Sei nicht albern.

ER: Nein, das will ich jetzt wissen. Du erzählst mir ja nicht alles. Diesen Typ, heute abend, den hast du mir auch verschwiegen.

SIE: Herrgott noch mal, ich hab's dir doch erklärt.

ER: Trotzdem war es Verrat.

SIE: Dir geht es gar nicht um Verrat. Du bist eifersüchtig. Du bist auch auf dieses arme Würstchen, auf diesen Zuträger vom Funk eifersüchtig. Weil der Macht über mich hatte. Einen Zipfel Macht. Funktionsmacht. Das isses. Dir geht's gar nicht um Moral. Du verzeihst es ihm nicht, daß ich ihm ein Stück weit ausgeliefert war. Los, zeig ihn doch an. Mach ihn fertig. Und dann hol dir einen runter.

ER: Er sah übrigens nicht schlecht aus.

SIE: (bitter) Ich war eben wählerisch, was die Stasi angeht. Ich hab mir die Leute ausgesucht, von denen ich mich erpressen ließ. Mein Gott, du hast doch keine Ahnung. Im übrigen hat er tatsächlich versucht, bei mir zu landen, wenn du's genau wissen willst.
ER: Ehrlich?
SIE: Es war unfaßbar. Der hat gerudert und geschnüffelt und gemeldet, um sein Soll zu erfüllen. Und gleichzeitig war er in mich verliebt. Ich habe den nie wahrgenommen vorher. Und plötzlich sitzt er in meinem Zimmer, und wir gucken auf die Gleise raus, da fährt die S-Bahn vorbei, und er sagt, er ist von der Firma. Ob ich wüßte, woran du arbeitest. Und ob ich mit ihm nicht mal abends ins Kino wollte. Hat wohl in seiner Ehe gekriselt. Der war auf so 'ne nasse Art ehrlich. Völlig verkorkst. Den hättste mit einer Hand auswringen können.
ER: Wieso bringt sich so einer nicht um?
SIE: Hab ich mich auch gefragt. Ist doch ein Hundeleben. Ich glaube, wenn du so verkrüppelt wirst, das ist schlimmer, als wenn sie dir die Beine amputieren. Und schon da würde ich mich wegmachen. Ohne Beine. Die Vorstellung: nie wieder tanzen... Auf was würdest du am ehesten verzichten?
ER: Tanzstunde war immer 'ne Tortur für mich. Meine Beine waren wie zwei Kartoffelsäcke. Nur, daß da keine Kartoffeln drin waren, sondern Komplexe. Du würdest dich tatsächlich umbringen?
SIE: Ach, ich weiß nicht. Irgend jemand muß sich ja um dich kümmern. (Sie streicht ihm zärtlich durchs Haar) Du warst ja total verwahrlost.

ER: Auch so 'n CDU-Wort.
SIE: Was?
ER: Verwahrlosung. Sittliche Verwahrlosung. Dagegen hat man bei uns, in den fünfziger Jahren, die moralische Aufrüstung empfohlen.
SIE: Klingt wie 'ne Parteitagsparole.
ER: Sag ich ja. Ihr wart die CDU des Ostens. Leistung, Familie, Ehe.
SIE: Und Sozialismus.
ER: Na ja, niemand ist perfekt... Aber wenigstens erträgst du das Sklavenlos an der Seite deines Mannes. Du bist eben an die Knechtschaft in einer finsteren, kommunistischen Diktatur gewöhnt. Komm... (Er dreht sich zu ihr, legt seine Hand auf ihren Busen, öffnet einen weiteren Knopf) ...Ich befreie dich.
SIE: (salutiert im Liegen) Immer bereit. (Kichert) Das war unsere Losung bei den Thälmann-Pionieren. »Immer bereit.« (Sie klapst ihm auf die Finger) Du hast die Wette verloren. Ich bin dran. (Sie zieht ihm das Hemd über den Kopf. Die Arme stecken noch in den Ärmeln)
ER: (röchelt) Hilfe... ich sag alles.
SIE: (setzt sich auf ihn, drückt seine Arme nach hinten) Gibst du zu, daß das heute abend ein Sumpf war?
ER: Nur weil einer mal 'ne Plastikkrawatte trägt... okay, okay, ich geb's zu... ein verlogener Haufen war das, verglichen mit euren aufrichtigen sozialistischen Bruderschaftsabenden... pfui Teufel, ich war förmlich angewidert von diesem Abgrund westlicher Dekadenz. Der einzige Lichtblick war dein Genosse vom Funk. Geradeaus, ehrlich, mutig.

SIE: Na siehste, geht doch. Bist du bereit, sozialistische Selbstkritik zu üben?

ER: Und wie!

SIE: Schädlicher Einfluß auf deine Genossin Ehefrau, dekadentes Verhalten am Büffett, sittliche Korruption.

ER: Alles. Am laufenden Band.

SIE: Na gut. (Sie steigt von ihm herunter) Deine Sünden sind dir verziehen. Ego te absolvo.

ER: Ist doch merkwürdig, nicht? Ich meine, wie ähnlich wir waren, in der Struktur. Eure Parteitage, unsere Katholikentage.

SIE: Vielleicht ist es das, was die Probleme macht.

ER: Die eine Hälfte erkennt sich in der anderen. Und mag nicht, was sie da sieht. 'ne Art deutscher Selbsthaß.

SIE: Wir holen eben das Beste aus euch heraus.

ER: Und wir das Schlechteste aus euch. Ihr primitiven Ausländerhasser.

SIE: Ihr Karrieristen.

ER: Verlogene Denunzianten.

SIE: Arrogante Wichte.

ER: Verrohtes Pack, Plattenbaubewohner.

SIE: Verweichlichte Hysteriker.

ER: Bankrotteure.

SIE: Hochstapler.

ER: Undankbare Jammerlappen.

SIE: Das wollte ich gerade sagen.

ER: Wofür sollen wir denn dankbar sein?

SIE: Für den Müggelsee. Und daß wir euch gezeigt haben, daß ihr nicht so toll seid, wir ihr glaubt.

ER: Ach so?

SIE: Die Türken sind in Moers verbrannt worden.
ER: Nur, weil ihr in Hoyerswerda mit den Vietnamesen angefangen habt.
SIE: Euer Wirtschaftswunder wäre auch ohne uns den Bach runter. Ist mittlerweile erwiesen. Innovationslücken. Zu hohe Lohnkosten. Steht alles in deinem Blatt. Wir haben wenigstens was Neues versucht, irgendwas, was die Menschheit weiter bringt. Euch ging's immer nur um 'ne neue Garage. Die ganze Geschichte besteht aus solchen Versuchen, wo man neue Organisationsformen ausprobiert. Gut, wir sind damit vor die Mauer geknallt. Wir müssen bei Null anfangen, ihr nicht. Täte euch aber gut.
ER: Jammern, nichts als Jammern. Vorher vierzig Jahre im Osten gejammert, und jetzt wird im Westen weitergejammert.
SIE: Wer jammert? Ich les in deinem Blatt ständig, wie fürchterlich alles ist. Offenbar verkauft sich das Jammern gut. Und soweit ich mich erinnern kann, spielt dein Blatt seine Millionen nicht im Osten ein.
ER: Okay, das schenke ich dir. Das Jammern ist gesamtdeutsch. So 'n Säuseln und Nörgeln in der Luft. Das war, glaube ich, nie anders. Jetzt hört man's nur besser.
SIE: Der Deutsche fühlt sich am liebsten betrogen, von der Geschichte, von Freunden, vom Nachbarn, vom Lauf der Welt.
ER: Er hat auch allen Grund... Die Flasche ist schon wieder leer. Was heißt übrigens: *Der Deutsche.* Den Deutschen gibt's nicht.

Es klingelt an der Tür. Anhaltend.
Das Licht wechselt ins Rötliche, Magische.

ER: (beunruhigt) Wer kann das sein?
SIE: (lauscht) Das ist die Klingel hier oben.
 (läuft in den Flur hinaus. Sieht durch den Spion. Ruft aus dem Gang) Da steht einer. Stirnglatze. Augen wie ein Bestattungsunternehmer. Die untere Hälfte grinst.
ER: Was will er denn?
SIE: (ruft) Woher soll ich das wissen?
 (kehrt zurück ins Wohnzimmer, greift ihren Mantel, zieht ihn über. Man hört, wie sie die Tür öffnet und Worte gewechselt werden)
SIE: (ruft) Er sagt, er ist Der Deutsche.
ER: (steht auf, ruft) Glaub ich nicht. Der Deutsche hat längst Feierabend.
 (Sie erscheint wieder im Wohnzimmer, in Begleitung eines Mannes, Mitte vierzig, mittlere Statur, blaue Augen, gelichtete blonde Haare, besondere Kennzeichen: keine)
ER: Tatsächlich. Ich werd verrückt. Der Deutsche.
SIE: Du kennst ihn?
ER: Na klar. Das ist der Typ vom Paßbildautomaten. Das Modellfoto. Der Mann von Erika Mustermann. Das Durchschnittsgesicht. Schemel in der richtigen Höhe, Augen auf den roten Punkt. Halbprofil. Hab ich recht?
DER DEUTSCHE: (traurig) Keiner schaut mehr auf den roten Punkt, und mit dem Schemel wird nur noch rumgespielt. Alle machen nur noch Faxen. Keiner nimmt sich mehr ein Beispiel.

ER: So ganz hab ich Sie noch nie gesehen... Du, so hab ich den noch nie gesehen, so vom Scheitel bis zur Sohle.

SIE: Also, ich find ihn süß. Er sieht so bescheiden aus. Trenchcoat, gedeckter Anzug, aber die Krawatte (sie ist deutlich sichtbar schwarz-rot-gold), Mut zur Farbe würde ich sagen...

ER: Und die Stiefel? Guck dir die Stiefel an. Ist der durch rote Farbe gelaufen, oder was? Der versaut uns den Teppich.

SIE: Was darf ich Ihnen anbieten?

DER DEUTSCHE: Bitte machen Sie sich keine Umstände. Vielleicht einen Kasten Bier und ein paar belegte Brote. Pantoffeln Größe 44. Gehaltserhöhung. Und die Autoschlüssel. Golf wäre nicht schlecht.

ER: Der hat Nerven. Um diese Zeit.

DER DEUTSCHE: Sie sind die letzten auf meiner Tour heute.

SIE: Guck mal, wie blaß der ist. Der macht Überstunden. (Zum Deutschen gewandt) Sie Ärmster. Setzen Sie sich doch.

ER: Und was machen Sie? Ich meine, beruflich.

DER DEUTSCHE: (müde) Patriotismus-Branche. Vertreter für Nationalstolz. Seelische Entwicklungshilfe. Psychopannendienst. Ich werbe für das neue Deutschland. Demokratisch, selbstbewußt, stark. Aber leise, um die Nachbarn nicht zu wecken. (Er legt einen billigen, abgestoßenen Aktenkoffer auf den Couchtisch, läßt die Schlösser schnappen) Jetzt kommt Eheberatung dazu. Jede der beiden Hälften will die bessere sein. Rechtsfragen, Erbangelegenheiten, Geschichtsunterricht. Hat sich 'ne Menge angestaut in den letzten vierzig Jahren.

ER: Kann man davon leben? Klingt ziemlich kleinklein, wenn Sie mich fragen. Wirft das was ab?

DER DEUTSCHE: Wir müssen uns eben alle ein bißchen nach der Decke strecken in diesen Tagen, nicht wahr? (Lächelt ein falsches, devotes Vertreterlächeln. Dann lehnt er sich vor und furzt)

ER: Und was haben Sie früher gemacht?

DER DEUTSCHE: Das gleiche. Allerdings nur vom Westen aus operiert. Typisch Deutsches. Für Leute wie Sie haben wir's unterm Ladentisch gehandelt. Gleich neben den Pornos. Nation, das war wie Scheiße unterm Stiefel. Im Osten war das Interesse immer größer. Drüben war's 'n richtiger Sehnsuchtsartikel. Leider keine Kaufkraft. Wir war'n immer so was wie 'n Reisebüro.

ER: Hä?

DER DEUTSCHE: In keinem Land gibt's so viele Reisebüros wie in Deutschland. Ist Ihnen das noch nicht aufgefallen? Alle wollen weg. Patrioten. Drang nach Osten, nach 'm Krieg der Drang nach Süden, jetzt der Drang nach Westen, sowieso. Heute sind ja alle Amerikaner.

ER: Ich denke, Sie sind für Deutschland zuständig.

DER DEUTSCHE: Wenn Sie gestatten. (Er steht auf und dienert) Blödes Arschloch. (Setzt sich wieder und zeigt den Vogel)

ER: (runzelt die Stirn)

SIE: (flüstert ihm zu) Der ist doch total überfordert.

ER: Wie ist das nun mit Ihrem Reisebüro?

DER DEUTSCHE: Ich bin so frei. Der typische Deutsche reist gern ins Ausland. Der typische Deutsche ist stolz darauf, nicht in Deutschland zu bleiben, ja möglichst nicht

mit Deutschland in Verbindung gebracht zu werden. Der typische Deutsche ist stolz darauf, kein typischer Deutscher zu sein. Kollektivscham ja, Kollektivschuld nein. Deutsche Wertarbeit. Mercedes, das macht uns keiner nach. Am deutschen Wesen soll...
(Sie ist aufgestanden und in die Küche gegangen)

ER: Also, jetzt ist Schluß. Den Mist muß ich mir nicht länger anhören.

SIE: (zieht einen Kasten Bier ins Wohnzimmer) Laß ihn doch mal ausreden... Ist Schultheiß recht? Leider ist es nicht kalt.

ER: Wie kommst du dazu, diesen Kerl zu bedienen?

SIE: Also, ich find ihn süß.

ER: Der weiß doch nicht, was er will.

DER DEUTSCHE: »Über allen Gipfeln ist Ruh, in allen Wipfeln spürest du...«

SIE: Siehste, der kann sogar Goethe. Das sollen uns die anderen erst mal nachmachen.

ER: Welche anderen?

SIE: Ist doch egal.

ER: Also, lieber Herr Deutschland, oder wie immer, ich bin die letzten vierzig Jahre ganz gut ohne Sie klargekommen.

DER DEUTSCHE: (jetzt höhnisch) Und wie war das 1970? Halbfinale, Schicksalsspiel gegen Italien? Schnellinger schießt den Ausgleichstreffer, was haben Sie da gebrüllt?

ER: (beschämt) Das war Fußball, nicht das Leben.

DER DEUTSCHE: (singt) »Fußball ist unser Leben...«

ER: Noch nicht mal singen kann er. (Wendet sich an seine Frau) Der ist doch 'n Stehkurventyp, Schatz. Wieso hast du ihn überhaupt reingelassen? Schau ihn dir doch an. So einer macht doch die Bierflasche mit den Zähnen auf. Gib ihm nichts zu trinken. Sobald der einen drin hat, fängt der an, Türken zu vermöbeln. (Wendet sich an den Deutschen) Also lieber Herr, auch ich bin Ausländer, daß das mal klar ist.

SIE: (wendet sich an den Deutschen) Nur weil wir jetzt dazugehören, wollen die im Westen alle Ausländer sein. Die lieben die Kurden doch nur, weil sie uns eins auswischen wollen. Das sind die Mercedes-Deutschen, die nicht teilen wollen. Hab ich recht?

DER DEUTSCHE: Aber sicher, meine Gnädigste.

ER: Der meint das gar nicht. Dem ist doch deine Meinung völlig wurscht. Das ist ein alter Vertretertrick: Immer mit der Frau paktieren. (Zum Deutschen gewandt) Sie sehen hoffentlich, was Sie anrichten. Als ob es nicht schon zu zweit schwierig genug wäre. Was mischen Sie sich eigentlich hier ein? Wir sind ohne Sie ganz gut klargekommen.

DER DEUTSCHE: Aber Sie sprechen dauernd über mich. Ich sitz doch in jedem Wohnzimmer rum, nicht nur bei Ihnen. Ich komme rum. Überall. Ein einziges großes deutsches Gemurmel. Na ja, manchmal grölt auch einer. (Wendet sich mit aalglattem Vertreterlächeln an die Frau) Darf ich Ihnen aus Ihrem Mantel helfen, Werteste?

SIE: (kichert) Aber ich hab ja kaum was drunter.

DER DEUTSCHE: Eben. Das ist deutsch. Nichts als ehrliche Haut. Nackt und unverstellt. Das Null-Spiel. Ohne Gepäck durch die Geschichte. Alles von vorne. Essen, trin-

ken, schlafen, küssen, reden. Treu, naiv, blitzsauber.
Küß die Hand. Aus Liebe zu Deutschland. Und nun das
Wetter.

ER: (Springt auf) Nehmen Sie die Hände von meiner Frau.
Raus jetzt.
(Geht auf Den Deutschen zu, packt ihn am Kragen und
zieht ihn zum Zimmer raus. Man hört die Tür ins Schloß
fallen.)

Das Licht wechselt von rot zu goldfarben. Sie liegt auf
dem Sofa, den Mantel geöffnet, verträumt. Er steht am
Türrahmen zum Wohnzimmer und schaut sie nachdenklich an.

SIE: (gähnend) War was?
ER: Nichts war.
SIE: Was ist denn das? (Sie lauscht)

Er geht zum Fenster und öffnet es. Man hört die Deutsche
Nationalhymne. Er öffnet ein anderes Fenster. Man hört
die Becher-Hymne. Er öffnet ein drittes Fenster. Pop-
musik. Ein viertes Fenster: afrikanische Ethnomusik. Ein
fünftes Fenster: Walzer. Alles spielt gleichzeitig, alles
durcheinander. Der Walzer setzt sich allmählich durch. Er
geht hinüber zum Sofa.

ER: Willst du tanzen?
SIE: (erstaunt) Jetzt? Du? (Dann fröhlich ausrufend) Aber
immer!

Sie springt auf. Die beiden tanzen. Er tapst. Sie führt ihn.
Sie tanzen Walzer, langsam, und das Licht wird schwächer.

SIE: (leise) Und du hast wirklich nichts mit der Verlagstante gehabt?
ER: (leise) Und dein Typ vom Funk?

Sie sprechen weiter miteinander, leiser, unhörbarer. Sie kichert. Er küßt sie. Das Licht geht langsam aus. Black.

Ein Abend für Meggie

Und das ist Brian«, sagte Molly.

Brian Felton verbeugte sich auf die altmodische Art, eine Spur zu tief, und überreichte der Gastgeberin eine weiße Keule aus Papier. Sie enthielt sechs Tulpen, die vom Koreaner an der Ecke so gut verpackt waren, als sollten sie noch in der gleichen Nacht nach Seoul verschifft werden.

»Danke Ihnen, Brian«, lächelte die Gastgeberin nervös. »Kommt rein, betrinkt euch, legt ab. Die Reihenfolge überlasse ich euch.« Sie wandte sich Mollys Freund zu. »Hallo, Kevin, Darling.« Sie küßte ihn über die Schulter ins Leere, weil sie im gleichen Moment nach dem klingelnden Telefon griff.

Während Molly und Kevin ihre Jacken nachlässig über einen Haken warfen, weil sie schon damit beschäftigt waren, sich angriffslustig lächelnd in dahintreibende Dinnergäste zu verwandeln, ließ sich Brian mit dem Aufhängen seines Mantels Zeit, so ernst und zögernd, als nähme er Abschied. Er genoß den Schutz des dunklen Flurs. Er wußte nicht, was auf ihn zukam. Er wußte nur, daß er nicht zusammenpassende Socken anhatte. Ein böses Omen, dachte er.

»Nein, Schatz«, sagte die Gastgeberin und gestikulierte den Neuankömmlingen zu, »mittlerweile sind alle da... die Nation wird es überstehen, aber meine Suppe nicht...

also bis gleich.« Sie legte auf, breitete die Arme aus und führte die drei ins Wohnzimmer, als würde sie verirrte Schafe vor sich hertreiben. »Hier ist das Traumpaar«, rief sie, und ihr Jubel klang eine Spur übertrieben. Mit dem Essen sollte die Verlobung von Molly und Kevin gefeiert werden.

Der Raum war groß und legte Wert auf Pomp. Über dem Kamin, in dem Holzattrappen aus bemaltem Gips aufgeschichtet waren, hingen gekreuzte Hellebarden, die unter dem Schaft authentische Rostspuren aufwiesen. Ein Rittersaal im siebenunddreißigsten Stock eines Hochhauses, dachte Brian Felton bewundernd, eine leuchtende Festung über den Wolken.

Vor der Bücherwand stand ein Thronsessel, auf dem ein Nilpferd hätte übernachten können. Einige Bücherbatterien waren ledergebunden, daneben standen ladenneue, noch in Plastikhüllen verschweißt.

An der Wand über dem blumengeschmückten Flügel hing, in einem üppig geschnitzten Rahmen, das Ölporträt eines Mannes, der mit durchdringenden blauen Augen über scharfgekerbten Mundwinkeln auf die Dinnergäste herabschaute. Das Kinn hatte ein Grübchen. Er trug ein offenes, weißes Sporthemd und einen blauen Blazer. In der Hand hielt er ein Mikrophon. Es handelte sich um John Browning, den Hausherrn, einen berühmten Nachrichtenmoderator.

Es würde eine kleine, intime Angelegenheit werden, hatte Jane, Ressortleiterin beim *Wall Street Journal,* zu Molly gesagt. Nur ein paar Leute, ein gemütliches Essen, um die Verlobung von Kevin und Molly zu feiern. Kevin war ihr Lieblingsredakteur, ihr »Wunderkind«, und sie mochte Molly, die erotische Szeneromane schrieb.

Jane hatte einen Fernsehproduzenten dazugeladen, einen Schauspieler, dessen Produktion gerade abgesetzt war, Charles, ihren Anwalt, Marie, ihre Freundin, und Gardner, einen Erfolgsautor, mit seiner Freundin Kim.

»Genau die richtige Mischung aus Freunden und wichtigen Kontakten«, hatte sie gesagt. Ein Essen, wie es jungen Leuten, die auf dem Weg nach oben sind, nützlich ist. »Vielleicht kann Gardner was für dich tun.« Ob Molly auch jemanden dabeihaben möchte?

»Er heißt Brian, ein alter Freund.«

»Natürlich, bring ihn mit.«

Die Wartenden, die sich unter dem imposanten Ölgemälde versammelt hatten, sahen aus wie eine versprengte Reisegruppe, die auf den Museumsführer wartet. Gelangweilt und ein wenig zermürbt. Sie tasteten die Ankömmlinge mit ihrem Lächeln ab wie nach versteckten Waffen.

Während sie die Runde machten und sich vorstellten, wurde Brian das Gefühl nicht los, daß Browning von der Wand herab mißmutig auf seine Socken starrte. Mit einem kurzen Blick überprüfte er, daß seine Hosen aufsaßen.

»Charles«, sagte jemand, und hielt ihm seine Hand hin. Brian Felton blickte auf und sah in ein glattes Babygesicht mit wachen, blauen Babyaugen.

»Tag«, sagte Brian, ergriff die Hand des Anwalts und verbeugte sich.

Timothy Gardner, der Bestsellerautor, nickte nur. Er stützte sich auf einen Stock, da sein Fuß wegen eines Skiunfalls eingegipst war, und er genoß seine Invalidität mit mondäner Zurückhaltung. Doch Kim, seine junge blonde Freundin, begann nun eifrig die astrologischen Vor- und Nachteile von Kevins Hochzeitsdatum zu erörtern. Sie liebte fremde Hochzeiten, um so mehr, als Gardner ihre eigene immer wieder hinauszögerte.

Ihr Plappern belebte die Runde wie ein aufflatternder Vogel, der einen ganzen Schwarm nach sich zieht, und nun sprachen alle durcheinander, während Jane mit einem Seufzer in den Flur hinaus lief, weil das Telefon klingelte.

Brian Felton stand unter einem Wandteppich, auf dem eine Meute von Jagdhunden über einen Fuchs herfiel, und wartete auf ein Stichwort, das mit Abflußrohren zu tun hatte. Über Dichtungen und Gewindeschnitte wußte er alles, denn er war Klempner. Er war Mitte fünfzig und stand auf seinen Beinen wie ein eiserner Ringer. Molly, die er vor Jahren bei den Anonymen Alkoholikern kennengelernt und sofort unter seine Fittiche genommen hatte, hatte darauf bestanden, daß er mitkam.

Wenn es um Molly allein gegangen wäre, hätte er vielleicht einen Dreh gefunden, sich aus der Schlinge zu ziehen. Aber gegen Meggie kam er nicht an.

»Ich bin doch jetzt übern Berg, Brian«, hatte Meggie gesagt. »Du mußt mal unter Leute und andere Gesichter sehen als das von deiner alten Meggie.«

Sie hatte tatsächlich enorme Fortschritte gemacht, seit sie aus dem Krankenhaus entlassen wurde. Sie konnte sich allein aufsetzen und, wenn sie sich Zeit nahm, sogar ein paar Schritte laufen. Er hatte ihr Tee und Gebäck ans Bett gestellt und für alle Fälle die Telefonnummer hinterlassen, unter der er zu erreichen war.

»Für alle Fälle«, hatte Brian gesagt, und Meggie hatte erwidert: »Nun werd nicht albern, Brian.«

»Sie sind falsch verbunden«, rief Jane, knallte den Hörer auf die Gabel und verschwand kopfschüttelnd in der Küche. Kurz darauf balancierte sie ein Tablett herein, das sie auf einem gläsernen Couchtisch abstellte. Es enthielt chinesische Schüsselchen mit schmal geschnittenen Sellerie- und Möhrenstangen und einem Dip aus Avocadocreme. Cracker gab es auch noch.

Man merkte Jane an, daß ihr die runden, routinierten Griffe einer Hausfrau völlig fehlten und daß sie es haßte, Gastgeberin zu sein.

»Damit könnt ihr euch durchschlagen, bis es anfängt. Marie, nimm doch noch ein Glas. Charles, bitte.«

Charles, der das Handicap einer beginnenden Glatze mit sportlichen roten Hosenträgern ausglich, nahm den Dip vom Tablett.

»Du kennst ihn doch«, sagte er, »John braucht so was.«

Brian Felton hatte keine Ahnung, was John brauchte oder nicht. Er war von der Gruppe, die sich nun in schweren Sesseln und Ledersofas niederließ, in die Zange genommen worden. Er saß eingekeilt auf dem Sofa, genau in der Mitte, wo es am tiefsten war. Natürlich rutschten seine Hosenbeine hoch und entblößten einen roten und einen grünen Socken, sichtbar wie eine Ampel. Meggie, dachte er, würde sich in Grund und Boden schämen für ihn.

Doch keiner achtete auf seine Socken, wie er zu seiner Erleichterung bemerkte. Alle waren auf ihren kleinen Gesprächsinseln beschäftigt. Neben Brian saß Marie, eine österreichische Innenarchitektin, die von ihrer neuen

Wohnung in der Madison Avenue erzählte. Er mußte sich höllisch konzentrieren, weil sie mit einem Akzent sprach, der jedes Wort wie mit einem Gemüsemesser in kleine, körnige, unverdaubare Silben zerhackte, und das in einem rasenden Tempo.

Sie trug Ohrringe, die aussahen wie goldene Bandnudeln. Dazu eine goldene Halskette, goldene Ringe und einen goldenen Armreif von der Größe eines Zwischengewindes. Allerdings schien er federleicht zu sein, denn sie fuhr immer wieder anstrengungslos mit der Hand in die Luft und schüttelte sie. »Für unsere Zwecke einfach i-de-al!«

»Ich hoffe, du hast den Preis noch runtergehandelt«, rief Jane ihr zu und war aufgesprungen, weil das Telefon schon wieder ging. Es klang durchdringend und wichtigtuerisch.

»Was glaubst duuu denn«, rief ihr die Innenarchitektin hinterher. Ihr Jubel war wie der von Meggie, fand Brian, wenn sie vom Sommerschlußverkauf mit einem Kleid für zwanzig Dollar zurückkam. Frauen hatten eben einen Riecher für Schnäppchen, dachte er sich, während die Innenarchitektin wieder auf ihn einratterte.

»Aber wirklich nicht«, sagte die Gastgeberin im Flur, »Sie haben sich verwählt. Einen Mann dieses Namens gibt's hier nicht. Ja, mir tut es auch leid.«

Molly unterhielt sich mit Gardner. Sie hatte sich in ihren Sessel zurücksinken lassen.

»Letztens habe ich sie eine erotische Szene schreiben lassen«, sagte sie. »Hausfrauen, Rentner, schüchterne Schlosser, alles vertreten.«

Da ihre Romane nicht sehr viel einbrachten, unterrichtete sie Creative Writing in einer Abendschule.

»Kam überall das gleiche Zeug heraus. Mächtig symbolisch. In jeder Geschichte wurde Obst geschält.«

»Es gibt nichts Schwierigeres als Sex«, sagte der Erfolgsautor und biß in eine Karotte. Er schrieb Sachbücher.

»Aber doch nicht in die Gas-kam-mer«, rief die Innenarchitektin, »das ist doch geschmack-los.« Ihr Goldreif rutschte auf die Dipschüssel zu, als sie ihre Selleriestange eintunkte.

»Mit der Ka-me-ra in dieses Grau-en, das geht doch einfach nicht.«

»Womöglich haben Sie recht«, sagte Brian, der den Anschluß verpaßt hatte. Er dachte an Meggie, die nun sicher schlief. Hoffentlich schlief sie. Sie brauchte ihren Schlaf.

»Das sind nun mal die Spielregeln im Kino«, sagte der Anwalt, der rechts von ihm saß. »Also, wenn Kino und Holocaust, dann so.«

Brian traute sich nicht, die Karotte, die er in der Hand hielt, in die Creme zu dippen, weil er sonst den Blickkontakt seiner Couchnachbarn unterbrochen hätte, die sich nun an ihm vorbei unterhielten. Also aß er die rote Stange so. Sie war trocken und sehnig und schmeckte nach nichts.

Er saß kerzengrade auf der Couch und versuchte, die Hosenbeine nicht hochrutschen zu lassen. Erst im Taxi hatte er festgestellt, daß die eine Socke rot und die andere grün war. Seit Meggie operiert worden war, hatte er nicht mehr richtig aufgeräumt, weil er ständig im Krankenhaus war. Die Socken lagen einzeln in der Schublade, und da es im Schlafzimmer nur das gedämpfte, gemütliche Licht der

Nachttischlampen gab, hatte er seinen Irrtum nicht bemerkt. Er hatte sich ziemlich abhetzen müssen, weil er bis hoch zur Upper West Side mußte.

Jane schaukelte neue Drinks herein, und in dem großen Raum wirkten die Gäste in der Sofagruppe wie glücklich Überlebende auf einem Floß. Allmählich fand Brian Gefallen an der Runde. Alle Gäste waren nachlässiger geworden und stießen an und sprachen sich mit Vornamen an und hatten sich einer Vertrautheit überlassen, die dünn wie Papier war und genauso leicht.

Brian Felton trank selber nicht, aber er hatte das Talent, sich von der zunehmenden alkoholisierten Nachlässigkeit anstecken und in die Höhe tragen zu lassen, ichverloren im allgemeinen Leichtsinn und Gelächter. Das hier, dachte er sich, war weder Wachen noch Träumen, sondern irgend was dazwischen. Meggie hatte vollkommen recht. Die Gesellschaft von unbeschwerten Menschen tat ihm gut.

»Auf die Liebe«, rief der Fernsehproduzent, der hinter Kevins Sessel stand, die üppige Hüfte weibisch eingeknickt, und stürzte seinen Whisky hinunter. »Liebe sorgt für Einschaltquoten.« Auf Meggie, dachte Brian Felton und trank sein Perrier.

Das Essen war auf acht angesetzt. Mittlerweile war es neun geworden, und alle hatten ihren zweiten Drink bereits intus. Die einzige, die sich offenbar unwohl fühlte, war Jane. Sie lauschte nervös dem Redeschwall der blonden, schmollmündigen Kim, wobei sie immer wieder auf die Uhr schaute.

»Krebs und Fische, die ideale Liebesverbindung«, rief

Kim überschwenglich. »Ach, ja?« sagte Jane geistesabwesend, »für mich klingt es eher wie ein Imbiß in Montauk.«

Plötzlich sprang sie auf und klatschte in die Hände: »Ich glaube, wir fangen jetzt an. Und John kann die Koffer packen und zu seiner ersten Frau zurückziehen.«

In diesem Moment klingelte es, Jane schaute dramatisch zur Decke und stöhnte: »Das ist er!«

Die Gäste erhoben sich und schlenderten in den angrenzenden Raum, mittlerweile in Gruppen, die sich gefunden hatten und in Gespräche vertieft waren. Die Architektin hakte sich bei Brian unter und kicherte: »Sind Sie stark, Brian!«, worauf Brian angeberisch seine Muskeln anspannte, und der Anwalt rief in den Flur: »Gibt es irgendeine Tischordnung?«, und Jane, die an der Wohnungstür stand, rief ebenso laut: »John, wie schön, daß du es geschafft hast!«

Alle Augen wandten sich der berühmten Erscheinung zu, die nun den Raum betrat. John Browning trug noch das lehmige Make-up aus dem Studio. Der Kragen seines Sporthemdes stand offen, und sein Silberscheitel leuchtete. Doch der Clou war eindeutig das Grübchen im Kinn.

Als er Meggie erzählte, daß die Party bei dem Moderator zu Hause stattfinden würde, sagte sie: »Da *mußt* du hin, Brian. Und merk dir genau, was er getragen und gesagt hat.« Er durfte nicht vergessen, ihn später um ein Autogramm zu bitten. Für Meggie. Sie würde ganz außer sich sein.

»Die Ginsburg ist im Kongreß gegrillt worden«, sagte John Browning entschuldigend und eine Spur eifersüchtig auf die fortgeschrittene Fröhlichkeit, die ihn empfing,

»aber jetzt liegen alle vor ihr auf dem Bauch. Sie wird's wohl machen.« Er wandte sich Jane zu. »Hat Sid angerufen?«

Jane schüttelte den Kopf. »Nur irgendeine Verrückte, schon zweimal, die sich in der Nummer geirrt hat.«

»Sid versucht den Präsidenten zu bekommen«, sagte John, »wir wollen morgen zehn Minuten aus dem Oval Office senden, die Bilanz der ersten hundert Tage.« Dann wandte er sich den Gästen zu und schüttelte Hände.

Jeder war sich bewußt, daß diese Hände anderntags die des Präsidenten der Vereinigten Staaten schütteln würden, und am meisten John Browning selber, der Kevin schulterklopfend zu seiner Wahl beglückwünschte. Molly wurde rot wie ein Schulmädchen. Brian machte seinen Diener und sagte: »Brian«, und der Moderator sagte: »Ah ja.«

Obwohl Molly und Kevin die Ehrengäste waren und obwohl auch ein Bestsellerautor eingeladen war, war der Moderator ganz selbstverständlich die Glanzfigur des Abends. Er strahlte Erfolg und Lebensglück aus wie einer, dessen Gewohnheitsrecht sie geworden waren.

Er war berühmt, das war es, dachte Brian. Berühmt und dadurch auf magische Weise geschützt vor den Nackenschlägen gewöhnlicher Schicksale. »Berühmtheiten sind unser Adel«, sagte Meggie. »Wir leben in einem Land, das selbst seinen Präsidenten nicht verehrt, weil er Präsident ist, sondern eine Berühmtheit.« Meggie, fand Brian, war einfach die klügste Frau, die er je getroffen hatte.

»Auf Molly und Kevin«, sagte der Moderator, »und auf die Nominierung von Ruth Bader Ginsburg, damit wir den Mist endlich hinter uns haben. Absolutes Quotengift.«

Quotengift war alles, was nicht mit Haß oder Affären oder Totschlag zu tun hatte. Meggie, überlegte sich Brian, war höchstwahrscheinlich Quotengift. Sie hatte ihre Operation gut überstanden.

Ginsburg... Brian hatte den Namen schon einmal gehört, aber er konnte nichts damit anfangen. Die letzten Wochen hatte er fast pausenlos im Krankenhaus bei Meggie zugebracht. Er versorgte sie mit Wäsche und Illustrierten, und sie unterhielten sich viel über früher. Manchmal saß er auch einfach nur da und sah ihr beim Schlafen zu. Jetzt war sie endlich wieder zu Hause.

»Also, was erwarten wir vom neuen Supreme Court«, sagte John Browning unternehmungslustig. »Welche neuen Gesetze soll er erlassen?«

Die Gastgeberin sagte schnell: »Todesstrafe für Menschen, die in fremden Gärten Minga-Ralia-Büsche klauen.« Sie hatte einen kleinen Salatschnipsel an der Oberlippe hängen. »Das ist uns jetzt zum zweiten Mal passiert. Die kosten ein Vermögen. Ich hab schon gar keine Lust mehr rauszufahren.«

»Was macht man denn mit einer Minga Ralia? Oder sind die männlich?« fragte Kevin.

»Da steckt eine Mafia dahinter«, sagte der Erfolgsautor. »Wahrscheinlich gibt es in New Jersey irgendwo eine Riesenhalde von Minga Ralias.«

»Oder es ist ein Triebverbrecher«, sagte Molly. »Er holt sich die Büsche und quält sie nachts in seinem Keller.«

»Meine arme kleine Minga Ralia«, rief die Gastgeberin mit gespieltem Entsetzen. Alle sprachen plötzlich durcheinander und lachten.

»Und du, Molly«, fragte John, nachdem sich das Gelächter gelegt hatte, »was würdest du unter Strafe stellen?«

Molly mußte nicht lange überlegen.

»Schlecht geschriebene Liebesszenen«, sagte sie. »Ebenfalls Todesstrafe.«

Sie schmückte ihre Geschichte aus dem Creative-Writing-Kurs noch ein wenig aus, und John prustete mit der Schlußpointe davon. »Schillerndes Fruchtfleisch«, wiederholte er, »mein Gott, diese verklemmten Spießer!«

»Und Sie, Brian?« Plötzlich schauten ihn alle an. Molly lächelte. Der Anwalt nahm einen Schluck Wein. Der Erfolgsautor gab der Gastgeberin die Salatschüssel zurück und murmelte ein Kompliment. Brian schaute verwirrt auf seinen Salatteller, der japanisch aussah. Ein schwarzer Strich, eine rote Schlängellinie, sonst nichts. Wie eine Fieberkurve, dachte er.

»Ich weiß nicht«, sagte er schließlich schroff. »Ich bin doch kein Richter.«

Für eine Sekunde war alles still. Dann räusperte sich der Anwalt, und John sah die Gastgeberin stirnrunzelnd an. Molly lachte nervös auf und sagte: »Das ist ja klar, Brian, daß du kein Richter bist. Keiner von uns ist ein Richter. Es ist doch nur ein Spiel. Das ist doch der Witz.«

Brian schluckte. Er hatte wirklich keine Ahnung von Gesetzen. Soviel er wußte, war jede neue Verordnung mit endlosen Beratungen verbunden. Man mußte da sehr vorsichtig sein.

Aber es gab schon Sachen, die er gerne anders hätte. Als er Meggie ins Krankenhaus brachte, wollten sie sie gar nicht erst aufnehmen, weil sie keine Versicherung hatte.

»Vielleicht ein Gesetz, daß jeder operiert werden kann, auch wenn er nicht versichert ist«, sagte Brian.

Die Freundin des Erfolgsautors kicherte in die Stille hinein. Molly blickte hilflos auf ihren Teller. John sagte »Ah ja« und wandte sich an die Gastgeberin: »Schatz, ich habe lange genug an dem Grünzeug hier herumoperiert. Gibt es noch irgendwas, was man essen kann? Auch ohne Versicherung?«

Jane stand beleidigt auf und verschwand in der Küche. Der Anwalt lachte gehässig und erzählte einen Witz, der mit Michael Jacksons kosmetischen Operationen zu tun hatte. Nun lachten alle anderen auch, und Brian war froh, daß die Aufmerksamkeit von ihm abgelenkt worden war. Er ärgerte sich über seine dumme Antwort. Doch dann beruhigte er sich damit, daß er eigentlich nur für Meggie hier saß, und sie war es sicher wert, daß er ein bißchen für sie litt.

Im Flur klingelte das Telefon, und kurz darauf hörte man Janes wütendes »Nein!«.

»Ist es Sid?« rief der Moderator in den Flur. Jane gab keine Antwort.

Kurz darauf trug sie ein großes Tablett aus der Küche herein.

»Diesmal war's ein obszöner Anruf«, sagte sie. »Hauptsächlich Gekeuche. Weibliches Gekeuche.«

»Warum hast du mich nicht geholt?« rief John mit gespielter Enttäuschung. »Warum bekomme ich nie Anrufe, in denen gekeucht wird?«

»Weil du zu geizig bist«, sagte der Anwalt. Wieder lachten alle.

Das Hauptgericht bestand aus weißer gekochter Hühnerbrust, wildem Reis und einem Gemüse mit italienischem Namen, den Brian nicht kannte. Broccoli war es nicht. Im Krankenhaus gab es ziemlich oft weißes Hühnerfleisch. Meggie würde reichlich enttäuscht sein, wenn er ihr davon erzählte. Auch die Gäste schienen unzufrieden, weil sie so lange gewartet hatten, und dann war es nur Hühnerbrust.

Irgendeiner bemerkte, daß vor jedem Teller ein eigenes kleines Salz-und-Pfeffer-Set stand.

»Sehr kultiviert«, sagte die Freundin des Erfolgsautors. »Wahnsinnig europäisch.«

Jane war froh darüber, von dem mißglückten Essen ablenken zu können. Sie erzählte, wie sie die kleinen Porzellanstreuer auf ihren Ersteklasseflügen nach London heimlich in ihre Handtasche gesteckt hatte. »Jeder Flug ein Set.« Sie erzählte die Geschichte mit viel Bravour, und John brachte einen Toast auf British Airways aus.

Brian bewunderte ihre Kaltschnäuzigkeit. Ihm wären die Dinger sicher bei der Paßkontrolle aus der Tasche gefallen. Oder Meggie hätte sie in seinen Sachen entdeckt und an die Fluggesellschaft zurückgeschickt, anonym natürlich.

Strenggenommen war es natürlich Diebstahl, dachte er, und jeder der Anwesenden hätte der Gastgeberin einen Strick daraus drehen können. Doch offenbar vertraute sie ihren Gästen, und nun gab es ein Geheimnis, das alle teilten, auch Brian. Nach der Schlappe mit dem Richterspiel hatte man ihn links liegenlassen, doch mit dem Bekenntnis der Gastgeberin war er wieder zum Komplizen geworden und aufgenommen in diesen auserwählten Kreis.

Deshalb traf es ihn wie ein kalter Guß, als er John sagen hörte: »Ein Trottel, dieser Bryan.«

Doch kurz darauf merkte Brian zu seiner Erleichterung, daß nicht er gemeint war, sondern ein Politiker, über den Gardner seinen Bestseller geschrieben hatte.

»War das nicht der mit der Gold-Rede?« warf nun der Anwalt ein. Jeder wußte plötzlich mehr über diesen Bryan als dessen Biograph. Der Schauspieler deklamierte, wobei er mit der Gabel in die Luft stieß: »Du aber sollst die Menschheit nicht an ein Kreuz aus Gold nageln.« Alle brüllten vor Lachen, bis auf Gardner.

Im Flur klingelte wieder das Telefon. Jane erhob sich mit einem unterdrückten Fluch.

»Silber-Rede«, warf Gardner gequält ein. »Nicht Gold-, sondern Silber-Rede. Es war die berühmte Silber-Rede von 1912.« Dann wandte er sich an John und brachte mit gepreßter Stimme hervor: »Er war natürlich viel komplexer.«

Jane kehrte an den Tisch zurück und rief John zu: »Sid. Bisher Fehlanzeige. Er meldet sich noch mal.«

John nickte nur geistesabwesend. »Also, mein Bester«, sagte er gönnerhaft, »ich habe zwar dein Buch nicht gelesen, aber ich hoffe, du hast klargemacht, daß Evangelisten in der politischen Arena immer ein Verhängnis waren.«

Brian hatte keine Ahnung, über wen John dort eigentlich zu Gericht saß. Auf jeden Fall war er schwer in Fahrt.

»Sicher hast du erwähnt«, sagte er, »daß es Bryan war, der Darwins Evolutionstheorie aus den Schulbüchern in

Florida streichen ließ.« Gardner schwieg beleidigt. John schien sich überall auszukennen. Ein Ausnahmemensch.

Brian würde sich anstrengen müssen, das alles zu behalten. Er hätte sich am liebsten Notizen gemacht. Er wußte, daß Meggie ihm Löcher in den Bauch fragen würde. Sie konnte einem damit ganz schön auf die Nerven gehen. Von den Socken durfte er ihr natürlich nichts erzählen.

Browning war offenbar froh, daß er wieder eine Zeitlang im Mittelpunkt gestanden hatte. Jetzt gab er sich versöhnlicher.

»Bei genauerem Hinsehen«, meinte er, »bin ich mir allerdings auch nicht sicher, ob Darwins Theorie hinhaut. Eine ständige Höherentwicklung der menschlichen Rasse kann ich jedenfalls nicht entdecken.« Er ergriff sein Weinglas und nahm einen weiteren Schluck. Jeder wußte, daß er wieder eine Pointe vorbereitete.

»Sicher nicht, wenn ich mir die Briefe durchlese, die mir meine Zuschauer so schreiben. Die eine Hälfte ist schwachsinnig, die andere kriminell.« Alle lachten, froh darüber, daß sich Johns abschätzige Bemerkung nicht auf sie bezogen hatte.

Hoffentlich hatte Meggie ihm nicht auch mal geschrieben, dachte Brian. Sie machte manchmal so verrückte Sachen. Zuzutrauen wär's ihr. Wie es ihr wohl gerade ging? Der Arzt sagte, er werde sie schon wieder hochpäppeln.

Mensch, Meggie, wenn du wüßtest, was es hier zu essen gibt, dachte Brian, als er den Nachtisch sah. Er bestand aus Kiwischeiben und Himbeersoße. Mittendrin, wie ein kleiner weißer Eisberg, der in einem roten Meer schwamm, ein Zipfel Zitroneneis.

John Browning rührte die Süßspeise nicht an, weil er auf seine Linie achten wollte. Er sprach über sein dämliches Publikum und zitierte besondere Idiotien aus den Zuschriften, die er erhielt.

Über seinem Kopf an der Wand hing ein Bild, das Brians Aufmerksamkeit auf sich zog, auf eine ganz unauffällige, magische Art. Es zeigte ein Haus, das auf einer Wiese stand. Das Haus hatte keine Fenster und nur eine winzige schwarze Öffnung, die wohl eine Tür darstellte. Brian konnte sich nicht vorstellen, daß irgend jemand darin wohnte. Und wenn, wäre es wie ein Gefängnis.

Warum hatte ein glücklicher Erfolgsmensch wie Browning ein solches Bild in seinem Salon hängen?

Das Haus warf einen großen Schatten, der bis in den Horizont reichte. Man konnte nicht genau ausmachen, wo die Wiese in einen trüben Himmel überging. Insgesamt war es eine ziemlich verschwommene Angelegenheit. Das einzig Klare auf dem Bild war das Haus, und ausgerechnet das war ein Rätsel. Brian mochte das Bild, obwohl es ihn traurig stimmte. Auch Meggie würde es gefallen.

Brian konnte sich nicht mehr erinnern, wie es war, allein zu sein. Sein ganzes Leben hatte er mit Meggie geteilt. Sicher, es war nicht immer einfach für sie gewesen, das stand mal fest. Als er noch getrunken hatte, hatte er sie beschwindelt und kam manchmal nächtelang nicht nach Hause. Einmal hatte er die Wohnungstür aufgebrochen, und sie holte die Polizei. Dann hatte sie die Scheidung beantragt. Aber das alles war lange her. Als er wieder trocken war, stand sie zu ihm wie eine Eins.

In den schwersten Stunden ihres Lebens hatten sie zueinandergestanden. Gemeinsam hatten sie alle Hindernisse überwunden. Irgendwann wußte man gar nicht mehr, wo man selber aufhörte und der andere anfing. Vielleicht war das das Geheimnis der Liebe, dachte Brian. Auf jeden Fall hatte es nichts mit Einschaltquoten zu tun. Als sie noch im Krankenhaus lag, hatte er sich wie amputiert gefühlt. Wenn er abends allein zurückkehrte, war die Wohnung wie tot. Fast wie das Haus auf dem Bild.

»Und ich war buchstäblich am Verhungern«, sagte Molly gerade. Alle lachten. Sie gab die Geschichte zum besten, wie sie Kevin kennengelernt hatte.

»Das teilst du mit der Garbo«, sagte John lässig, als spreche er über eine alte Freundin.

»Das Studio hatte sie auf strikte Diät gesetzt, weil sie so schnell zulegte.« Er nahm einen Schluck. »Und bei besonders dramatischen Liebesszenen stand hinter der Kamera jemand, der eine dicke Stulle hochhielt.« Er lachte. »So haben sie dann diesen Sehnsuchtsblick hingezaubert. Sie hatte nichts als Kohldampf. Die Göttliche Garbo, einfach verfressen.« Nun mußte auch Brian lachen. Das mußte er Meggie erzählen.

Schließlich standen alle auf und gingen hinüber ins Wohnzimmer, um dort ihren Mokka zu trinken. Brian achtete darauf, daß er diesmal den krummbeinigen Stuhl am Bücherregal erwischte, weniger tief als das Sofa. Diesmal rutschten seine Hosenbeine nicht hoch.

John ging mit einer Cognacflasche herum. Brian lehnte diskret ab. Als trockener Alkoholiker hatte er Routine darin. »Nein, danke«, sagte er, lächelte kurz und schaute zur Innenarchitektin, die ihm nicht mehr von der Seite wich und immer wieder seinen Arm umklammerte.

»Ich wette, Sie können 'ne Badewanne allein anheben«, sagte sie.

»Würde mir nichts ausmachen, wenn Sie drin säßen«, erwiderte Brian gutgelaunt.

Auch Molly ließ die Flasche an sich vorüberziehen und tätschelte Kevin den Arm, und der Fernsehproduzent hatte sich an den Flügel gesetzt und klimperte *Maggie May*.

»Wir haben es uns tatsächlich überlegt«, sagte Jane zu Kim. »Aber wir sind die Woche über ja meistens in Manhattan und tagsüber weg, und wer sollte dann auf einen Hund aufpassen?«

»Fürs Land wär es schon eine feine Sache«, meinte John. »Jetzt haben wir uns für einen Kompromiß entschieden.«

»Ein Kompromiß?« sagte der Anwalt. Er gluckste. »Wie sieht denn ein Kompromiß-Hund aus?«

»Vielleicht hat er nur zwei Beine«, sagte Gardner. »Ein zweibeiniger Hund.«

Er sagte »zweibeiginer« statt »zweibeiniger«. Er hatte den Schlipsknoten heruntergezogen und den obersten Hemdenknopf geöffnet. »Ich meine damit natürlich keine Anwesenden«, sagte er schnell in Richtung John und hielt ihm sein Glas hin.

»Woll'n wir ihnen unsern Tiger zeigen, Darling?« fragte John.

Jane schmunzelte. »Aber daß mir keiner auf die Idee

kommt, ihn zu füttern«, sagte sie. »Und Charly«, sie zeigte auf den Anwalt, »wird mich rechtlich vertreten, falls es zu Schereien kommt. Ich spreche von Bißwunden und dergleichen.«

Dann verschwand sie in einem angrenzenden dunklen Raum, und Brian wurde es ein wenig mulmig. Wenn jetzt wirklich ein Tiger reinkäme? Meggie würde ihm das nie glauben.

Doch Jane kam nicht mit einem Tiger zurück, sondern mit einem großen Plastikgehäuse, das einen roten Boden hatte. An der rechten oberen Kante war eine durchsichtige Spirale angebracht, die sie mit einer Hand festhielt. Die andere balancierte den Boden des Gebildes. Sie stellte es ab, trat einen Schritt zur Seite und deutete, wie in der Zirkusarena, mit beiden Händen auf das Häuschen.

Alle klatschten Beifall und johlten, und der Fernsehproduzent rief: »Vorsicht, die Bestie ist bissig.« Natürlich war es keine Bestie, sondern ein Goldhamster, wie jeder sehen konnte. Ein kleines braunes Ding, das aufgeregt hin und her flitzte.

Das Plastikgebilde war eine Art Käfig, anders als alles, was Brian bisher gesehen hatte. Es war ein regelrechter Freizeitpark, ein Disneyland für Hamster. Da war ein kleines Bad, eine Kletterspirale, ein kleines Wäldchen, sogar ein Karussell. Natürlich gab es auch die ganz gewöhnliche Trettrommel. Was für ein Leben, dachte Brian. Eingesperrt in diese Plastikwelt, und vor allem eingesperrt in sich allein.

Alle beugten sich jetzt nahe über den Hamsterkäfig.

John hatte plötzlich ein ganz kindliches Gesicht, und Gardner lächelte, und selbst Charles, der Anwalt, hielt sich mit seinen sarkastischen Bemerkungen zurück.

Es gab eine fast andächtige Stille, ein tonloses gemeinsames Staunen über das Leben und seine Verletzbarkeit und sein Rätsel, und alle schauten dem kleinen, braunen Hamster zu, der seine Trommel bearbeitete. Es war eine hellblaue Trommel. Sie quietschte ein bißchen.

»Wo habt ihr ihn gekauft?« wollte Kim wissen.

»In der 72. auf der Westseite«, sagte Jane stolz. Sie schob eine kleine Luke hoch und griff in das Gehäuse, vorsichtig, um ihre Nägel nicht abzubrechen. Mit ihrer Hand trieb sie den kleinen Nager in eine Ecke und packte zu. Sie erwischte ihn an einem Fellzipfel hinter den Ohren und zog ihn heraus. Seine kleine weiße Brust pumpte, er zappelte und warf plötzlich den Kopf zur Seite und biß Jane in den Finger. Sie schrie auf und ließ den Hamster fallen, der sofort unter eine Kommode flitzte.

Kim ließ sich flach auf den Boden fallen und spähte unter das Möbel und rief: »Ich sehe ihn!«

John brüllte irgend etwas von »Hinterhalt« und rief Befehle: »Charly hinten an die Ecke. Jim und Ashton an die Schmalseite. Kim, laß mich mal ran.«

Jagdfieber hatte die Gesellschaft gepackt, die nun unter Gelächter und hitzigen Kampfrufen, zwischen fallenden Tischchen und stürzenden Gläsern den Hamster durch den Raum trieb.

Brian rutschte mit den anderen auf dem Boden herum. Seine Socken hatte er völlig vergessen. Es gab nun nichts Wichtigeres auf der Welt, als diesen kleinen braunen Kerl zu jagen. Schließlich flitzte das Tier unter die schwere Ledercouch. Die Jagdgesellschaft legte sich rings herum auf die Lauer und war einen Moment ratlos. Da hob Brian das schwere Möbel mit einer Hand an und griff mit der anderen nach dem überraschten Hamster.

Er wurde wie ein Held gefeiert. »Mein Gott, sind Sie stark, Brian«, schmachtete die Innenarchitektin, und John klopfte ihm wohlwollend auf die Schulter. »Gut gemacht, mein Junge.«

»Steck ihn zurück, John«, rief Jane, als sie in den Flur eilte, um das Telefon abzunehmen, das schon wieder klingelte.

Brian war glücklich. Nun sah er den Moment gekommen, in dem er Browning um ein Autogramm bitten konnte.

»Aber sicher, mein Junge«, sagte John und griff in seine Jackentasche. Er hatte seine eigenen Autogrammkarten bei sich. Dann zog er einen silbernen Kugelschreiber hervor und schrieb: »Für Brian, den Löwenbändiger.« Er hatte gerade mit schwungvollen Kringeln seinen Namen darunter gesetzt, als Jane im Türrahmen stand.

»Das Krankenhaus. Der Kerl behauptet, hier gebe es einen gewissen Felton. Er läßt sich nicht abwimmeln. John, geh du doch mal ran.«

»Felton?« sagte Brian. »Ich heiße Felton!«

Jane biß sich nervös auf die Lippe. »*Sie* sind Felton?« Sie schien sich zu ärgern.

»Aber das wußte ich nicht... Woher haben die unsere Nummer?... Na, egal«, ihr Ton war nun frostig geworden, »hier ist ein Gespräch für Sie.« Hilflos winkte sie mit dem

Telefon. »Fassen Sie sich bitte kurz«, sagte sie, »das Weiße Haus will noch anrufen.«

Brian nahm ihr den Hörer betreten aus der Hand. Wahrscheinlich würde in diesem Moment der Präsident der Vereinigten Staaten mit John Browning telefonieren wollen, und er, Brian Felton, blockierte...

»Mr. Felton?« sagte die Stimme im Hörer.

»Am Apparat«, sagte Brian.

Plötzlich spürte er, wie trocken sein Gaumen war und daß seine Hände zitterten. Im Wohnzimmer hörte er Gelächter. Wahrscheinlich hatte John wieder einen Witz erzählt.

»Hier spricht James Kinley vom Mount Sinai Hospital. Mr. Felton, ich bedauere außerordentlich...« Er mußte sich anlehnen, weil seine Knie plötzlich wacklig wurden. Die Stimme im Telefon war so weit weg und so unwirklich.

»Der Notruf kam zu spät... unerwartete Komplikationen... Beinvenenthrombose... Lungenembolie... alles unternommen...«

Die Stimme sprach ohne Punkt und Komma.

»Sie hielt einen Zettel mit dieser Telefonnummer umklammert.«

Sie klang künstlich. Das war es. Die Stimme am Telefon klang eindeutig künstlich. Es war gar keine wirkliche Stimme. Es fand alles nur in seinem Kopf statt. Eine Art Trockendelirium. Er kannte das von seinem Entzug. Man rutschte ab und litt unter Halluzinationen, obwohl man nicht getrunken hatte. Gleich würde er wieder zu sich kommen, und dann säße er bei den freundlichen Leuten um den Hamsterkäfig herum, und er würde den Moderator bitten, unter das Autogramm »Für Meggie« zu schreiben. Sie würde vielleicht Augen machen.

»Mr. Felton?« Brian mochte die Stimme ganz und gar nicht. »Ja«, sagte er widerwillig. Dann legte er auf.

Ratlos stand er im Flur herum. Er sah hinüber zum Wohnzimmer, dessen Licht auf den grünen Läufer im Flur fiel, und er sah diese Gruppe von Männern und Frauen, allerdings ganz weit weg, wie durch ein umgedrehtes Fernglas.

Er sah Münder, die auf und zu gingen, und Hände, die Whiskygläser und Zigaretten hielten. Eine Frau warf sich lachend in ihren Sessel zurück, zwei Männer steckten die Köpfe zusammen, und auf dem Boden stand ein Plastikhäuschen. Er hörte keinen Ton.

Dann schaute Molly zu ihm herüber, und als ihre Augen sich trafen, hörte er wieder. Molly schien eine Erscheinung zu haben. Sie rief: »Mein Gott, Brian, was ist los?«

Nun blickten alle auf ihn, wie er dort im Türrahmen stand.

»Sie ist tot«, hörte sich Brian sagen.

Er wußte nicht genau, was es bedeutete. Es war ihm so herausgerutscht, und wahrscheinlich hatte er wieder eine Dummheit gesagt, denn wie bei dem Richterspiel war plötzlich alles still.

John Browning runzelte die Stirn, und Gardner schloß die Augen. Kim wußte nicht, ob sie kichern sollte oder nicht, und lehnte sich hilfesuchend an ihren Freund an. Jane, die mit einem Tablett im Raum stand, schaute verlegen auf die Gläser, die sie gerade eingesammelt hatte.

Feltons Worte wirkten, als habe jemand einen schmutzigen Sack auf dem Parkett abgestellt. Der Tod, den er mit sich gebracht hatte, war wie eine Obszönität, die gemieden werden mußte, eine Bedrohung, die den Zusammenhalt erforderte, eine unentschuldbare Geschmacklosigkeit. Auf alle Fälle verdarb er die Stimmung.

Nur Molly war aufgesprungen und auf ihn zugeeilt, und nun umarmte sie ihn, und sie weinte. Brian streichelte ihre Schulter, um sie zu trösten. Offenbar war etwas Furchtbares passiert.

Sechs Stunden später saß Brian Felton im Schlafzimmer seines Apartments auf der Bettkante und schaute in den dämmernden Morgen hinaus. Er konnte von dort, wo er saß, einen schmalen Streifen des Central Park überblicken und dahinter die Silhouette der East Side. In der Mitte stand, wie eine Kerze, der Turm des Trump Plaza mit seinem leuchtenden Dachgiebel. Der Himmel war bereits milchig. Vögel zwitscherten.

Molly und Kevin hatten ihn in die Klinik begleitet. Es war nicht leicht gewesen, ein Taxi aufzutreiben. Als sie schließlich ankamen, war Meggies Arzt gerade mit einem anderen Patienten beschäftigt, und die Rezeptionistin wollte sie nicht durchlassen. Sie warteten in einem ziemlich großen Aufenthaltsraum mit gelben Bänken, auf denen Dutzende von Menschen dösten. Einige von ihnen trugen Verbände. Kinder liefen herum.

Brian verstand nicht viel von Medizin. Er bekam nur heraus, daß etwas passiert war, was normalerweise nicht passieren durfte. Oder nur in einem von tausend Fällen. Der Arzt, der irgendwann auftauchte, schien sich zu ärgern, daß ausgerechnet ihm dieser eine Fall anvertraut war, und er schien Brian dafür verantwortlich zu machen.

Schließlich war Brian mit Meggie allein. Ihre Stirn fühlte sich warm an, und sie sah aus, als ob sie schliefe. Er wußte nicht, wo er anfangen sollte mit dem Erzählen.

Da war die Geschichte mit Greta Garbo. »Das mußt du dir mal vorstellen, Meggie. Sie hatte einfach einen mordsmäßigen Hunger gehabt.« Dann beschrieb er das japanische Muster der Teller, auf denen das italienische Gemüse serviert wurde, an dessen Namen er sich nicht erinnern konnte. Schließlich fiel ihm das Autogramm ein. Zu dumm, daß der Moderator vergessen hatte, »Für Meggie Felton« draufzuschreiben.

Er zog es aus der Tasche und legte es auf ihr Bett. »Für Brian, den Löwenbändiger.«

Molly und Kevin wollten ihn nach Hause bringen, aber er sagte, das sei nicht nötig. Als er die Wohnungstür geöffnet hatte, stolperte er in der dunklen Garderobe über die Reisetasche mit der schmutzigen Wäsche, um die er sich noch kümmern wollte.

Er setzte sich in die Küche und brühte sich Tee auf. Meggie hatte den Henkel des Kessels vor Jahren mit einem Stück Draht geflickt. Er sah, daß er sich gelockert hatte. Er ärgerte sich, daß er ihn nicht selber repariert hatte.

Sein Geschirr vom Frühstück stand noch auf dem karierten Tischtuch herum. Meggie hatte ihres am Bett. Da war nur ein Teller, eine Untertasse, eine Tasse, von allem nur eines. Da lohnte sich das Abwaschen gar nicht. Auch das Kochen lohnte sich nicht. Eigentlich lohnte sich gar nichts für einen allein, dachte sich Brian. Einer allein, das war so gut wie gar keiner. Eine Welt, die man nicht teilen konnte, war eine, die nur im eigenen Kopf stattfand. Sie hatte keine Realität.

Die Party, auf der er gewesen war, hatte keine Realität. Er war nur hingegangen, um Meggie davon zu erzählen. Er hatte alles mit Meggies Augen gesehen und sich nur die Sachen gemerkt, die sie interessieren könnten. Er war eigentlich selber gar nicht da. Er war bei Meggie gewesen, die ganze Zeit.

Später war er dann ins Schlafzimmer hinübergegangen. Er hatte sich aufs Bett gesetzt, auf seine Hälfte, und hatte aus dem Fenster geschaut. Er sah, wie der Morgen graute. Er spürte die Kälte, die ins Zimmer kroch. Er fror.

Dann fiel sein Blick auf seine Socken. Ein roter und ein grüner. Er stand auf, um die passenden Gegenstücke zu suchen. Alles würde wieder in Ordnung kommen. Er mußte nur die passenden Socken finden.

Schwarze Mangos

Es scheint fast ein Gesetz zu sein, daß jeder Neuanfang mit Krach verbunden ist. Mit Explosionen von Feuerwerkskörpern zum Beispiel, oder Kindergeschrei.

Die Geschichte, die Sie jetzt zu hören bekommen, liegt ungefähr ein Jahr zurück. Ich bin immer noch nicht ganz schlau draus geworden. Auf jeden Fall begann sie mit einer kakophonen Katastrophe, die Großes versprach. Mit einem Kratzen und Knirschen, wie es Metall auf Metall erzeugt. Markerschütternd.

Der Mißton kam vom Heck des Gefangenentransporters, wo die Sicherungsstange zurückgeschoben wurde. Mir kam es damals natürlich nicht wie ein Anfang vor, sondern wie das Ende. So, als sei mein altes Leben auf Grund gelaufen.

Ich stolperte mit den anderen hinaus. Es war nicht allzu warm, aber die Sonne war wie ein Blitz. Alles war schwarz in dieser Sonne, ausgeglüht und tot und still. Da war eine endlose Mauer, die von mächtigen Türmen eingefaßt wurde. In der Mitte das Eisenportal, wie ein schwarzes Gütesiegel, das man in Wachs gestampft hatte, wahrscheinlich, um klarzumachen, daß es sich um ein 1a Zuchthaus handelte. Vielleicht aber auch, um darauf hinzuweisen, daß es hier Dinge gab, über die man besser nicht sprechen sollte.

Die Kühe, die in der Entfernung alte Wahlplakate mit

Hindiparolen von der Mauer leckten, waren merkwürdige Nachtriesen, wie auf einem überbelichteten Foto, dunkle Gespenster mit dunklen Gespensterbäuchen, die von ihren Rippen hingen wie Säcke. Gegenüber scheuchte ein Obsthändler Fliegen von seiner Mangopyramide. Die Mangos waren schwarz wie Kohle.

Ich spürte den kalten Fieberschweiß auf der Stirn, aber ich war merkwürdig gut drauf, besser als Pete. Er war bleich und zitterte. Vielleicht lag es daran, daß er älter war und besser überblickte, was auf uns zukam.

Er sah mich an, und ich sagte irgendwas über die Mauer und daß ich keine Farben mehr erkennen konnte. Das habe ich manchmal. Es ist wie ein Druck im Kopf, eine Art Nebel, und dann sehe ich alles schwarzweiß. Ich erzählte also Pete gerade, daß alles schwarz ist, wie ein riesiges schwarzes Schloß, da hörte ich den Schrei.

Es war ein Menschenschrei, gleichzeitig durchdringend und leise, als ob er ganz weit weg war oder nur in meinem Kopf. Vielleicht war es auch nur ein Schaf irgendwo. Allerdings hatte ich bis dahin noch keine Schafe gesehen.

Wir nahmen in einer langen Zweierreihe Aufstellung. Die Ketten hatten sie uns abgenommen, aber unsere Handgelenke steckten immer noch in diesen mittelalterlichen Eisenkrampen, und alles war haargenau so, wie es sich gehörte für Schwerverbrecher. Ich war damals siebzehn, Pete achtzehn.

Ich kann nicht sagen, daß ich Angst hatte, was wahrscheinlich das sicherste Zeichen dafür war, daß ich reichlich hinüber war. Der Kolonnenführer klopfte an die Luke, und dann öffnete sich der Verschlag, und wir stiegen mit geducktem Kopf hinein in eine düstere Halle.

Drinnen war es kühl. Seltsamerweise war ich erleichtert. Mir war, als hätte man mich nicht eingesperrt, sondern in Sicherheit gebracht vor dem Totentanz dort draußen, dem faulenden Fleisch, den Bettlern und Händlern und Viehtreibern, diesem chaotischen Wirbel aus Leben und Sterben in den staubigen, verkoteten Straßen der nordindischen Stadt, die schaukelnd hinter den Gittern des Transporters aufgetaucht war.

Natürlich saßen wir jetzt in der Falle, aber ich war Fallen gewohnt. Schließlich lief alles auf Fallen hinaus, die Familie, die Schule, die Arbeit, die Kirche, das ganze Leben – alles Fallen, und ich hatte mich allmählich damit abgefunden.

Natürlich versucht man immer zu türmen, besonders wenn man, wie ich und Pete, aus Salt Lake City kommt. Wer in Salt Lake City aufwächst, dem bleibt gar nichts anderes übrig, als wegzugehen.

Ich war damals der Meinung, daß ich den Bogen raus hatte. Letztlich klemmte jede Falle irgendwo, und ich war auf Lücken spezialisiert. Ich liebe es, wenn die Welt überschaubar ist und man sich auf Kleinigkeiten konzentrieren kann, auf die kleinen Fehler, die jede Falle hat.

In diesem Moment dachte ich: Was soll man schon mit der Freiheit anfangen? Ich meine, die Musik und alles, die Werbesendungen und die Politikeransprachen handeln zwar von der Freiheit, aber keiner hatte mir bis dahin klarmachen können, was so toll an dieser Freiheit ist.

Jetzt wurde mir also die Freiheit genommen, und ich

fand es nicht sonderlich schlimm, sondern freute mich sogar schon darauf, den Fehler in dieser neuen Falle zu finden, wie bei einem besonders pingeligen Puzzle. Was wäre die Alternative gewesen? Es lief doch nur darauf hinaus, in irgendeiner Bretterbude Haschisch zu rauchen, »Nirvana« zu hören, süßen Kuchen zu essen und irgendeinem Hippie zuzunicken, der seinen unverdauten Hermann-Hesse-Quark herausrülpst.

Mir war ziemlich feierlich zumute, als ich die kühlen Granitquader unter meinen Füßen spürte. Ich kam mir vor wie im Empfangssaal einer Gerechtigkeitsfestung, die so alt war wie die Menschheit selber. So ernst genommen hatte ich mich noch nie gefühlt. Für mich war es wie ein verrückter Freizeitpark mit künstlichen Schlössern und Wild-West-Attrappen. »Und im nächsten Saal, bitte Köpfe einziehen, sehen wir die originalen Folter-Instrumente der Inquisition...«

Es war eine Sache von Sekunden gewesen in dieser Grenzbaracke. Da war die Frau im blauen Sari mit dem Kastenzeichen auf der Stirn, die mit dem Finger auf uns deutete. Wir mußten uns ausziehen. Es dauerte eine Weile, bis sie rauskriegten, daß das Zeug in den Schuhen versteckt war. Die anderen drei kamen ungeschoren durch, und als wir abgeführt wurden, riefen sie uns zu, daß sie sich um einen Anwalt kümmern wollten.

Jetzt, in der Schleuse, wurden wir abgetastet. Magere dunkle Gesichter unter weißen Turbanen, mit Fingern wie Spinnenbeine, die an uns herumfummelten. Bei uns nahmen sie's ziemlich genau.

Andere Häftlinge steckten diesen Fingern zusammengeknüllte Geldscheine zu, dann wurde das Tasten nachlässig, und sie klapsten ihr Okay auf die Schulter und machten beim nächsten weiter. Wir hatten nichts, was wir zustecken konnten. Wir waren abgebrannt. Das war überhaupt der Grund, warum wir hier gelandet waren.

Es war eine kleine, schnelle Idee gewesen, ein Kilogramm Haschisch über die Grenze und dann nach Goa damit, wo all die Hippies und Aussteiger auf Nachschub warteten und das Zeug das Zehn- bis Zwanzigfache wert gewesen wäre. Aber das war's dann auch schon.

Der Offizier hatte die Überweisungspapiere auf einem wurmstichigen Pult geordnet und verlas die Namen. Unsere Pässe waren mit einer Stricknadel durchbohrt worden und hingen auf einer Schnur wie wertlose Farbmuster, oder wie Trockenfische, als ob sie sich in etwas völlig Fremdes verwandelt hätten, das überhaupt nichts mehr mit uns zu tun hatte.

Das war der Moment, als mir kurz mulmig wurde. Es sah aus, als würden sie eine Weile dort hängen bleiben. Vielleicht ein paar hundert Jahre. Wir bekamen Nummern. Danach ging es zur Kleiderausgabe.

Die Hemden waren weißes Leinen, X-Large, mit geflickten Löchern, ziemlich mitgenommen, so ähnlich wie unsere eigenen, nur sauber. Sie sahen ein bißchen nach »Marylin Underground« aus, der Boutique aus dem Westflügel der K-Mart-Plaza in Salt Lake, die mit ihrem Stacheldrahtverhau und dem abgeschnittenen Cadillac-Heck bei weitem der schärfste Laden der Gegend ist.

In Salt Lake ist sonst nicht viel los, müssen Sie wissen. Natürlich der Mormonentempel mit seinen spitzen Türmen. Viele Banken. Ein paar Angeber-Hotels und schnurgerade Straßen, auf denen keiner die Geschwindigkeit überschreitet. Da ist »Marylin Underground« eine Oase.

In Frage käme vielleicht noch »Miss Ellie« außerhalb der Stadt, neben der John-Deer-Vertretung, wo die mexikanischen Obstpflücker abends hingehen, um sich einen anzutrinken und ihre Messer zu ziehen, häßliche Dinger mit kleinen, scharfen Sicheln für die Pfirsichbäume.

Einer der Kerle hieß Pablo, und der sagte eines Abends, daß es uns gar nicht gäbe, wenn wir nicht mit Indien verwechselt worden wären. Er war schon ziemlich hinüber, aber mir ging es nicht aus dem Kopf. Man muß sich schon ziemlich verfahren, um Amerika mit Indien zu verwechseln. Als wir dann in Amsterdam die drei anderen getroffen hatten, die mit ihrem Bus nach Indien wollten, sagte ich: »So 'n Zufall gibt's doch gar nicht«, und daß ich da schon immer hinwollte. Jetzt also waren wir tatsächlich in Indien. Das Leben war eben grenzenlos und machte wenig Sinn.

Das Innere des Zuchthauses war geometrisch angelegt wie ein Klostergarten, ein symmetrisches Labyrinth aus langgezogenen Baracken und einzelnen Betonklötzen, aus schnurgeraden Wegen, die rechtwinklig abknickten, und Blumenbeeten, die, wie ich später erfuhr, von Lebenslänglichen gepflegt wurden. Lebenslängliche haben ja jede Menge Zeit.

Das Verrückte war: Ich hatte das Gefühl, ich kenne das alles. Als ob ich nach Hause gekommen wäre. Was natürlich völliger Blödsinn ist. Ich war noch nie in Indien, und noch nie in irgendeinem Knast. Trotzdem war mir das alles unheimlich vertraut. Ist doch komisch, oder?

Alle Wege schienen umständlich hin und her pendelnd zur Mitte zu führen, zu einem großen Bau, um den eine schwarzgestrichene Mauer führte. Die Mauer war wie ein großes schwarzes Quadrat. Dahinter konnte man in der Mitte den oberen Teil eines mehrstöckigen Zellenblocks entdecken.

Am Rande dieses inneren, geschlossenen Bezirks lag eine Batterie von niedrigen Betonwürfeln, die wie Raubtierkäfige waren, mit Gittern an der Frontseite, die von der Decke bis zum Boden führten. Dahinter kam ein weiteres Gitter, und dazwischen, in einer schmalen Sicherheitsschleuse, standen bauchige Wasserkrüge und Zinkbecher.

Die Bauten warfen lange, kantige Schatten in der Abendsonne, und in den geröteten Höhlen konnte ich die weißen Gestalten von Häftlingen erkennen. Unsere Zelle war die letzte der Reihe. Sie grenzte an die Mauer.

Drei Gestalten lagen drinnen auf dem Boden. Zwischen ihnen stand ein Napf mit Sonnenblumenkernen, auf denen sie herumkauten, und sie spuckten die Schalen aus und schauten uns schweigend an.

Ich sagte: »Habt ihr noch was frei?«, aber sie kauten nur weiter.

Schließlich sagte der Größte von ihnen: »'n Witzbold, was?« Er spuckte eine Schale aus und deutete mit dem Daumen zur hinteren Zellenwand.

»Ihr schlaft da hinten.«

Hinten war die Latrine, ein Loch im Boden, aus dem es stank. Wir legten unsere Matten aus. Kurz darauf kam die

Suppe angerollt, eine beißend scharfe, wässrige Angelegenheit, und wir erzählten unsere Geschichte, aber keiner schien sonderlich dran interessiert zu sein. Sie waren sowieso alle ähnlich.

Alle saßen wegen Schmuggels. Der Große hieß Turbjörn, ein Schwede, der eine Zahnlücke zeigte, wenn er grinste. Marco, der Italiener, saß schon seit acht Monaten und wartete immer noch auf ein Urteil. Jean, ein zierlicher, schwarzlockiger Bursche aus Avignon, mußte noch drei Monate abbrummen.

Hier saß ich also, während es langsam dunkler wurde, und die Gesichter der anderen verschwanden bald in der Nacht.

Da hörte ich den Schrei wieder. Pete hatte nichts mitbekommen. Er rauchte eine Zigarette. Ich legte mich hin. Man konnte keine Sterne sehen. Das gibt's doch gar nicht, dachte ich noch, ich bin in Indien.

Dann dachte ich an meinen Alten. Ich hatte ihn mal, bevor er verschwunden war, gefragt, was es mit der Freiheit auf sich hatte und was er gemacht hatte, als er jung war.

Er stand im Garten und schob Laub auf einen Haufen, und wir schauten beide zu, wie das Feuer über die braunen Blätter herfiel, prasselnd und knisternd, und ab und zu war ein grünes darunter, und die Flammen leckten an seinen Rändern und wölbten den Rücken, bis in der Mitte ein brauner Punkt erschien, der schnell dunkler und größer wurde, und die Feuchtigkeit zischte aus dem Blatt heraus, bis es genauso braun war wie die übrigen und schließlich verglühte und in schwarzen Flocken himmelwärts stob.

Darauf läuft es hinaus, dachte ich mir damals. Sie brechen dir das Rückgrat, sie ziehen dir den Saft aus den Knochen, und dann bist du welk und reif für die Himmelfahrt.

Plötzlich sagte mein Alter, als ob er zu sich selber spräche: »Ich hab alles in Flammen gesehen.«

Seine Stimme war kaum hörbar. Er meinte, sie hätten damals die Freiheit verteidigt.

»Es war, als ob die ganze Welt gebrannt hätte, die Bäume, die Hütten, die Menschen. Sogar die Luft hat gebrannt. Und ich hab mich wie ein Greis gefühlt.«

Er sprach so gut wie nie über seine Erlebnisse in Vietnam. Manchmal kam es mir so vor, als ob er seine ganze Energie damit verbrauchte zu vergessen, was er erlebt hatte. Auf jeden Fall saß er ganz schön in der Falle, und er wußte es, und ich wußte es.

Die Sterne waren immer noch nicht zu sehen. Dann schlief ich ein.

Ich brauchte nicht lange, um mich zurechtzufinden. Morgens und abends saßen wir am Gitter, wenn die Suppe gebracht wurde. Der Trick bestand darin, sie möglichst schnell zu essen, solange sie noch heiß war. Dann war sie gar nicht übel.

Nachts biß sich der Frost aus dem Betonboden durch die Matten, weshalb man morgens immer ziemlich steif war. Mittags wurde für zwei Stunden aufgeschlossen. Pete und ich rannten dann immer ein paar Runden auf dem Badminton-Feld, um in Form zu bleiben. Die anderen hatten es am Anfang auch gemacht. Aber dann hatten sie's aufgegeben.

Die Lebenslänglichen in unserem Trakt waren offenbar was Besseres. Sie hatten reiche Verwandte draußen. Es war der »Erste-Klasse-Trakt«. Sie hatten sich dieses Badminton-Feld angelegt und verfügten über Tee und Milch und Bücher in ihren Einzelzellen, und Mehl und Fett und kleine Öfen, so daß sie sich ihre eigenen Fladenbrote machen konnten. Sie waren richtig eingerichtet.

Einer von ihnen, Singal, kam ab und zu rüber, um sich mit uns zu unterhalten. Er hatte seinen Schwager umgebracht und saß schon seit zwanzig Jahren. Er lächelte meistens. Aber sein Lächeln war anders als das aus den Werbesendungen. Er schien sich über irgend etwas zu freuen, von dem niemand sonst etwas wußte. Ich nahm an, daß er ein bißchen meschugge war. Aber er machte den besten Tee.

Singal gehörte zu denen, deren Zellentür den ganzen Tag offenstand. Morgens zerkaute er einen Weidenzweig, um sich damit die Zähne zu putzen. Er stand endlos in der Sonne und schrubbte mit dem Zweig im Mund herum, und es sah aus, als träume er dabei. Danach räumte er seine Zelle auf. Alles, was er tat, tat er sehr langsam und methodisch.

So gab's also zwei Welten. Unsere und ihre. Über ihre Welt wußte ich nur, was mir Carl Dougal aus dem Tempel mal erzählt hatte. Er war als Missionar in Indien unterwegs gewesen. Bei den Mormonen geht jeder nach der Highschool auf Reise. Nicht jeder natürlich. Meine Reise war ja nicht gerade eine Missionsreise, aber ich bin sowieso das schwarze Schaf der Gemeinde.

Dougal auf jeden Fall erzählte, daß Inder sofort wüßten,

wovon er sprach, wenn er Visionen und anderen Himmelskram erwähnte. Und daß manche Inder ein Leben lang auf einem Bein stehen, weil sie ein Gelübde abgelegt hätten. Ich war zehn, als ich die Geschichte hörte. Es ist ziemlich schwer, auf einem Bein zu stehen. Ich habe es damals sofort versucht – zwei Minuten war das höchste.

Mit Sicherheit stellten die Inder auch über uns ihre Vermutungen an. Manchmal kam ich mir in der Zelle vor wie im Zoo. Wir waren so 'ne Art Schimpansen-Familie. Wir wurden gefüttert, wir bekamen Wasser, und jeden Morgen wurde unsere Latrine geleert. Ab und zu blieben die Wärter auf ihrem Rundgang bei uns stehen und schauten durch die Gitter.

»Für die sind wir Freaks«, sagte der Schwede einmal und nickte dem Aufseher zu. »Wir kommen aus den kalten, reichen Ländern, wo jeder einen Kühlschrank und ein Auto hat. Aber statt sonntags in die Kirche zu gehen und das Universum zu beherrschen, sitzen wir hier auf einem Zementboden.« Der Wärter lächelte freundlich in die Zelle.

»Du bist drin«, sagte der Schwede zu dem Wärter, »und wir sind drin. Wir sitzen beide in der gleichen Scheiße. Aber ich komme irgendwann raus, während du lebenslänglich hast. Lebenslänglich Indien.«

Der Wärter hob bedauernd die Schultern. Er verstand kein Wort.

»Was wirst du machen, wenn du rauskommst?« fragte ich den Schweden.

»Vermutlich weiter, nach Nepal«, sagte er.

»Nein, ich meine mit deinem Leben. Was wirst du mit deinem Leben machen?«

Der Schwede zuckte mit den Schultern.

Vielleicht würde es das ganze Leben so bleiben, daß man wartete, ohne eigentlich zu wissen, worauf. Ein trostloser Gedanke.

Allmählich wurden die Tage heißer und die Nächte schwüler, und mit der Abenddämmerung setzten die Moskitoattacken ein. Wir rissen uns lange Streifen aus den Leinenhemden und drehten sie umeinander. Jeden Tag opferte ein anderer ein Stück seiner Kutte. Der geflochtene Zopf wurde um die Gitter geschlungen und kurz angezündet, und dann glimmte er, und von dem Ende stieg eine dünne Rauchsäule auf, die die Moskitos schachmatt setzte.

Der Schwede und ich kamen gut miteinander klar.

»Was macht denn dein Vater?« fragte er mich eines Tages. Ich sagte ihm, daß er abgehauen war. Und daß er vorher als so 'ne Art Ingenieur gearbeitet hatte.

»Chef in einer Abfüllanlage. Er kann gut basteln. Hat 'n Elektromotor in unsere Garagentür eingebaut. Jetzt geht sie von alleine auf. Hat schon in der Armee viel gebastelt.«

»In der Armee?«

»Warst du inner Armee?« fragte ich zurück. Alt genug dafür war er.

»Was soll ich denn da?«

»Meinem Vater hat's gefallen. Bis er zur Front kam.«

»Welche Front?«

»In Vietnam. Hat ihn ziemlich mitgenommen. Früher stand er nachts auf und spazierte durch 'n Garten.«

»Hat er Leute umgebracht?«

»Keine Ahnung«, sagte ich. »Machmal war's wohl ziemlich brenzlig. Er wußte nicht genau, was er da sollte. Er meint, er hätte nichts gegen die Leute gehabt.«

»Mein Vater hat dagegen demonstriert. Gegen den Krieg der Amis.«

»In Schweden?«

»Hmm.«

»Würdest du für 'ne Sache sterben?«

»Für was für 'ne Sache?«

»Für irgendwas. 's Vaterland.«

Der Schwede lachte.

»Wer soll uns denn angreifen? Dänemark?«

»Würdest du's tun?«

»Ich glaub nicht. Was haste denn noch vom Vaterland, wenn du tot bist?«

»Ich wünschte, es gäbe irgendwas, wofür ich sterben könnte«, sagte ich. »Aber es gibt nichts.«

Meine Leute sind gestorben für ihre Sache. Ich meine die Mormonen. Es gibt ein Museum in Salt Lake, in dem ein Bild vom Massaker in Kentucky hängt. Der Himmel ist rot von den Bränden, die die Siedler gelegt haben, und meine Leute flüchten in einen kleinen Wald, Frauen und Kinder, deren Münder zu Schreien aufgerissen sind.

Das alles fing an mit Joseph Smith, dem ein Engel erschienen ist, als er kaum älter war als ich. Der Engel Mormon und die Goldtafeln. Ich konnte nie so richtig dran glauben. Pete genausowenig. Wir hatten uns dann eine private Religion ausgedacht, weil ja jeder an irgend etwas glauben muß. Aber sterben würde ich dafür auch nicht.

Es wurde jetzt tagsüber immer wärmer, und nachts blieb der Frost weg. An die Suppe hatte ich mich gewöhnt, als ob ich nie etwas anderes gegessen hätte. Nachdem wir drei Monate drin waren, hatte ich Geburtstag. Ich wurde achtzehn. Pete meinte, es sei ein entscheidendes Alter. Ich fragte ihn, was er damit meinte.

»Mit achtzehn biste kein Jugendlicher mehr«, sagte er.

»Und?«

»Mit achtzehn darfste wählen gehen, und bei Mord kriegste lebenslänglich.«

Ich versuchte festzustellen, ob ich mich nun anders fühlte, jetzt, wo die Jugend vorbei war. Aber ich war einfach nur müde, und mein Rücken tat weh.

Der Schwede hatte sich auf dem Gefängnisschwarzmarkt mit Haschisch eingedeckt. Wir rauchten. Dann mußte ich mich ans Gitter setzen und hinausschauen, während die Jungen mit Filzschreibern Geschenke an die Wand kritzelten.

Pete malte mir eine Frau mit langen Haaren und drei kleine Kinder und ein Haus im Grünen, das so ähnlich aussah wie das von Deputy Harry Gaines. Ein zweistöckiges Holzhaus, eine kleine Veranda, und über der Garagentür ein Basketballkorb. Statt Fenstern hatte das Haus Gitter.

Vom Schweden bekam ich das Aerosmith-Album mit den Wolken. Ich mochte Aerosmith nicht sonderlich. Aber ich tat so, als ob ich mich freue und als ob es meine Lieblingsplatte sei, um ihn nicht zu verärgern.

Der Franzose, der kurz vor der Entlassung stand, kritzelte einen Frühstückstisch mit Eiern, Schinken, Toast und Kaffee.

Von Marco, dem Italiener, stammte eine wirre Kreation, die er mitten auf den Toast plazierte. Es sah aus wie ein Topf mit Klößen.

»Was soll 'n das sein?« fragte ich.

»Kann alles mögliche sein«, sagte Marco. »Hängt ganz von dir ab. Was wünschst du dir denn?«

»Keine Ahnung.«

»Siehste, das ist eben dein Problem – du bist wunschlos glücklich.«

Alles lachte.

»Wie wär's mit'm Fernseher«, sagte der Franzose.

Wir unterhielten uns dann eine Weile über unsere Lieblingsserien und kamen dahinter, daß das gleiche Zeug in allen Ländern lief. Es war verrückt. Ich meine, wir kamen aus allen Ecken der Welt und kannten die Biographien der Serienhelden besser als die unserer Großeltern, als ob wir alle aus einer Familie stammten. Dann sponnen wir ein bißchen weiter und starrten zum Gitter hinaus, als ob wir zu Hause vor der Röhre säßen. »Irres Testbild«, sagte Pete.

Ich erzählte, daß ich mich mal auf den Highway gelegt hatte, genau auf den Mittelstreifen. Und daß ich mir vorstellte , was wohl aus meinem Bauch rauskommen würde, wenn mich einer überfahren würde (was in Salt Lake City eher unwahrscheinlich war).

»Und was?« fragte Jacques.

»Lauter Bilder«, sagte ich. »Fernsehbilder. Roseanne und Magnum Force und die MTV-Videos, Michael Jackson und Beavis und Butthead. Und alle würden wie irre auf der Straße rumlaufen. Körperlos wie Hologramme«

Dann rauchten wir wieder und machten Musik, wobei wir mit den Aluminiumlöffeln an die Gitterstäbe klopften.

Der Lärm hatte den Barackenoffizier angelockt, der gerade seinen Inspektionsgang absolvierte. Er war ein strenger, untersetzter Sikh mit einem langen, grauen Bart, der unter seinem Kinn verknotet war. Er pflegte kopfwackelnd vor unserem Gitter stehen zu bleiben und zu seinem Adjutanten zu reden, und er sah dabei aus, als philosophiere er.

Wir hatten ihn nicht bemerkt, bis sein Adjutant einen lauten Befehl brüllte. Der Sikh war näher getreten, und dann roch er wohl die Haschischschwaden. Er bellte ein paar abgehackte Befehle. Der Adjutant öffnete die Zellentür und bedeutete uns, daß wir uns draußen aufzustellen hätten. Zwei Wärter gingen in die Zelle und tauchten kurze Zeit später mit dem Haschischstück auf. Der Sikh nahm den kleinen, braunen Klumpen in die Hand und ging die Reihe ab. Dann fragte er, wem das Zeug gehöre. Keiner von uns antwortete.

Der Sikh schüttelte den Kopf und deutete auf mich. Die Wärter führten mich ein paar Schritte zur Seite. Einer der beiden hatte einen Prügel aus Bast in der Hand. Der Direktor gab das Zeichen, und der Wärter schlug zu, und zwar nicht aufs Kreuz, wo ich's erwartet hatte, sondern ins Genick. Es war kein harter Schlag, aber er brannte auf der Haut, und da ich die Zähne zusammenbiß und mich nicht rührte, folgten weitere Schläge.

Mit dem fünften oder sechsten Schlag spürte ich, wie

mein Hals anschwoll. Ich bekam kaum noch Luft, aber ich biß die Zähne weiter zusammen. Nach dem zehnten Schlag war ich bereit aufzugeben, doch der Direktor gab ein Zeichen. Er wackelte mit seinem Kopf, seitlich wie ein aufgeregter Hahn, und erteilte den Wärtern einige Instruktionen.

Ich wurde zur Gefängnisschmiede gebracht, wo ein stummer, alter Sikh kurz Maß nahm und mir zwei schwere Eisenringe um die Fußgelenke verpaßte. Zwischen die Ringe wurde eine Sperrstange gelegt, und da der Schmied ein gutmütiger Mann war, gab er mir einen Fetzen Stoff mit, mit dem ich die Stange hochhalten konnte, wenn ich lief. Die Stange war einen guten Meter lang, so daß ich regelrecht watscheln mußte, als ich zur Zelle zurückging.

Ich hatte solche Eisenringe mal in einem Film mit Paul Newman gesehen. Die erste Nacht bereitete mir noch Schwierigkeiten, da ich gewohnt war, seitlich einzuschlafen und die Stange nur die Rückenlage erlaubte. Doch der Mensch gewöhnt sich an alles, und nach drei Tagen war ich regelrecht überrascht, als mir die Dinger wieder abgenommen wurden.

Insgesamt wurden wir ziemlich gut behandelt. Da wir Ausländer waren, hatten wir eine Menge Vergünstigungen. Und wir waren kaum ein Vierteljahr drinnen, als man uns sagte, daß wir uns die Ringkämpfe anschauen könnten, die einmal im Monat auf einer Sandnarbe neben der Wäscherei ausgetragen wurden.

Die Häftlinge wetteten auf ihre Favoriten, mit Zigaretten und grünen Coupons, die in einer Krämerbaracke gegen Seife, Tee und Zucker eingetauscht werden konnten.

Ich mache mir nicht besonders viel aus Ringen, aber ich kann jeder Sportart irgendwas abgewinnen. Nur im Sport gibt es noch klare Entscheidungen, sage ich mir immer. Einer gewinnt, einer verliert. Klarer als das Leben.

Rund dreihundert Häftlinge knieten und standen um die Arena herum und schrien ihre Wetten, lachten und feuerten ihre Favoriten an. Manche hatten sich für keinen der Kämpfer entschieden, sondern brüllten nur, weil sie Spaß an der Brutalität hatten und auf Verletzungen, auf Nasenbrüche und Blut hofften.

Zwei drahtige, braune Körper umkreisten sich auf der Sandnarbe. Der dunklere von beiden trug einen blauen Lendenschurz, der andere einen roten. Rot stand kräftig auf seinen Beinen. Blau war zwar schmächtiger, aber listiger. Er fintierte. Er stieß vor und brach ab und setzte neu an. Schließlich erwischte er in einer blitzschnellen Attacke das Knie von Rot, riß es in die Höhe und war über ihm.

Die beiden nächsten Kämpfe waren pure Muskelarbeit, witzloses, langsames Millimeterstemmen Schulter gegen Schulter. Ich hatte genug. »Bis später«, sagte ich zu Pete und trottete zurück in die Zelle.

Ich kam an den Baracken der Kurzzeithäftlinge vorbei, bog an der Krankenstation ab, passierte die Gefängnisküche und nahm einen schmalen Weg, von dem ich vermutete, daß er zum Ausländertrakt führte.

Zwei Burschen kamen mir entgegen, beide in weißen fleckigen Turbanen. Ich nickte ihnen zu. Als ich gerade vorbei war, packten sie mich und stemmten mich mit dem Gesicht gegen die Mauer. Ich war völlig perplex. Ich spürte, daß meine Lippe aufgeplatzt war und daß ich

Blut im Mund hatte. Dann schlug mir der eine übers Ohr, daß der Schädel dröhnte, und der andere fummelte an meiner Hose und riß sie herunter. Jetzt fing ich an zu schreien.

Plötzlich ließen die beiden von mir ab und rannten davon. Pete stand neben mir und fragte, ob alles okay sei. Offenbar war er kurz nach mir vom Ringkampf gekommen, hatte meinen Schrei gehört und mich herausgepaukt. Es war nichts weiter passiert, aber ich hatte ziemlich weiche Knie, und als wir in der Zelle zurückwaren, setzte ich mich erst mal hin und heulte eine Weile.

In den folgenden Wochen wurde es so heiß, daß Pete und ich unsere Rennerei aufgaben. Ich saß während des Zellenaufschlusses meistens im Schatten der schwarzen Mauer, neben einem Hibiskus, der seinen Kopf hängen ließ. Auch die Rosen am Badminton-Feld sahen jetzt kümmerlich aus mit ihren braunen Blättern, die wie versengte Halskrausen waren.

Wir waren alle schlapp, und ich träumte viel vor mich hin. Ein Salamander huschte vorbei. Ich hatte als Kind in unserem Garten mal einen Salamander entdeckt. Er erstarrte, als mein Schatten über ihn fiel. Er war grün an der Unterseite und braun gesprenkelt, und während der kleine Bauch pumpte, war er ganz in eine dunkle Regung geduckt, in eine Angst, die mir so vollständig vorkam, wie ich später nie wieder etwas erlebt hatte. Ich war damals ziemlich begeistert, weil mir dämmerte, daß ich Macht hatte, obwohl ich noch klein war.

Ich hatte nie verstanden, worum es im Leben eigentlich

ging. Alle hatten mir Tips gegeben, die Eltern, die Lehrer, die Ältesten im Tempel, und die meisten Tips kamen aus dem Fernseher, von besorgten Anwältinnen und Privatdetektiven in Sportwagen, und alle hatten über das Leben gesprochen, das mich erwartete, so, als sei ich noch gar nicht auf der Welt.

Das Leben, sagten sie, bestehe nicht nur aus, und dann hörte man immer nur Ummpf oder Ammpf, und nie konnte einer sagen, woraus es denn nun bestand. Irgendwann hatte ich beschlossen, daß das Leben wohl aus dem Kaufen von Zeug bestehen müsse und in erster Linie aus Geburtstagsgeschenken, denn um die wurde am meisten Geschrei gemacht.

Man lebte von Geschenk zu Geschenk, man packte sie aus, wickelte ein und vergaß sie und wurde größer dabei.

Ma hatte mir geschrieben. Sie hätte Geld angewiesen für den Anwalt, und es sehe nicht schlecht aus, und warum ich ihr das angetan hätte. Sie hätte mir damals Geld für eine Europareise gegeben und nicht für die Fahrt in einen indischen Knast. Sie hätte Pa, der jetzt in Kalifornien lebte, verständigt. Auch er sei wütend auf mich.

Von den Jungs bei »Ellie's« kam eine Karte, und Pablo hatte auf die Vorderseite, die den Swimmingpool des Marriott-Hotels zeigte, geschrieben: »Was machste denn in Indien? Haste dich verfahren? Ha, ha, ha...« Die Karte sah nicht besonders einladend aus.

Judy hatte zwar einen Lippenstiftkuß auf ihr Briefpapier gedrückt, aber sie war offenbar ziemlich sauer. Ich hätte überhaupt nichts vom Gefängnis erzählt. Statt dessen hätte ich über zwei Seiten hinweg beschrieben, wie die Lebenslänglichen ihren Tee zubereiten.

Das stimmte. Singals Tee war das Beste, was ich je geschmeckt hatte, wie Vanille und Erde, erst süß, dann bitter und schwermütig, und der Geschmack blieb eine ganze Zeitlang im Gaumen, bis er langsam verschwand. Ich hatte mir das Rezept geben lassen und Judy geschickt, weil ich dachte, daß der Tee viel besser ausdrückte, wie ich mich fühlte, als ich es in einem Brief beschreiben konnte. Und natürlich auch, weil ich Judy damit eine Freude machen wollte.

Was meinen Alten anging, hatte Ma unrecht. Er war gar nicht sauer. Er schrieb: »Kopf hoch, mein Junge. Es gibt Schlimmeres.« Und dann schrieb er noch, daß er eine Alarmanlage installiert hätte, da, wo er jetzt wohnte, und daß er ein paar *special effects* eingebaut hätte, mit Polizeisirenen, Lautsprecherbefehlen und Hundegebell.

Wir saßen jetzt seit einem halben Jahr fest in diesem schwarzen Schloß, und das Fieber, das in Wellen wiederkam, schlauchte mich ganz schön. Die Schreie konnte ich jetzt deutlicher hören. Sie kamen meistens nachts, und ich war mir ziemlich sicher, daß ich sie mir nicht einbildete, obwohl die anderen nie etwas mitbekamen.

Ich ließ die Sache auf sich beruhen, obwohl ich spürte, daß es hier nicht mit rechten Dingen zuging. Ich meine, wir hatten uns alle verändert, ohne daß wir so recht wußten, inwiefern.

Wir waren alle müde, und jeder war mit sich selbst beschäftigt, aber es war nicht unangenehm. Es war eher so, als ob es kein Gestern und kein Morgen gäbe und alles nur ein einziges großes Stillhalten, eine glühende Endlosigkeit und daß das völlig in Ordnung sei.

Am Anfang besuchten uns die Freunde, und wenn ich in ihre heißen, geröteten Gesichter schaute, und wie sie gestikulierten und schrien, um sich in dem Lärm verständlich zu machen, kam es mir vor, als wären sie diejenigen, die hinter Gitter saßen.

In dieser Zeit, rund sechs Monate nach unserer Einlieferung, hörte ich die Stimme zum ersten Mal. Ich dachte zuerst, es sei eine Vision, so ähnlich wie sie Joseph Smith, unser Religionsgründer, erlebt hatte. Ich war gleichzeitig aufgeregt und gefaßt.

Ich hatte dort im Schatten der Mauer vor mich hingeträumt. Ich saß da und überlegte mir, warum mein Alter weggegangen war. Ich war damals ziemlich wütend, weil er mir versprochen hatte, mich zum Fischen mitzunehmen. Er hatte sich nicht daran gehalten und war einfach verschwunden. Kurz darauf fing die Geschichte mit den Farben an, daß sie manchmal verblaßten und so.

Da hörte ich die Stimme. Sie sagte: »Nichts ist so, wie es aussieht.«

Ich schaute mich um. Da war niemand.

»Hier oben«, sagte die Stimme.

Ich schaute auf. Über der Mauerkrone winkte eine magere braune Hand. Sie gehörte zu einem Lebenslänglichen, der sich als Gupta vorstellte. Offenbar hatte er sich auf einen Stuhl gestellt.

Gupta schien eine Menge zu wissen.

Er wußte, wie ich hieß und wer mein Anwalt war und daß meine Sache nicht schlecht aussah. Offenbar hatte er seine Informanten. Kurz, er kannte sich aus auf beiden Seiten der Mauer.

Ich kam jetzt regelmäßig jeden Mittag dorthin, an die Stelle neben dem Hibiskus, und wir unterhielten uns. Manchmal reichte ich ihm eine Zigarette rüber, und er steckte mir ein paar Pillen zu, die einen wach hielten.

Nach und nach rückte er raus mit seiner Geschichte. Er erzählte sie erst so, als ob sie von jemand anderem handeln würde. Aber dann gab es doch Momente, wo er sich anmerken ließ, wie sehr sie ihn mitgenommen hatte.

Er war ein Politischer. Er hatte einer Terrorgruppe angehört, die Zuggleise in die Luft gesprengt hatte. Ich fragte ihn, warum er unschuldige Menschen getötet habe. »Es gibt keine Unschuldigen«, sagte er.

In seinem früheren Leben war er ein ziemlich erfolgreicher Anwalt gewesen. Er kam aus Kalkutta. Er erzählte von seiner Familie, von seiner Frau und seinen drei Töchtern und seinem Haus, einer alten Kolonialvilla in der Nähe der Universität. Er mußte um die sechzig Jahre alt sein, hatte eine respektable Karriere hinter sich, war geachtet und offenbar geliebt, und nun saß er seit Jahren hier. »Ich lese viel«, sagte Gupta. »Hauptsächlich Tagore.«

Wahrscheinlich erlebt jeder irgendwas, was ihn völlig aus der Bahn wirft. Bei meinem Alten war es der Krieg. Bei Gupta war es ein Verkehrsunfall.

So wie er es erzählte, war er ein Liebhaber von Gedichten mit einem regelrechten Heißhunger nach Büchern, den er nie richtig stillen konnte. Als er noch in Kalkutta lebte, nahm er sich nachmittags immer für ein oder zwei Stunden Zeit, um seine noble Anwaltspraxis in der Innenstadt zu verlassen und in Bücherläden zu stöbern. Er tauchte dann unter im Gewirr der lärmenden College Street, dem, wie er sagte, größten Bücherbazar der Welt, wo er in den Straßenständen und Kellerläden nach Büchern suchte.

Eines Nachmittags hatte er einen sehr wertvollen Lyrikband entdeckt. Der Autor hieß Tagore, und das Buch *Ksanika*.

»Ich stand unter dem Zeltdach des Straßenhändlers und saugte den Geruch des Buches ein«, erzählte er.

»Leder und altes Papier, es gibt keinen schöneren Geruch. Ich hatte das Buch vorsichtig in der Mitte geöffnet und war völlig versunken in das Gedicht, das ich las.«

Dann deklamierte er leise irgend etwas von Wolken, die über den Himmel jagten, und seinem Herzen, das jubelte und war wie ein Pfau, und dann brach er plötzlich ab.

»Ist das nicht schön?« fragte er nach einer Weile.

Tatsächlich, es war schön. Das Gedicht erzählte von einer Freude, wie man sie selten erlebt, und es hatte die Worte, es auszudrücken. Ich meine, ich bin kein Liebhaber von Gedichten, aber manchmal gibt es Worte, die einen mittendurch reißen und die all das rausholen, was in einem ist, ohne daß man es selber weiß. Gute Rocksongs können das manchmal.

Früher hätte ich mich vielleicht gewundert, warum man über so etwas Gewöhnliches wie ein paar Gewitterwolken so einen Aufstand macht, aber hier, im Schatten der Mauer, schien es mir, als würde ich die Ekstase verstehen. Wolken, die Regen versprechen, und Regen, der Leben bringt – ich fand es schön und tatsächlich einen Grund zur Freude.

Auf jeden Fall stand Gupta da mit dem Buch in der

Hand, als er einen Schrei hörte. Auf der anderen Straßenseite verprügelte ein Ladenbesitzer einen kleinen Jungen, offenbar einen Kindersklaven, der eine Dummheit angestellt hatte. Der Junge stolperte auf die Straße. Im gleichen Moment brauste ein Sportwagen vorbei. Gupta riß die Hände in die Höhe und schrie eine Warnung, doch der Wagen hatte den kleinen Körper bereits erfaßt und durch die Luft geschleudert.

»Ich habe ihn sterben sehen«, sagte Gupta, »ich hatte den Eindruck, er schaut mich an.«

Und nun beobachtete er, wie der Autofahrer, ein junger Geck, ausstieg und seinen Kotflügel begutachtete und dann kopfschüttelnd zu dem Ladenbesitzer hinüber ging. Der Krämer gestikulierte, und der Geck drückte ihm ein paar Geldscheine in die Hand, und die beiden wechselten lächelnd noch ein paar Worte, und dann fuhr der Geck weiter. Der Händler verschwand in seinem Laden.

»Um den Jungen kümmerte sich keiner.« Gupta schwieg. »Es war, als hätte man eine Fliege erschlagen. Mir war schwindelig vor Wut.«

»Was passierte mit ihm?« fragte ich. »Ich meine, der Junge – was geschah mit ihm?«

»Ich habe ihn aufgehoben«, sagte Gupta. »Keiner wußte, wer seine Eltern waren. Der Ladenbesitzer behauptete, er sei ihm zugelaufen. Ich habe mich um die Verbrennung gekümmert und dafür gesorgt, daß seine Asche in den Ganges gestreut wurde.«

Wenn er nun auf Teeparties ging, erzählte er, war er zerstreut und verschlossen. Überall starrten ihn diese Kinderaugen an, aus denen jedesmal langsam das Leben wich. Sie begegneten ihm in der Menge beim Hunderennen. Sie waren in den Gerichtssälen, in denen er seine glänzenden Plädoyers hielt. Sie waren sogar in den Gedichten Tagores, und sie ließen all die Farben und Düfte verschwinden, die er so mochte, die Sonne, die Reisfelder, die Tautropfen an den Halmen.

Gupta vernachlässigte seine Frau, seine Kinder, seine Klienten. Er fing an, andere Bücher zu lesen. Revolutionäre aus Europa, Theoretiker der Rebellion. Keine Gedichte mehr, sondern Analysen. Er wollte begreifen, sagte er. Seine Wut verwandelte sich in Haß, in etwas Kaltes und Lauerndes.

»Es gibt keine Unschuldigen«, sagte er noch mal. »Alle sind schuldig. Selbst Tagore.«

Wie gesagt, er war völlig aus der Reihe. Und dann sammelte er diese Terrorgruppe um sich, Studenten aus der Uni, und sie begannen, Gleise in die Luft zu jagen, um »Löcher ins System zu sprengen«.

Doch irgendwann, sagte er, kamen ihm Zweifel. Bei einem Attentat war ein Eisenbahner ums Leben gekommen. Er hatte acht Kinder. Gupta zog sich aus der Gruppe zurück und ließ der Familie anonym Geld zukommen. Über diese Zuwendungen kam ihm die Polizei auf die Schliche.

Im Prozeß hatte er auf jede Verteidigung verzichtet. Ein Komitee, das seinen Namen trug, habe die Anwälte gestellt. Dieses Komitee sei auch für die verschiedenen Revisionsgesuche verantwortlich, die gegen seinen Willen gestellt wurden. Nun sei es damit glücklicherweise vorbei.

Es war nicht, was er erzählte, sondern wie, was mich umhaute. Er war der erste Mensch, den ich traf, der genau zu wissen schien, was er tat. Einer, der sich selber völlig *verziehen* hatte, wenn Sie wissen, was ich meine. Jeder schleppt doch irgendwas mit sich herum, was er sich möglichst nicht näher anschauen will. Gupta dagegen wirkte – *frei*!

Ich erzählte ihm von dem schwarzen Fleck und der Farbenblindheit. Ich nannte es den schwarzen Fleck, obwohl es eher eine Art Nebel war oder eine Dunkelheit, die eines Tages plötzlich dagewesen war und immer größer wurde.

»Wie ein Schatten, der plötzlich über einen fällt«, sagte ich, »und man weiß gar nicht genau, woher er kommt. Alles fühlt sich taub an. Ich höre mich dann sprechen, als ob ich in einem Nebenzimmer wäre und gar nichts mit mir zu tun hätte. Als ich mich damals auf den Highway gelegt habe, war die Dunkelheit für eine Weile verschwunden. Doch dann kam sie wieder.«

»Ich kenne das Gefühl«, sagte Gupta.

»Es ist, als ob man innerlich begraben wird. Wenn diese Dunkelheit da ist, habe ich an nichts Interesse. Dann könnte von mir aus die Welt untergehen.«

Gupta schien wirklich zu verstehen, wovon ich sprach. Jawohl, der Mann, von dem ich nur die Stimme und eine Hand kannte, verstand mich besser als alle, mit denen ich seit Jahren zusammen war. Vielleicht sehen sich die Menschen ja klarer, wenn sie sich nicht sehen.

In einer Luke in unserer Zelle hatte sich ein Taubenpaar eingenistet. Die Vögel waren ziemlich aufgeregt und flatterten hin und her und waren vollkommen mit dem Nestbau beschäftigt, als ob es nichts anderes gäbe. Sie benahmen sich, als seien sie ferngelenkt.

»Wir sind alle verloren«, sagte ich zu Pete, als wir diesem Tanz eine Weile zugeschaut hatten, »egal ob wir hier drin sind oder draußen. Wir leben, pflanzen uns fort und sterben. Und das war's dann.« Die anderen schauten mich an, als ob sie wüßten, wovon ich sprach.

Wie gesagt, Pete und ich hatten uns verändert. Wir waren magerer geworden, und die Haare fielen uns lang über die Schultern, und Petes Augen glänzten eigentümlich. Wahrscheinlich war es Unterernährung. Aber da war noch was anderes. Es war, als wären wir alle ohne Wünsche.

Wir sprachen nicht viel, wenn wir in unserer Zelle lagen. Worüber sollten wir reden? Wir aßen und schliefen und flochten Zöpfe gegen die Moskitos. So vergingen die Tage.

Nach acht Monaten hatten wir unseren Prozeß. Wir wurden in dem vergitterten Transporter zum Gerichtsgebäude in die Stadt gebracht, zu einem verwitterten Kolonialbau mit einem Gewirr von Treppen. Der Anwalt, ein untersetzter, hakennasiger Tamile mit blauschwarzen Haaren, die über seinen weißen Hemdkragen fielen, begrüßte uns lächelnd und versuchte, uns aufzumuntern. Ich mochte ihn nicht. Ich fühlte mich geschwächt und erschlagen von dem Lärm und dem Gewimmel in den Fluren, und ich hörte kaum hin, wenn der Anwalt erzählte. ES WAR MIR EGAL. Alles war in diesen dunklen Nebel gehüllt.

Die Verhandlung war kurz. Offenbar war der zuständige Richter eingehend bearbeitet worden. Nach Anrechnung unserer bereits verbüßten Strafe kamen wir mit einem weiteren Monat davon, wenn wir uns bereit erklärten, eine Geldstrafe zu bezahlen. Der Betrag war für indische Verhältnisse hoch. Gemessen an dem, was Judy im Monat für Musikkassetten und Kleider ausgab, war er lächerlich.

Ich war ziemlich erschlagen, als ich in die Zelle zurückkehrte. Anderntags erzählte ich Gupta von der Verhandlung, und er schien sich mehr darüber zu freuen als ich.

Die Sonne stand nun nicht mehr so hoch, so daß Pete und ich die Rennerei wieder aufnahmen. Die Schreie, die ich nachts hörte, waren nun ziemlich nahe. Als ob sie von jenseits der schwarzen Mauer kamen.

Ich sprach mit Gupta darüber. Die anderen hielten mich für übergeschnappt, weil sie nichts hörten, doch Gupta sagte, ich solle nur mir selber trauen und niemandem sonst. Wenn ich die Schreie hörte, gebe es sie. Seine Stimme klang nun noch durchlässiger als sonst, weicher und irgendwie verzagter.

Zwei Tage vor unserer Entlassung bat er mich, ihm die Hand zu geben. Ich besorgte mir einen Stuhl aus Singals Zelle und stellte ihn an die Mauer neben den Hibiskus. Er fuchtelte über der Mauerkrone, und dann stießen unsere Hände zusammen, und ich spürte, wie schmal Guptas Finger waren und daß sie sich trocken und faltig anfühlten. Dann stieg ich wieder hinab.

»Bis morgen«, sagte ich.

»Bis morgen«, antwortete Gupta.

Abends unterhielt ich mich mit Pete darüber, was wir machen würden, wenn wir rauskämen. Ich stellte mir das schwarze Schloß von außen vor und den Straßenhändler auf der anderen Seite mit seinen schwarzen Mangos. Nun waren wir schon über acht Monate in Indien und hatten immer noch keine Mango gegessen.

»Sie schmecken süß«, meinte der Schwede.

In dieser letzten Nacht passierte was Merkwürdiges. Ich hörte den Schrei wieder, so nah und so deutlich wie nie zuvor. Dann war alles still. Und nun fehlte irgend etwas. Irgend etwas war anders. Plötzlich wußte ich, was es war: Die Dunkelheit war weg. Der kleine schwarze Nebel, der Druck hinter der Stirn, den ich gespürt hatte, seit mein Alter abgehauen war.

Am nächsten Mittag ging ich zur Mauer, um Gupta davon zu erzählen. Auf der anderen Seite war alles still. Nach einer Weile rief ich Guptas Namen. Ich erhielt keine Antwort. Unschlüssig wartete ich noch eine Weile, dann schlenderte ich hinüber zu Singals Zelle.

»Was ist mit Gupta?« fragte ich ihn.

Der Lebenslängliche schaute mich verwundert an.

»Was soll mit ihm sein? Er ist tot.«

»Was?« sagte ich entgeistert.

»Er ist heute nacht hingerichtet worden.«

Der Trakt hinter der schwarzen Mauer, erzählte Singal, war der Todestrakt. Das letzte Gnadengesuch, das Guptas Familie gestellt hatte, war vor einigen Wochen abgelehnt worden, etwa zur gleichen Zeit, als wir unseren Prozeß hatten.

Ich lief zur schwarzen Mauer zurück und setzte mich neben den Hibiskus und lehnte mich an. Ich war immer noch fassungslos. Ich spürte die Risse und die Ränder des abgeblätterten Farbverputzes im Rücken.

Da hatte ich wochenlang mit einem gesprochen, der

praktisch schon tot war. Ich hatte mit dem Tod geredet und hatte in seiner Nähe gegessen und geraucht und geschlafen. Ich spürte die Stille auf der anderen Seite. Sie war so endgültig.

Singal erzählte, daß es im Innenhof der schwarzen Mauer einen Galgen gab. Die Häftlinge im Todestrakt konnten den Galgen sehen.

Da hatte ich also wochenlang erzählt, wie sinnlos ich das Leben fand, und Gupta hatte den Galgen gesehen und hatte mich getröstet.

Die Schreie übrigens habe ich nie wieder vernommen. Und als wir am nächsten Tag aus dem Gefängnistor traten, sah ich gegenüber den Straßenhändler mit seinen Mangos.

Und was soll ich sagen, die Mangos waren gelb, so, wie sich's gehört.

Der letzte Cayuse

Keiner wußte, wann es passieren würde, aber geahnt hatten sie's alle, daß Jim Dole, der Cayuse, mal ausrasten würde. Die meisten kamen gut mit ihm klar, aber er hat diese ganzen verrückten Ideen gehabt, und auf manche hat er gewirkt wie eine tickende Bombe.

Jeff, der in Lucys Café hinter dem Tresen stand, will ihn gewarnt haben an jenem Nachmittag.

»Du hast langsam genug, Chief«, sagte er, als der Cayuse mit dem Daumen auf sein leeres Whiskyglas deutete. Schließlich weiß jeder, daß die Roten nichts vertragen, und Dole war eindeutig schon jetzt auf dem Weg in den Keller.

Dole stemmte sich mit beiden Händen gegen den Tresen und richtete langsam seinen Oberkörper auf, bis sich seine Augen auf Jeff eingependelt hatten, ungewöhnliche, blaue Augen, mit einem weißen Film drüber, »wie von einer Schnecke«, und er sagte: »Willst du 'n Cayuse beleidigen?«, worauf Jeff die Schultern zuckte und ihm nachgoß.

Jim Dole war noch längst nicht hinüber. Er wußte genau, was er tat und warum er hier war. Er hob das Glas, salutierte in den fleckigen Spiegel, vor dem die Flaschen standen, und schüttete das Zeug runter. Dann brütete er wieder vor sich hin. Er war völlig versunken in sich. Er dachte über die Unsterblichkeit nach.

Neben den Flaschen hing ein Schild: »Wenn Arschlöcher Flügel hätten, wäre das hier ein Flughafen.«

Allerdings waren Jim und Jeff die einzigen bei »Lucy's«. Die Kneipe war ein stillgelegter Flughafen. Nichts mehr los.

An den Spiegelrahmen waren Eindollarnoten getackert, so daß er aussah wie ein fleckiger, grüner Friedhofskranz, der an die besseren Tage erinnerte, als es die Urangrube noch gab und die Minenarbeiter sich den roten Staub aus den Hemden schüttelten, wenn sie Lucys Laden betraten und mit Geld um sich warfen.

Alle Geldscheine waren auf die eine oder andere Art signiert. »Lucy, ich liebe Dich«, oder »Mach mich selig, Lucy«, oder auch einfach nur »LUCY!«. Auf manche war nur ein Datum, eine Telefonnummer oder ein Männername geschrieben, in ungelenken, verrutschten Buchstaben, denn erstens hatten die Männer nicht gerade ein Hochschuldiplom und zweitens meistens schon mächtig Schlagseite, wenn sie diese Fetische bekritzelten, diese erotischen Schuldscheine, diese Pfandbriefe auf ihre unschuldigen, schwarzen, lüsternen Seelen.

Da Geld für sie die Essenz des Lebens war, hielten sie eine bekritzelte Dollarnote für den Gipfel der Anbetung – was eignete sich besser, um auszudrücken, was man auf dem Herzen hatte, als diese kleinen grünen Lappen, um die sich sowieso alles drehte, das Leben und der Tod und die Liebe.

Den ganzen Tag schmorten sie in den dunklen Stollen und kratzten Mutter Erde in den Eingeweiden rum, und dann kamen sie hier rein und waren scharf auf das, was sie am Tunnelende gesehen hatten.

Jeder, der da unten war, hatte diese Visionen. Eingeschlossen in die Dunkelheit und in die Glut ihrer Sehnsüchte, gewöhnten sie sich auf Dauer daran, daß die Welt verschwand und ihre Fantasien Gestalt annahmen, meist bläulich flackernd und durchsichtig wie Kerzenflammen.

Sie hackten und stachen und bohrten und brachen Granitblätter von den Wänden und stöhnten »Lucy«, wenn sie sie dort unten sahen mit ihren roten Lippen und den schwarzen Haaren. Und irgendwann tauchten sie wieder auf, kamen in die Kneipe, und dann stand Lucy da, in einem Strahlenkranz aus grünen Dollarnoten, und sie hantierte mit den Flaschen, und die Männer hatten die Ahnung des Heiligen.

Lucy verstand die Männer, weil sie entwurzelt war wie sie und durch ein Leben getrieben wurde, in dem die einzige Sicherheit die war, die man sich für Geld kaufen konnte. Sie war Koreanerin und kam von der Westküste hierher, in die Einöde, wo sie der Kerl, vor dem sie davongelaufen war, nicht finden konnte.

Die Stollen und die Gerüchte, die sich um die Erscheinungen rankten, waren der eigentliche Grund, warum sich Jim damals um die Arbeit bewarb. Das war, als die Sache mit dem Museum begann und Jim von einer eigentümlichen Unruhe ergriffen wurde. Er war schon immer am Übersinnlichen interessiert, und was die Männer erzählten, klang für ihn wie das, was er bei Pater Joseph über die Unsterblichkeit in Erfahrung gebracht hatte: ein Tunnel, dunkel wie der Übergang vom Leben zum Tod, und dahinter ein Licht, eine Erscheinung, die Auferstehung.

Auch Jim hatte eine Schwäche für Lucy, doch unten im Stollen, im schwankenden Licht seiner Helmlampe, sah er nicht sie, sondern einen schwarzen Schatten, der aussah wie ein Krieger auf einem Pferd, in vollem Federschmuck, mit einem erhobenen Tomahawk, die Augen auf ein Ziel gerichtet, das er nicht erkennen konnte.

Der Reiter sah so ähnlich aus wie das Denkmal aus Bronze, das auf dem Rasenstück vor McDonald's stand, oben auf dem Hügel, wo die Hauptstraße vom Highway abging und runter führte nach Green Springs. Der Rasen wurde ständig gesprengt, und er war eigentlich das einzige Grüne an Green Springs, wenn man von den Dollarnoten absah, die die Grubenarbeiter in die Stadt brachten.

Auch dieser Krieger saß auf einem Pferd, das hoch aufgebäumt mit den Vorderhufen in die Luft trommelte. In Ermangelung eines besseren Namens nannte Jim seine Höhlenerscheinung die »Unsterblichkeit«.

Und hier, bei »Lucy's«, konnte er am besten darüber nachdenken. Wenn er hier saß, hörte er den Lärm der Männer, spürte den roten Staub in der Kehle, roch den Schweiß und sah Lucy lachen. Das war noch immer so, obwohl es Lucy längst nicht mehr gab. Sie hatte sich aufgelöst in den Falten der Zeit und war verschwunden wie eine Luftspiegelung.

Lucy war weg, die Urangrube war weg, die Männer waren weg. Lucys Café war eine Bretterbude am Highway nach Westen, eine von insgesamt acht, die alle vernagelt waren und allmählich verfielen und nur noch eine Geisterstadt bildeten zwischen staubigen Salbeibüschen, die von Fernfahrern zu Pinkelpausen benutzt wurden. Sam vom

Getränkemarkt hatte die Bude für praktisch nichts übernommen, und sie warf gerade soviel ab, daß er Strom und Wasser und Jeff davon bezahlen konnte.

Manchmal kam einer rein, wischte sich den Schweiß von der Stirn und aß ein Omelett. Doch jetzt waren Jim und Jeff allein, und Jim saß vor seinem Bourbon und dachte an Lucy und den schwarzen Krieger.

Jeff hing mit seinem Wischtuch überm Tresen und schaute hoch zum vergitterten TV, auf dem Fliegenscheiße klebte.

Jeff war ein ausgemergelter Junge mit Wolfszähnen und langen Haaren und dreckigem T-Shirt, und er war so kurzsichtig wie ein Molch. Seine Brillengläser hatten die Dicke von Flaschenböden, und er konzentrierte sich auf die Mattscheibe, als ob er ein Forscher sei, der eine rätselhafte Pilzkultur beobachtet.

Tatsächlich verstand er von den Nachrichten so gut wie nichts, und er vergaß auch alles sofort wieder, aber er mochte die Bilder, und sie beruhigten ihn, denn solange der Fernseher lief, hatte er die Gewißheit, daß es da draußen noch eine Welt gab.

Jeffs große Befürchtung war, daß sich »dort draußen« einmal eine gewaltige Katastrophe ereignen könnte und keiner ihm davon erzählen würde. Er würde den Tresen putzen und auf Kundschaft warten, und irgendwann käme eine Horde von strahlenverseuchten Zombies durch die Tür getrampelt, und sie wären nicht scharf auf seinen Whisky, sondern auf sein Blut.

Vor den Zombies hatte er am meisten Angst, da sie auf den ersten Blick aussahen wie normale Menschen. Allerdings hatten sie keine Augen, weshalb sie dunkle Sonnenbrillen trugen. Jeff wurde regelmäßig mißtrauisch, wenn jemand reinkam und seine Sonnenbrille nicht abnahm.

CNN berichtete über die Überschwemmungen im Mississippi-Delta, über einen Neueinkauf der Yankees, über den Urlaub des Präsidenten. Der Präsident trug Shorts und ein buntes Hemd mit kurzen Ärmeln und eine dunkle Sonnenbrille.

Stirnrunzelnd sah Jeff auf den Fernseher und fragte Jim: »Meinst du, unser Präsident ist 'n Zombie?«

Jim schaute auf, und es dauerte eine Weile, bis er Jeffs Frage kapiert hatte, denn er kam gerade von einer langen Gedankenexpedition zurück, einer Art metaphysischer Grubenarbeit, bei der er sich mit der Unsterblichkeit befaßt hatte.

»Dazu ist er nicht blaß genug«, sagte er, »Zombies sind blaß, weil sie kein Blut haben. Nee, der ist kein Zombie. Der ist 'n ganz normaler Idiot mit Sonnenbrille.«

Dann deutete er wieder mit dem Daumen auf sein Glas, und Jeff goß, nun wieder beruhigt, nach.

»Sag mal, Chief, da drüben im Jenseits, gibt's da auch Kneipen?«

Jeffs zweite große Befürchtung war, ohne Job zu sein, und wenn es jemanden gab, den er über die Verhältnisse im Jenseits ausholen konnte, dann war es der Cayuse, der sich dauernd damit beschäftigte und der für Jeff ein absoluter Fachmann war, seit er ihm mal einen Vortrag über die Unsterblichkeit gehalten hatte.

»Ich meine, ohne Barkeeper kommen die drüben doch auch nicht aus, oder?«

»Klar«, sagte Jim Dole, »mach dir darüber mal keine Gedanken, Jeff.«

Er saß noch eine gute halbe Stunde herum, erklärte Jeff später, und dann war er aufgestanden.

»Er konnte auf jeden Fall auf seinen Füßen stehen, wenn er auch ein bißchen staksig gegangen ist.«

Dole trat auf die Veranda vor Lucys Café und schloß für einen Moment seine Augen in der schrägstehenden Sonne und atmete tief ein. Er war nicht sehr groß, aber drahtig – und schnell, wenn es drauf ankam. Manchmal hatte einer der Neuen bei »Lucy's« versucht, sich mit ihm anzulegen. Aber ehe sie auch nur ausgeholt hatten, hatte Jim ihnen eine Kombination auf die Nase getrommelt, und dann fielen sie um, weil sie ohnehin schon getankt hatten, und die Sache war erledigt. Jim kämpfte wie eine Klapperschlange. Er griff nur an, wenn er bedroht wurde, dann aber zielsicher, schnell und vernichtend.

Nicht umsonst war sein indianischer Name »Der-Blitz-der-den-Boden-trifft«. Er fand ihn selber ein bißchen albern, und als er zu vorgerückter Stunde mal damit rüberkam, lachten sich die Männer schief. Nur mit Mühe konnte er sie davon abhalten, ihn »Blitz« zu nennen. Sneaky gab erst Ruhe, nachdem ihm Jim auf die Lampe gehauen hatte. Sie nannten ihn »Chief«, damit war er einverstanden.

Jim verlor selten die Kontrolle über seinen Körper, wenn er getankt hatte. Gleichgewichtssinn, Augen, Gehör, alles funktionierte. Er wurde nicht benommen, wenn er trank, sondern wach, immer wacher, bis er die Stimmen hörte, als ob er die Tür aufgestoßen hätte zu einer anderen

Welt, die immer schon da war – ja, dann hörte er die Stimmen, und er sah Sachen, die andere nicht sahen.

Jetzt stand er für einen Moment in der Nachmittagssonne und holte Luft, als würde er Witterung aufnehmen. Seine schmalen, weißblauen Augen saßen über fleischigen, breiten Wangen, die fleckig und pockennarbig waren, und seine Nase war schwer und rund wie ein Sattelknauf.

Rechts von ihm standen stillgelegte Zapfsäulen wie rote Kühlschränke im Brachland, dann kam der Highway, und auf der anderen Seite rollte sich das Präriegras wie ein blaugrünes Meer bis hin zu den roten Felsen, deren aufgerissene Flanken zu bluten schienen. Etwas lag in der Luft.

Er spürte, daß dies ein besonderer Tag werden würde und daß sich große Dinge ereignen würden, Heldentaten und Schlachten und Erscheinungen, die sein Leben verändern würden. Am Morgen hatte er es seiner Schwester Marjorie gesagt.

»Marjie, heute ist ein großer Tag, ich kann es fühlen.«

Sie packte gerade ihre Siebensachen zusammen, um zur Arbeit ins Museum zu gehen. Sie sah auf, sagte sarkastisch: »Du meinst, du besorgst dir endlich 'n Job?«

Sie räumte weiter herum, schüttelte die Betten auf, stellte das Geschirr ins Spülbecken und zog den Stecker aus der Kochplatte. Dann hielt sie wieder inne, runzelte die Stirn und sagte: »Mach ja keinen Scheiß, Jim.«

Sie kannte diese merkwürdigen Stimmungen ihres Bruders, und sie hatte gelernt, vorsichtig zu sein. Damals, als er die Sprengung vorbereitet hatte, hatte er sich genauso großartig gefühlt. Er hätte ein Gesicht gehabt, sagte er an dem betreffenden Morgen. Er wisse ganz genau, daß auf dem Gelände unter ihrem Schuppen eine Ölader sei.

Nun wußte aber jeder, daß es auf dem Reservat nichts mehr zu holen gab, denn sonst säßen nicht die Nez Percé hier, sondern ein paar Ölgesellschaften. Es gab zwar um die Jahrhundertwende einige kleine Felder, aber die Bohrtürme verschwanden nach ein paar Jahren wieder, weil sich die Ausbeutung nicht lohnte.

Doch Jim ließ sich nicht davon abbringen. Er sei der einzige in der Familie, sagte er, der die Zeichen noch zu deuten wisse und Ahnung von Gesichten habe. Er rollte die Dynamitstangen in eine Zeltplane ein und vergrub sie genau an der Stelle, an der der Holzblock stand. Dann zündete er die Lunte. Es gab einen mordsmäßigen Krach, und der Schuppen war weg. Dafür stank es nun fürchterlich – das einzige, was Jim freigelegt hatte, war eine alte Sickergrube und das Abflußrohr.

Marjorie war schon immer die vernünftigere, obwohl sie jünger war. Sie war breit und hatte schwere Hüften, und ihr Kopf saß direkt auf dem Rumpf. Wenn sie in der Sonne stand, sah ihr Schatten aus wie ein solides, sachliches Zelt, ohne Schnörkel und fest im Boden verankert.

In der Missionsschule stickte sie Perlen auf Rindshäute. Ihr Meisterwerk war ein Kreuz auf dem Hintergrund der amerikanischen Fahne. Doch Pater Josephs erklärter Liebling war Jim, der ihn stundenlang über die Transsubstantiation, die Dreieinigkeit und die Verdienstmöglichkeiten in der katholischen Kirche ausfragte.

Ihr Vater legte Wert darauf, daß sie die Missionsschule

besuchten und sich taufen ließen. Er hielt es für erwiesen, daß die Jesuiten einen überlegenen Zauber besaßen. »Herrschaftswissen« nannte er es.

Vor allem die Kommunion wurde gewissenhaft wahrgenommen. Die Vorstellung, daß man einen Verstorbenen wiedererweckte, um ihn sich einzuverleiben und damit seine Kraft in sich aufzunehmen, schien ihm eine Drehung der Magiespirale, die weit über den Totenkult der Cayuse hinausging.

Jim Doles Familie, die mit dem Stamm der Nez Percé zusammenlebte, war schon immer sehr machtbewußt. Sein Urgroßvater hatte die Shoshonen an ein Bataillon von General Custer verraten und war dafür von den Nez Percé als großer Held geachtet worden, denn die Shoshonen waren ihre Todfeinde. Die Achtung, die man ihm entgegenbrachte, ging auch auf seine Söhne und Enkel über, selbst wenn man im Laufe der Zeit den Grund dafür vergessen hatte.

Daß die Cayuse, die ein kleiner Stamm waren, in den amerikanischen Geschichtsbüchern überhaupt erwähnt wurden, lag an den Whitmans, einem Baptistenehepaar, das vor hundertfünfzig Jahren mit ihren sieben Kindern von den Cayuse hingemetzelt wurde.

Noch heute streiten sich die Historiker über die Hintergründe dieses Gewaltausbruchs. Die umfangreichen Aufzeichnungen der Narcissa Whitman selber geben wenig her. Sie quellen über vor Bibelzitaten und schwülstiger Traktatpoesie, in denen die Cayuse als »Kinder der Natur« oder »Wilde« auftauchen, deren »Seelen gerettet«

werden müßten. Sie stammte aus einem Betzirkel im Osten.

In den mündlichen Überlieferungen der Cayuse lebte die Baptistenfrau als eingebildete Ziege fort, die immer mit Wasser und Lappen hantierte, wenn einer von ihnen den Fuß auf ihre Veranda gesetzt hatte. Ihre Blockhütte, auf die sie sich eine Menge einbildete, war ohnehin tabu für die »Kinder der Natur«. Doch der eigentliche Grund des Dramas war wohl in der Tatsache zu suchen, daß ihr Mann, Marcus Whitman, nicht nur Prediger, sondern auch ein ziemlich schlechter Arzt war.

Kurz nachdem die Whitmans mit einigen Glücksrittern und Pelztierjägern in die Gegend gekommen waren, brach nämlich unter den Cayuse-Kindern eine rätselhafte Pockenkrankheit aus. Marcus Whitman besuchte ihre Zelte und brachte die Medizin des weißen Mannes, die kurzfristig Besserung zu versprechen schien. Doch nach einer Weile verschlimmerte sich der Zustand der Kinder, bis schließlich eines nach dem anderen hohläugig und wimmernd und fiebernd verschied.

Da es nun aber ganz normaler Cayuse-Brauch war, die Medizinmänner zu töten, deren Zauber zu schwach oder abgenutzt war, taten die Cayuse nur, was sie für ihre Pflicht hielten. Im übrigen war es ja nun trotz Narcissa Whitmans Putzfimmel klar, wer hier wen angesteckt hatte – bevor die Weißen auftauchten, gab es keine Pocken.

Die Cayuse also packten das Übel bei der Wurzel und rissen es aus. Eigentlich kein Grund zur Aufregung. Die Sache war in ein paar Minuten erledigt, die Götter versöhnt und die kosmologische Ordnung wiederhergestellt.

In der nachfolgenden Strafexpedition durch die Armee jedoch wurden die Cayuse fast vollständig vernichtet. Die Übriggebliebenen flüchteten sich zu den Nez Percé, denen dann Jim Doles listiger Urgroßvater durch seinen Verrat die Shoshonen vom Halse schaffte.

Eigentlich waren die Cayuse nie besonders große Krieger gewesen wie andere Stämme, die die Plains beherrschten, die Sioux oder die Arapahos oder die Shoshonen. Sie zogen sich zurück vor dem Feind und vor der Geschichte, und in den folgenden Generationen verebbten sie einfach und kamen leise und ohne Kriegsgeschrei zu Ende.

An der Stelle des Whitman-Massakers, auf einem kleinen, ulmenbestandenen Hügel, wurde ein Obelisk errichtet, in den eingraviert wurde: »Den Helden Marcus und Narcissa Whitman, die ihr Leben hingaben, um den Wilden das Wort Gottes zu bringen.«

Unterhalb wurde eine Fertigbaracke hingesetzt, in der man das unterbrachte, was man in einem Festakt großspurig als »County-Museum« bezeichnete, das die »heldenhafte Siedlergeschichte« dokumentieren sollte.

Lange Jahre gab es dort nichts als ein paar verrottete Holzschemel, Schaubilder über die Flora der Gegend und abgebrochene Pfeilspitzen.

Doch Ende der sechziger Jahre drang ein enthusiastisches junges Forscherteam der Universität Colorado bis nach Green Springs vor und drohte Sam, der damals das Bürgermeisteramt miterledigte, mit einem Skandal, falls in dem Museum »nicht gleichermaßen die Geschichte der

Unterdrückung und Ausrottung der amerikanischen Urbevölkerung« dokumentiert werde.

Sam verstand nicht die Hälfte von dem, was ihm da erzählt wurde. Doch er wollte Ärger vermeiden. Obendrein versprachen die Historiker, die offenbar aus einem üppigen Fonds versorgt wurden, einen ansehnlichen Ausbau des Museums. Also gab er seinen Segen. Nur in einem Punkt blieb er starrköpfig. Die Historiker wollten den Obelisk abtragen, der für sie ein »Denkmal der kolonialistischen Ideologie« darstellte.

Sam legte sich quer. »Nur über meine Leiche«, sagte er.

Er bezeichnete den Obelisken als Attraktion des County und als Magnet für den Fremdenverkehr. Daß es außer den Grubenarbeitern, die vorwiegend bei »Lucy's« draußen rumlärmten, keinen Verkehr gab, störte ihn nicht.

»Das müssen uns die anderen erst mal nachmachen«, pflegte er zu sagen. »Einen Obelisken.«

Der Obelisk blieb, und das Museum wurde renoviert. Die alten Schaubilder verschwanden und neue wurden aufgehängt, auf denen die Cayuse-Kosmologie erklärt wurde, ihr naturverbundener Lebenskreislauf und die überlegene Wurzel- und Kräutermedizin der Alten. Dann spürten die Forscher Jim und Marjorie auf, die, von ein paar Verwandten in Kansas abgesehen, als die Letzten des Stammes gelten konnten.

Bald waren sie wirklich die letzten, zumindest auf dem Reservat der Nez Percé, denn als die Forscher aufgetaucht waren, lag ihr Vater bereits in den letzten Zügen, zugrunde gerichtet vom Whisky, wie viele in der Familie, doch eigentlich getrieben von einer unstillbaren Sehnsucht nach seiner Frau, die ihm in die ewigen Jagdgründe vorausgegangen war.

Sie hatte Tortillas gebacken und gerade begonnen, ihm von einer unglaublichen Begebenheit um Großonkel Bill zu erzählen, als sie mit der Propangasflasche in die Luft ging, und Vater, der ganz versessen war auf Familienklatsch, hatte nie das Ende der Geschichte gehört.

Die Forscher warteten Vaters Ende in aller Schicklichkeit, aber doch mit einer unverhohlenen Ungeduld ab. Ihnen schien da ans unberechenbare Leben vergeudet, was in den Katalogisierungen der Wissenschaft würdiger aufgehoben war.

Sie kauften Jim und Marjorie alles ab, was ihre Großeltern und Tanten und Onkel angesammelt hatten, und in dem Moment, in dem Vater seine Seele aushauchte, ging auch sein Nachlaß ans Museum über.

Nach und nach fiel der gesamte Hausrat der Doles an die Wissenschaft. Und als es nichts mehr gab, produzierte Jim den Nachschub selber. Er kam gar nicht nach mit dem Herstellen von garantiert alten Zinkkrügen und Fetischen aus Rindshaut, von altem Zaumzeug und Köchern.

Sie lebten ganz ordentlich davon, doch ihre Wohnung war mittlerweile ziemlich kahl, und an einigen Stücken hing Marjorie doch sehr. »Da kann ich ja gleich rüberziehen«, sagte sie irgendwann, und die jungen Forscher waren sofort Feuer und Flamme. Über den Fonds »Zur Förderung ethnischer Parität im Museumswesen« verschafften sie Marjorie eine Planstelle als Museumswärterin.

Ein bißchen merkwürdig kam es Marjorie am Anfang schon vor, wenn sie den seltenen Besuchern die Pfeife ihres

Großvaters zeigte, einen kaputten Webstuhl ihrer Tante oder den flachen Zinkbehälter, den sie später, als sie bereits hinfällig war, als Bettpfanne benutzte.

Die jungen Familienväter nickten dann immer ergriffen, während sich die jungen Frauen erschöpft auf einer Bank draußen im Schatten ausruhten und ihre sommersprossigen Lümmel mit Ohrfeigen versorgten. Meistens hatten die Besucher einen Sonnenbrand und waren müde. Acapulco konnten sie sich für den Urlaub nicht leisten, also landeten sie im Heimatmuseum von Green Springs und verfluchten den Tag, an dem sie die Idee gehabt hatten, das »Land der Väter« kennenzulernen.

Marjorie gewöhnte sich bald an ihre Arbeit, und die Forscher erzählten ihr alles, was es über ihren Stamm zu wissen gab. Sie konnte das Wissen über Wanderungsbewegungen und Genealogien aufpeppen mit Erzählungen der Großeltern, die zwar wissenschaftlich kaum brauchbar, vage und voller Widersprüche waren, aber dafür überaus farbig.

Manches konnten die Forscher schnell enträtseln. Das uralte Geheimrezept, das Marjorie von ihrer Großmutter bei Halsschmerzen verabreicht bekam, dechiffrierten sie als Kamillebonbons, die es in jedem Drugstore zu kaufen gab. Anderes blieb rätselhaft und von magischer Vieldeutigkeit.

Zunächst war es eine lebendige Osmose zwischen dem Leben der Doles und dem Reich der Wissenschaft, ein ständiger Austausch an Gegenständen und Dollars, Fakten und Märchen, Zaubersprüchen und Expertisen, und Marjorie saß sicher und unverrückbar in ihrem Fleischeszelt und war zufrieden mit ihrem Leben.

Sie gab her und bekam zurück. Für das Schaubild »Cayuse-Krieger kehren von der Jagd zurück« stellte sie Fotos ihrer Verwandtschaft zur Verfügung, deren Gesichter in das Bild eingearbeitet wurden.

So schritten nun Onkel Jett und Bill, der ungeratene Sproß von Tante Annie, als lendengeschürzte Jäger über die Prärie, und zwischen ihnen an einer Stange schaukelte ein Wildschwein. So wurde Marjorie täglich an Bill erinnert, der sonst, dem natürlichen Sortierungsprozeß des Gedächtnisses überlassen, längst in den Korridoren der Zeit verschwunden wäre.

»Ausgerechnet Bill schleppt 'n Schwein«, sagte Marjorie manchmal, »der konnte doch noch nicht mal 'ne Autobatterie anheben.«

Nach und nach jedoch entwickelte das Museum einen Sog, den Jim, allem Spirituellen gegenüber empfänglich, deutlicher als Marjorie spürte. Das Museum legte alles unter Glas und stellte zur Schau, was andere Familien auf muffige Speicher oder in dunkle Keller verbannt hätten.

Dort hätte allenfalls der Zufall den einen oder anderen Gegenstand und die mit ihm verbundenen Geschichten auftauchen lassen, ein zweckloses Stöbern, vielleicht die Suche nach einem Hammer oder einem brauchbaren Behälter, das die Pfeife von Großvater oder den Festschmuck von Onkel Jett zu Tage gefördert hätte. Und nach einem versonnenen Lächeln wäre der Krempel wieder zurückgewandert in den Humus der Zeit, aus dem neues Leben und neue Geschichten entstehen.

Bei den Doles war es anders. Letztlich war es eine Einbahnstraße, an deren Ende ihre völlige Geschichtsnacktheit stand, während im objektivierten, allen zugänglichen Museumsraum die Dolesche Geschichte neu inszeniert wurde, definiert und desinfiziert, beschriftet und des Geruchs und der persönlichen Farbe entledigt und damit für die Ewigkeit präpariert.

Man könnte auch sagen, daß sich Jim, der ohnehin nicht der kräftigste war, immer leichter und unwirklicher fühlte, während das Museum sich an seinen Erinnerungen und letztlich seiner Seele vollsog.

Als Prunkstück für die Mitte des Raumes hatten sich die Forscher ein Wachsfigurenensemble vorgestellt, das die historisch erste Begegnung zwischen den Cayuse und den Whitmans schildern sollte, den ersten dramatischen Händedruck zwischen Wilden und Weißen, Eroberten und Eroberern, Opfern und Siegern. Ein zweideutiger Händedruck übrigens, denn der Startschuß zur Tragödie war ja eine Infektionskrankheit.

Jim war der Meinung, daß dieser Händedruck der Anfang vom Ende war und daß, wenn es ihn nicht gegeben hätte, ein »Cayuse heute im Weißen Haus und die Engländer im Reservat sitzen« würden, was natürlich völlig unlogisch war, aber für Jim eine höchst befriedigende Vorstellung.

Obwohl die Whitmans zunächst mal die Verlierer dieses Zusammentreffens waren, weil sie ja kurz darauf skalpiert wurden, sollten sie stolz auftreten, denn sie waren als Repräsentanten der Siedler gedacht, der siegreichen weißen Rasse, so wie die Cayuse die Roten schlechthin vertraten, und auch sie sollten mit würdevollen Mienen verewigt werden.

Das Ensemble nahm Gestalt an. Marcus Whitman, mit breitkrempigem Hut und Predigerrock, trat der auf dem Boden hockenden Gruppe von Cayuse-Häuptlingen entgegen, die Rechte zum Gruß ausgestreckt, die linke Hand auf einem Holzpflug ruhend, der die Überlegenheit der Zivilisationsstufe »Ackerbau und Vorratswirtschaft« über die der »Sammler und Jäger« dokumentieren sollte.

Hinter Whitman schritt Narcissa, mit Häubchen und langem Pioniersfrauen-Rock, an den sich der kleine Jeff klammerte. Narcissas linke Hand war um eine schwarze Bibel gefaltet, die rechte hatte sie halb grüßend, halb segnend erhoben.

Sie wurden von zwei Cayuse-Kriegern, die in festlich verzierten Büffelhäuten auf dem Boden kauerten, empfangen. Der eine hielt eine Pfeife, der andere versteckte seine Hände.

Es blieb der Fantasie des Museumsbesuchers überlassen, was er wohl in den Händen hielt. Einen Dolch? Vielleicht steckte er seine Hände aber auch nur deshalb unter die Decke, weil er fror, denn die Begegnung fand im späten Herbst statt. Hinter ihm stand eine schöne Squaw mit langen, schwarzen Zöpfen, die über ein Fransenhemd aus gegerbtem Rehleder fielen.

Ob es so geplant war oder nur auf die häufige Anwesenheit von Jim und Marjorie im Studio der Künstlerin zurückzuführen war, läßt sich heute nicht mehr genau sagen – aber der Häuptling mit der Pfeife trug unverkennbar Jims Züge, während die Squaw ein stark geschöntes Ebenbild von Marjorie war.

So kam es, daß Jim und Marjorie, die Letzten der

Cayuse, schon zu ihren Lebzeiten im County Museum von Green Springs ausgestellt waren, starr und auf alle Ewigkeiten eingebunden in ein Ensemble, das das erste dramatische Zusammentreffen zwischen Weiß und Rot versinnbildlichen sollte.

Der Clou aber war das Tonband. Die Forscher hatten herausgefunden, daß es keinen mehr gab, der die Sprache der Cayuse sprechen und verstehen konnte. Bis auf Jim, der ein paar Brocken von seinem Großvater aufgeschnappt hatte, einige zeremonielle Begrüßungsformeln und Zaubersprüche, Bezeichnungen für »Bison« und »das geschickte Anpirschen gegen den Wind«, sowie eine ganze Batterie von komplizierten Flüchen, in denen die Cayuse äußerst erfindungsreich waren, und von denen »zu dumm, um Hirse zu stampfen« einer der harmloseren war.

So baten die Forscher Jim, ihnen alles auf Band zu sprechen, woran er sich erinnerte. Es reichte für ungefähr zehn Minuten. Jim improvisierte und sagte ein paar Sachen mehrmals, eine ziemlich surreale Mixtur, die keinen großen Sinn ergab, aber da sowieso niemand mehr die Cayuse-Sprache konnte, kam er damit durch.

Anschließend wurde die Sprachaufnahme mit düsteren Tam-Tams unterlegt, und nun klang das Ganze wie eine kehlige Kriegserklärung oder ein langer Sterbegesang, je nachdem, was die Besucher hören wollten.

Die Hippietouristen fühlten sich den Indianern gegenüber schuldig und hörten Klagelaute, und manche sangen mit, wenn sie bekifft waren, während die Familienväter mit Sonnenbrand erregende Aufrufe zur allgemeinen Mobilmachung vernahmen, den Blutdurst der Wilden, die Laute von zivilisationsbedrohenden Triebwesen. Tatsächlich aber sang Jim Sachen wie »Mutter-mach-Essen-der-Geier-scheißt-aufs-Zelt-und-Bill-ist-zu-blöde-um-Hirse-zu-stampfen-aiiiaaahhhhh«.

Der Eindruck war tatsächlich gänsehauttreibend, vor allem wenn das Hauptlicht ausgeschaltet wurde und nur die beiden roten Lampen, die im Präriegras versteckt waren, die Figuren von unten beleuchteten.

Am Vormittag dieses verhängnisvollen Tages war Jim bei Marjorie im Museum aufgekreuzt, das am Nordende des Reservats lag, jenseits der Grenze, die vom Highway gezogen wurde. Marjorie fand, daß er ein bißchen geistesabwesend wirkte und daß seine Augen »merkwürdig glänzten«, so daß sie ihn sofort fragte, ob er getrunken hätte. Doch Jim war zu sehr auf seine Sache konzentriert, um auf ihre Bemerkung überhaupt einzugehen.

Im Museum war nichts los. Jim setzte sich auf die Besucherbank und bat Marjorie, die »Multimedia«-Show laufen zu lassen, das heißt, das Tonband anzustellen und die Lichter zu löschen. Nachdem die zehn Minuten um waren, blieb er noch eine Weile nachdenklich sitzen.

»Was weißt du über die Unsterblichkeit, Marjie?« fragte er.

»Hast du schon gegessen?« fragte Marjorie zurück.

Sie drängte darauf, daß er regelmäßig aß. »Wer dreimal am Tag ißt«, pflegte sie zu sagen, »kommt nicht auf dumme Gedanken.«

Doch Jim war bereits wieder auf dem Weg nach

draußen, und Marjorie konnte ihm nur noch hinterher rufen: »Mach keinen Scheiß, Jim.«

Er bestieg seinen Pickup, einen rostroten verbeulten Ford, auf dessen Ladefläche ein altes Lasso und eine Kiste mit Werkzeug und schmutzige Lappen lagen, und fuhr zurück ins Reservat. Hinter dem Supermarkt, auf dessen Parkplatz sich die gewohnte Versammlung von Trinkern eingefunden hatte, bog Jim nach rechts in einen Schotterweg, der an einem Bach entlang führte, bis er bei Joe Butterman war.

Auf sein niedriges, weißgetünchtes Haus hatte Butterman »Kirche zu den heiligen Adventisten« geschrieben. Das war vor zwanzig Jahren, als ein Adventisten-Prediger durch die Gegend gezogen war und Butterman einen Stapel von schwarzen Bibeln dagelassen hatte. Er staubte sie täglich ab, und keiner durfte sie anrühren. Wie alle lebte Butterman im wesentlichen von Bezugsscheinen. Ab und zu verkaufte er ein Fohlen. Und er hatte eine Sammlung von wunderbaren alten festlichen Pferdedecken.

Die beiden verstanden sich gut, weil sie sich oft über die Unsterblichkeit unterhielten. Deshalb brauchte Jim nicht lange, bis er ihm eine der Pferdedecken abgeluchst hatte, »nur für heute«, eine weiße Decke mit Fransen und roten Dreiecken, die stilisierte Tiere und Krieger darstellten.

»Wofür brauchst 'n die?« wollte Butterman wissen, doch da hatte Jim die Decke schon auf seine Ladefläche geschmissen und war davongebraust.

Als er an den Ulmen jenseits der Pferdeweide vorbeikam, dachte er, wie jedesmal, an seinen Großvater. Hier war die Stelle, an der Großvater einst den Regenzauber versucht hatte. Es hatte tatsächlich geklappt – die Wolken waren aufgezogen, und kurz darauf hatte es geschüttet.

Allerdings hatte Großvater bei ihm danach jeden Kredit verspielt. Jim war wieder einmal krank geworden – er war ein kränkliches Kind –, und Großvater führte ihn zu den Ulmen, wo sein Regenzauber geklappt hatte. Nach ziemlich viel Tamtam und Anrufung sämtlicher Baum- und Flußgeister, die in der Nähe waren, war Großvater aufgesprungen und hatte gebrüllt: »Da – ein Zeichen!« und hatte einen roten glänzenden Stein aus dem Gras gepickt.

Allerdings hatte Jim genau gesehen, wie Großvater ihn vorher heimlich dorthin geschmissen hatte, und natürlich wurde er erst gesund, als ihm Großmutter den Hustensaft aus der Apotheke eingeflößt hatte.

Jim fuhr quer durchs Reservat, bis er am Südende an seinem Haus und der kleinen Weide vorbeikam, auf der seine beiden Quarterhorses grasten. Doch er hielt sich dort nicht auf, sondern fuhr weiter auf dem Schotterweg, bis er kurz darauf in den Highway einbog.

Eine Stunde später ließ er seinen Pickup vor Lucys Café ausrollen. Hier verbrachte er den ganzen Nachmittag, versunken in seine Grübeleien und mit jedem Glas Bourbon wacher werdend.

Jetzt, ein paar Stunden und fünf bis acht Bourbons später, wußte Jim genau, was er zu tun hatte. Er rammte die Gänge in seinem Ford hoch und jagte den altersschwachen Motor, bis er pfiff, und brauste mit offenen Fenstern auf dem Highway zurück. Im Rückspiegel sah er, daß die Sonne schon ziemlich tief stand.

Er bog in den Schotterweg ein. Marjorie war noch nicht zu Hause, was die Sache vereinfachte. Er kratzte eine Handvoll roten Staub vom Fuß der Regentonne und ging ins Badezimmer. Er schüttete den Staub ins Waschbecken und drehte kurz den Wasserhahn auf, um ihn anzufeuchten. Dann pellte er sich aus seinem T-Shirt und beschaute sich im Spiegel.

Er war sehnig, eher mager. Schweiß und Dreck glänzten auf seiner Haut, und er sah sehr entschlossen aus. Mit dem Zeigefinger der rechten Hand stieß er nun in die rote Pampe und zog sich eine Schlängellinie über den Brustkorb. Darunter setzte er eine zweite. Nun kam das Symbol der Stärke – zwei spitze Zacken rechts und links.

Dann nahm er sich das Gesicht vor. Ein Querstrich über die Augenbrauen. Zwei zackige Blitze über die Wangenknochen. Er trat zurück und betrachtete sich. Er nickte ernst. Das war mehr als nur Schminkarbeit. Er hatte sich verwandelt. Aus dem Spiegel blickte ihn nun nicht mehr Jim Dole an, sondern ein fremdes, heiliges Gesicht, Der-Blitz-der-den-Boden-trifft, der Letzte der Cayuse.

Nun ging er in sein Zimmer und griff unters Bett. Er fand das Bündel, zog es hervor, klappte die Plane auf und nahm das Mannlicher-Gewehr. Dann schüttete er den Inhalt der Patronenschachtel auf die Plane, lud das Gewehr und verstaute die übrigen Patronen in seinen Jeans.

Schließlich trat er vors Haus, nahm Buttermans Decke vom Pickup und lief hinüber zur Koppel. Charlie, das jüngere und kräftigere der beiden Pferde, ein braun-weiß gefleckter Wallach, wieherte nervös, als er den Unbekannten in Kriegsbemalung kommen sah. Doch dann hörte er

Jims Stimme und schlug mit dem Schweif und trabte auf ihn zu.

»Haeewihakata«, sagte Jim würdevoll. Charlie wußte zunächst nicht, was er davon halten sollte, doch dann warf ihm Jim die Pferdedecke über, legte ihm die Zügel um, und Charlie wußte, daß es um einen Ausritt ging.

Jim ritt zurück zum Highway, und dann an ihm entlang nach Osten, bis er zur Gabelung kam, an der die Hauptstraße nach Green Springs hinunter führte.

Unten flammten die ersten Lichter der Batterie von Straßenleuchten, die in den Tagen angeschafft wurden, als die Grube Geld in die Stadt brachte und Green Springs dabei war, mit seinem Museum und seinem Obelisken die Nachbargemeinden zu übertrumpfen.

Nur hier oben lag noch ein letztes Nachglühen der Sonne in den Bergflanken. Sie goß ihre letzten schwachen Strahlen über den McDonald's-Parkplatz und ließ den Schatten des bronzenen Reiters auf dem Rasenstück ins Tal stürzen wie Raben mit Riesenschwingen.

Jamie Driscoll stand hinter dem blankpolierten Messingtresen und tippte eine größere Bestellung in die Kasse. Sie besserte hier bei McDonald's nach der Schule ihr Taschengeld auf, gerade den mageren Mindestlohn, mit dem sie sich beim K-Mart mit kitschigem Jung-Mädchen-Schminkkram versorgte und den paar Heavy-Metal-Kassetten, die den Weg in den weiten Westen geschafft hatten.

Gerade hatte sie zwei große Cheeseburger und Chicken-McNuggets eingegeben, »welchesoßediescharfegehtinordnung«, da hörte sie den Schrei und blickte auf, und die

Kasse gab ein häßliches »beeeeep« von sich, weil sie sich vertippt hatte.

»Das war 'n Geist«, schwor sie später auf alles, was ihr heilig war, zum Beispiel aufs »Appetite for Destruction«-Album von Guns 'n' Roses, »der Krieger aus Bronze und daneben noch einer, und beide hatten ihre Gäule hochgerissen und ließen diesen fürchterlichen Schrei los.«

Sie hielt nicht viel von den Roten. Seit die Highschool von Green Springs per Gerichtsbeschluß dazu verdonnert worden war, die Teenager aus dem Reservat aufzunehmen, gab es nichts als Ärger. Und ihr Daddy war sauer, weil er sein Pferd nicht mehr im Reservat tränken durfte. Seitdem weigerte er sich, »die stinkenden Wilden«, die »Penner«, die »Wohlfahrtsschnorrer« in seinem Laden zu bedienen. Jamie hatte daraufhin sogar den Kontakt zu Axel eingestellt, obwohl der Guns 'n' Roses genauso verehrte wie sie und fast so gut war wie ein Weißer.

Angesichts dieses lebendig gewordenen Alptraums da draußen, dieses halbnackten schreienden Horrors, der alle Gruft- und Todesfantasien ihrer Heavy-Metal-Bands übertraf, bekreuzigte sie sich automatisch – Jamie war klar, daß die Toten auferstanden waren –, und sie sagte noch einmal: »Ach, du heilige Scheiße«, aber da war der Geist bereits ins Tal gedonnert.

Jim war nicht mehr er selbst. Auch der da den Kriegsschrei ausgestoßen hatte, »Aiiaiiaiihaiahaiiiehh«, war nicht er, sondern Der-Blitz-der-den-Boden-trifft, der das Gewehr über seinem Kopf schwenkte und Charlie die Hacken in die Flanken rammte und losstürmte.

Er galoppierte hinein in das Spalier der Straßenlampen,

die in Wahrheit Cayuse-Krieger waren, in welche nun Leben gekommen war. Sie hielten ihre Fackeln und antworteten auf den Schrei von Der-Blitz-der-den-Boden-trifft ihrerseits mit gellenden Schreien, und ihr Echo wurde von den Häuserzeilen zurückgeworfen und vervielfältigt. Jim, dadurch ermutigt, schrie noch schriller und galoppierte noch wilder, und die Haare flatterten im Wind.

Sam, der vor seinem Getränkemarkt rummachte, ließ eine Kiste Budweiser fallen, als »dieser Verrückte« an ihm vorbeidonnerte, und dann sah er die Knarre und hechtete hinter eine Palette aus »Wild Turkey«-Whisky in Deckung, und im nächsten Moment prasselte ihm die Frontscheibe seines Ladens um die Ohren, die Jim mit einem lässigen Schuß aus der Hüfte erledigt hatte.

Im nächsten Moment krachte Paul Goodwin mit dem geborgten Chevy seines Vaters in einen Vorgarten und zermalmte die Gartenzwerge von Helga Browning, einer deutschen Soldatenbraut, die in den späten 40er Jahren von ihrem GI-Joe hierher verschleppt worden war.

»Der Idiot kam voll auf mich zu«, entschuldigte sich Paul später bei seinem Vater und bekam gleich wieder eine geknallt, weil neben Paul auch die minderjährige Linda aus dem Auto gezogen wurde, die weder Rock noch Höschen trug.

In dieser ersten Attacke erledigte Jim Dole zwei Zapfsäulen von Texaco, die Budweiser-Reklame im »Seven-Up«, neun Schaufensterscheiben, vier Straßenlaternen, zwei Hunde, den Kofferraum von Bill Kinmans Buick, die Kirchenfenster der »Heiligen der letzten Tage« sowie Boris, den entlaufenen Kater einer Slawistin aus Minnesota, die hier ihre Verwandten besuchte, und er richtete damit mehr Schaden an als der legendäre Tornado, der im Jahre 53 über Green Springs hinweggejagt war.

Jim war nicht allein. Jim war eine ganze Armee. Jim war alle Cayuse, an die er sich erinnern konnte. Und am Ende des Städtchens sammelte er seine Geisterkrieger, ließ sie wenden und startete eine neue Welle der Zerstörung.

Mittlerweile war Harry Silver, der Sheriff, aus Lindas Stehkneipe geholt worden, und er setzte sein Blaulicht in Bewegung und forderte Verstärkung an.

»Weißauchnicht«, brüllte er in sein Funkgerät, »vielleicht 'n Aufstand im Reservat, auf jeden Fall sindse in der Überzahl.«

Nach zehn Minuten bog eine ganze Kavalkade von blinkenden Sheriffautos vom Highway in die Hauptstraße ab, und die Jagd begann.

Der-Blitz-der-den-Boden-trifft nutzte das Gelände. Er hielt sich im Schatten der Ulmen und in der Bachsenke neben der Fahrbahn. Allerdings stieß er immer wieder seinen gellenden Schrei aus, so daß Silver und seine Leute keine großen Probleme hatten, »den Aufständischen« – denn sie glaubten immer noch an eine größere Horde – zu folgen.

Jim wurde getrieben und gleichzeitig, fast ohne eigene Willensanstrengung, in eine bestimmte Richtung geführt – hinter sich die Verfolger und vor sich, in der Nacht, das, was ihn so magisch anzog. Es war ihm, als ritte er nach Hause. Und tatsächlich tauchte kurz darauf das Museum auf.

Er sprengte auf den dunklen Eingang zu, sprang ab und band Charlie an einer Gedenktafel fest. Drinnen konnte er nun ganz deutlich schon die Stimmen hören. Mit dem Gewehrkolben zerschlug er das Fenster zur Kassenhalle, löste die Verriegelung, schwang sich über die Brüstung und verschwand im Ausstellungsraum.

Im schwachen Schein der Rotlichter über den Notausgängen sah er das Ensemble. Marcus Whitman hatte die Hand ausgestreckt, und die Cayuse-Häuptlinge saßen mit finsteren Mienen auf dem Boden, und Jim sah sofort, daß die Verhandlungen an einem toten Punkt angelangt waren. Er schob die Figur, die ihn abbildete, zur Seite, legte sich die verzierte Büffelhaut um die Schulter und nahm Platz, das Gewehr in seinem Schoß.

Sobald er saß, spürte er, wie sich der Raum drehte und lebte, und wie ihm Kräfte zuflogen, die er nie in sich vermutet hätte. Es schien, als würden all die Gegenstände, die aus dem Besitz der Doles in dieses Museum gewandert waren, nun ihre Seelen preisgeben, als würden die Pfeifen und Adlerfedern und Fetische ihre Geister freisetzen, die sein Herz stärkten und seinen Mut befeuerten, und er sah die Großeltern von der Wand lächeln und Bill, der sich verneigte, und er genoß sogar diese Anerkennung, obwohl er wußte, daß Bill zu dumm zum Hirsestampfen war.

Er war angekommen. Er saß sicher und fest, wie Marjorie in ihrem Fleisch. Er hatte seinen Platz in der Geschichte eingenommen. Sein Duplikat saß neben ihm und schaute ihm tot über die Schulter, während er nun das Wort an Marcus Whitman richtete.

Was er ihm zu sagen hatte, kam als Strom von Silben

heraus, die er selber zuvor noch nie gehört hatte. Ein kehliger Sprechgesang, eine Anklage, eine verrätselte Welle von Lauten in einer Niemandssprache, die sich von alleine zu formen schien.

Der Letzte der Cayuse vertrat seine Sache, und offenbar machte er sie gut, denn die Geister der Ahnen lächelten von den Wänden und murmelten zustimmend.

Von draußen waren jetzt die Geräusche der Sheriffwagen zu hören, die knirschend im Kies gebremst wurden. Blaulicht zuckte über die Wände des Museums. Türenknallen. Dann kam Silvers Stimme durchs Megaphon.

»Wir wissen, daß du da drin bist, du Spinner«, schnarrte er.

Offenbar hatte er das Pferd gesehen und wußte nun, daß er es nur mit einem, höchstens zwei Randalierenden zu tun hatte.

»Komm raus, wenn dir dein Arsch lieb ist, oder wir holen dich.«

Doch Jim wurde durch die Aufforderung nur angespornt. Seine Stimme hob sich um eine halbe Oktave, und er schleuderte Marcus Whitman seine Verachtung und seinen Stolz ins Gesicht, und er vermutete, daß sich einige Schimpfworte in seinen Rätseldialekt gemischt hatten, denn er sah Narcissa Whitman verschämt die Hände vors Gesicht schlagen.

Dann flammten Scheinwerfer auf. Glas splitterte. Schüsse fielen. Jim riß seine Mannlicher hoch. Die Puppe neben ihm splitterte. Er spürte einen glühenden Schmerz in der Seite, sackte zusammen, und kurz bevor er endgültig in der Nacht versank, hörte er Silvers Stimme, die sagte: »Heiliger Bimbam, das ist doch Jim Dole.«

Jim Dole wurde zwei Monate später aus dem Krankenhaus entlassen, wo man ihm ein künstliches Hüftgelenk eingesetzt hatte. Anschließend verbüßte er eine sechsmonatige Freiheitsstrafe wegen »Ruhestörung in Tateinheit mit schwerem Vandalismus und Beschädigung öffentlichen Eigentums.«

Als er seine Strafe abgesessen hatte, war er wie verwandelt. Friedlich verbrachte er nun seine Zeit bei Marjorie im Museum und sortierte Prospekte. Er aß dreimal täglich, und er war freundlich zu den Touristen, die nickend und stirnrunzelnd vor den Versteinerungen eines ausgestorbenen Volkes standen.

In Lucys Café tauchte er nie wieder auf.

*Bitte beachten Sie auch
die folgenden Seiten*

Matthias Matussek
Showdown
Geschichten aus Amerika
Reportagen

Matusseks Reportagen sind in einer Phase des Umbruchs entstanden: dem Ausklang der Ära Reagan/Bush und dem ersten Jahr der Präsidentschaft Clintons. Auf den nationalen Erfolgsrausch nach dem Golfkrieg folgte die Katerstimmung angesichts der hausgemachten Probleme: Wirtschaftskrise, Haushaltsdefizit, die Straßenschlachten von Los Angeles. Der Stoff, aus dem der amerikanische Traum ist – zerschlissen ist er und abgetragen; aber diese *Geschichten aus Amerika* machen deutlich, wie sehr sich alles noch auf ihn bezieht. Die Feier des großen Siedlermythos. Der Basketball spielende Ghetto-Junge, der auf die große Karriere hofft. Der Medienmogul, der im »Bilderkrieg« die Kontinente erobert. Ob Cocktailparty oder Obdachlosen-Verlorenheit, ob Fieber des Broadway, Konsumrausch oder das Todesurteil Aids – man hat Amerika, New York, selten intensiver erlebt. Sprachliche Brillanz, Witz und der Blick für das überraschende Detail zeichnen Matussek aus, einprägsam, provozierend.

»Matussek versucht sich an einem Genre, das es in Deutschland so nicht gibt: Gesellschaftsliteratur der Media-Society. Ein stimulierendes Vorausbild dessen, was eine metropolitane Literatur werden könnte.«
Erhard Schütz in Text und Kritik

»Seine Reportagen sind in Wahrheit gelungene Kurzgeschichten.« *tip, Berlin*

Doris Dörrie
im Diogenes Verlag

Liebe, Schmerz und
das ganze verdammte Zeug
Geschichten

Vier großartige, liebevolle, traurige, grausame Geschichten: *Mitten ins Herz, Männer, Geld, Paradies.* Geschichten von befreiender Frische.

»Doris Dörrie ist eine beneidenswert phantasiebegabte Autorin, die mit ihrer unprätentiösen, aber sehr plastischen Erzählweise den Leser sofort in den Bann ihrer Geschichten schlägt, die alle so zauberhaft zwischen Alltag und Surrealismus oszillieren. Ironische Märchen der 80er Jahre – Kino im Kopf.«
Der Kurier, Wien

»Ihre Filme entstehen aus ihren Geschichten.«
Village Voice, New York

»Was wollen Sie von mir?«
und 15 andere Geschichten

»Es ist vollkommen gleichgültig, ob Sie Doris Dörrie in der Badewanne, im Intercity-Großraumwagen, im Lehnstuhl oder in der Straßenbahn lesen, nur: Lesen Sie sie! Lassen Sie sich nicht irre machen von naserümpfenden Kritikern, diese sechzehn Short-Stories gehören durchweg in die Oberklasse dieser in Deutschland stets stiefmütterlich behandelten Gattung.« *Deutschlandfunk, Köln*

»Vor allem freut man sich, daß Doris Dörrie den eitlen Selbstbespiegelungen der neuen deutschen Weinerlichkeit eine frische, starke und sensible Prosa entgegenstellt.« *Kölnische Rundschau*

Der Mann meiner Träume
Erzählung

Doris Dörrie erzählt die Geschichte von Antonia, die den Mann ihrer Träume tatsächlich trifft. Sie erzählt eine moderne Liebesgeschichte, eine heutige Geschichte, deren Thema so alt ist wie die Weltliteratur, eine Geschichte von der Liebe.

»Ein erzählerisches Naturtalent mit einem beneidenswerten Vermögen, unkompliziert und gekonnt zu erzählen. Der Leser beendet die Lektüre mit höchst bewußtem Bedauern darüber, daß er diese kurzweilige, unprätentiöse Erzählung schon hinter sich hat.«
Frankfurter Allgemeine Zeitung

Für immer und ewig
Eine Art Reigen

Ein überschaubarer Kreis von Personen, darunter auch das Model Antonia, im ewigen Karussell des Lebens: Man begegnet sich, verliert sich wieder aus den Augen, liebt und leidet.

»Die Dörrie ist in diesem Buch auf der Höhe ihrer Männer- und Frauencharakterstudien. Ein Buch zum Lachen und zum Weinen. Zum genießerischen Wehmütigsein und zum sinnigen Nachdenken.«
Die Welt, Bonn

Love in Germany
Deutsche Paare im Gespräch
mit Doris Dörrie

»Doris Dörrie hat die *Love in Germany* erkundet – in 13 anrührenden und saukomischen Interviews mit deutschen Paaren zwischen Mittelmaß und Beziehungswahn. Ganz normale Leute, aber alle sind mit ihren Ramponiertheiten und unverwüstlichen Liebesträumen Persönlichkeiten. Aufschlußreicher als jede Statistik.« *stern, Hamburg*

Bin ich schön?

Erzählungen

Leopold und seine junge Frau wollen es anders machen als die spießigen Nachbarn ihrer niederbayrischen Umgebung. Sie bitten die vietnamesische Asylantenfamilie Hung zu sich ins Haus, laden sie zum Tee und zum Essen ein, schenken ihnen warme Winterkleidung und ein Paar *Neue Schuhe für Frau Hung*. Doch nach ein paar Tagen kapitulieren sie vor den kulturellen Unterschieden, die trotz guten Willens unüberwindbar scheinen.

Charlotte will wieder arbeiten gehen und sucht ein Kindermädchen für ihre kleine Tochter. Aber nicht irgendeins, sondern »ich möchte einen Babysitter, der mich verehrt, nicht stört und immer verfügbar ist«. Natürlich muß sich das Kindermädchen schnell in ›gesunde Ernährung‹ und ›angstfreie Erziehung‹ einarbeiten lassen, und ein gutes Karma sollte sie auch haben. Anita, ein junges Mädchen aus Ostdeutschland, die erst seit zwei Wochen im Westen ist, macht das Rennen: *Gutes Karma aus Zschopau* und seine Folgen...

Mit liebevoll-kritischem Blick nimmt Doris Dörrie die aufgeklärte, alternative Intellektuellenszene aufs Korn.

Sechzehn tragisch-komische Geschichten, die nachdenklich stimmen, weil sie so hemmungslos ehrlich sind.

»Doris Dörrie ist eine ausgezeichnete Kurzgeschichten-Schreiberin mit der erforderlichen Prise Selbstironie und mit stilistischer Eleganz.«
Annemarie Stoltenberg/Die Zeit, Hamburg

*Leon de Winter
im Diogenes Verlag*

Hoffmans Hunger
Roman. Aus dem Niederländischen von
Sibylle Mulot

In der Nacht vom 21. Juni 1989 liegt Freddy Mancini, ein unmäßig fetter amerikanischer Waschsalon-Besitzer, neben seiner Frau im Bett eines Prager Hotels. Ihn quält der Hunger, und er schleicht sich aus dem Hotel. Dabei wird er Zeuge einer Entführung.
Zur selben Zeit sitzt der niederländische Botschafter in Prag, Felix Hoffman, in seiner Botschaft und schlingt die Reste eines Empfangs in sich hinein. Er liest dabei Spinoza. Auch Hoffman hat Hunger, metaphysischen Hunger, vor allem seit seine beiden Töchter auf tragische Weise starben. Seither ist er schlaflos. Sein einziger Trost – essen.
Ein dritter unglücklicher Mann: John Marks, Amerikaner und Ostblockspezialist.
Die Schicksale der drei Männer werden durch eine spannende Liebes- und Spionagegeschichte miteinander verwoben. Zugleich ist *Hoffmans Hunger* die Geschichte von Europa 1989, das sich eint und berauscht im Konsum. Ein Rausch, der nur in einem Kater enden kann.

»Ein Buch, das unter der Tarnkappe einer Spionage-Geschichte das Kunststück zuwege bringt, über das Verhängnis der Liebe und die Tragik des Todes, über die Ohnmacht der Philosophie und die Illusionen der Politik so ergreifend zu erzählen, wie man es lange nicht mehr gelesen hat.«
Peter Praschl/stern, Hamburg

»Leon de Winter erzählt Hoffmans Geschichte meisterlich schlicht in der dritten Person, dialogreich, eben noch geruhsam, dann mit schnellen Schritten

und Schnitten. Er erzählt diskret und intim zugleich. Und auch ungeheuer komisch.«
Volker Hage/Der Spiegel, Hamburg

SuperTex
Roman. Deutsch von Sibylle Mulot

»Was macht ein Jude am Schabbesmorgen in einem Porsche!« – bekommt Max Breslauer zu hören, als er mit knapp hundert Sachen durch die Amsterdamer Innenstadt gerast ist und einen chassidischen Jungen auf dem Weg zur Synagoge angefahren hat. Eine Frage, die andere Fragen auslöst: »Was bin ich eigentlich? Ein Jude? Ein Goi? Worum dreht sich mein Leben?« Max, 36 Jahre alt und 90 Kilo schwer, Erbe eines Textilimperiums namens SuperTex, landet auf der Couch einer Analytikerin, der er sein Leben erzählt. Da ist vor allem seine Auseinandersetzung mit dem Vater, der das KZ überlebte, aber in seinem Mercedes ertrank. Ein weiteres Trauma des assimilierten Juden aus dem Yuppie-Milieu: Fassungslos mußte Max mitansehen, wie er seine große Liebe Esther plötzlich an den orthodoxen Glauben verlor. Und sein Bruder Boy verliebt sich nun in eine marokkanische Jüdin, deren Familie arm und gläubig ist. So scheint Max der einzige, der nicht in den Schoß der Tradition zurückfindet. *SuperTex* ist die farbige Geschichte eines Generationenkonflikts, ein Feuerwerk des Humors.

»Leon de Winter erzählt die Geschichte des jüdischen SuperTex-Managers Max Breslauer mit amerikanischer Rotzigkeit, europäischer Nachdenklichkeit und mit einem vielleicht holländisch-jüdischen sechsten Sinn für Dramaturgie. Ein spannendes Buch, das man nicht mehr aus der Hand legen mag.«
Barbara Sichtermann/Zitty, Berlin

Viktorija Tokarjewa
im Diogenes Verlag

Zickzack der Liebe
Erzählungen. Aus dem Russischen
von Monika Tantzscher

Die Menschen der Viktorija Tokarjewa rebellieren gegen ein Leben, das mit der Regelmäßigkeit eines Uhrwerks abläuft und keinen Raum für spontanes Glück läßt. Sie träumen vom Überschwang des Herzens und von leidenschaftlicher Liebe – zu deren Unbedingtheit sie sich dann doch nicht entscheiden können. Das Leben zu zweit erscheint wie ein spannender Kampf ›zwischen Wahrheit und Lüge‹. Ironisch und mit Herzblut erzählt eine selbstbewußte Autorin von den Partnerschaftsnöten emanzipierter sowjetischer Frauen.

»Die große Kunst der Viktorija Tokarjewa besteht im äußerst sparsamen Gebrauch der erzählerischen Mittel. Überflüssige Details zu vermeiden und auf kürzestem Weg ins Herz der Dinge und der Menschen vorzudringen ist die Maxime der Autorin. Ihre Erzählungen sind von geradezu elementarer Wucht. Sie ist eine Meisterin.« *Frankfurter Allgemeine Zeitung*

Mara
Erzählung. Deutsch von
Angelika Schneider

Die ehrgeizige Mara hat nur zwei Ziele: Macht und Geld. Da sie beides mangels Ausbildung auf direktem Wege nicht erreichen kann, geht sie den Umweg über Männer. In *Mara* entwirft die Autorin das psychologisch feinfühlig gezeichnete tragikomische Bild einer modernen russischen ›femme fatale‹.

»Ihre Erzählungen führen sehr direkt an das Wesen der Menschen heran. Was sie sagt, sagt sie in äußerst gedrängter Form. Eine ›Vaterschaft‹ Čechovs scheint

vor allem im Umgang mit der Sprache, in der Beobachtungsgabe und im manchmal fast melancholischen Humor durchzuschlagen. Und obwohl Viktorija Tokarjewa in der Sowjetära lebt, sind ihre Figuren zeitlos, sieht man von den wenigen Tönen des Zeitkolorits ab. Wieviel klingt da mit.«
Regula Heusser / Neue Zürcher Zeitung

Happy-End
Erzählung. Deutsch von
Angelika Schneider

Aus purem Trotz heiratet Elja viel zu früh den sie naiv vergötternden Tolik und zieht mit ihm zu seinen Eltern in ein russisches Provinznest. Als sie an der Langeweile des Kleinstadtlebens zu ersticken droht, verliebt sich Elja in den Schauspieler Igor, der so wunderschön Lermontow rezitiert. Sie zieht mit ihm nach Moskau. Aber Igor ist Alkoholiker und hat seit Jahren keine guten Rollen mehr gespielt...

»Vor allem aber liegt der Zauber von Viktorija Tokarjewas Schreibweise in einem Čechovschen Humor, der das schwere Leben leichter macht, dazu in gelegentlichen Ausflügen ins Träumerisch-Phantastisch-Absurde, im Witz der Formulierung, der den Geist vom Druck der Verhältnisse befreit.«
Deutsche Welle, Köln

Lebenskünstler
und andere Erzählungen
Deutsch von Ingrid Gloede

»Viktorija Tokarjewas Geschichten sind seit jeher von großer Anmut, allesamt Kunst-Stückchen, die einem die Vorstellung von Leichthändigkeit suggerieren. Nicht jedoch von Leichtgewichtigkeit. Die Genrebilder aus dem sowjetischen Alltagsleben, die die Autorin in ihrem Kaleidoskop aufleuchten läßt, sind nichts

weniger als heiter, sie sind stellenweise sogar niederdrückend und bestürzend. Wenn sie uns dennoch ein Schmunzeln entlocken, dann liegt das daran, daß die Tokarjewa über einen ausgeprägten Humor verfügt und diese Gabe durchweg einsetzt. Es ist kein Humor der satirischen Art, eher eine sanfte Ironie, gewürzt mit einer Prise Traurigkeit und einem vollen Maß an mitmenschlichem Erbarmen.«
Sabine Brandt/Frankfurter Allgemeine Zeitung

»Viktorija Tokarjewa psychologisiert nicht. Sie erzählt. In einem Ton und mit einer Sicherheit, die nicht den geringsten Zweifel zuläßt, daß hier eine großartige Autorin zu entdecken ist.« *NDR, Hamburg*

»Sie erzählt von Menschen – erstaunlich emanzipierten Frauen –, die einem Ideal nachjagen, dauernd im Aufbruch begriffen sind und doch an den realen Bedingungen klebenbleiben wie an Leimruten.«
Die Weltwoche, Zürich

Sag ich's oder sag ich's nicht?
und andere Erzählungen
Deutsch von Angelika Schneider, Monika Tantzscher
und Elsbeth Wolffheim

Sag ich's oder sag ich's nicht? lautet die bange Frage, die sich durch das Leben einer jungen Frau zieht wie ein roter Faden. Als reife Frau hält sie Rückschau auf alle Gelegenheiten, die sie durch ihr langes Abwägen verpaßt hat. Als sich eine letzte Gelegenheit bietet, wagt sie schließlich den Sprung ins Ungewisse.

Je suis, tu es, il est ist die Geschichte einer alleinerziehenden Mutter, deren ganzer Lebensinhalt ihr Sohn ist. Eines Tages bringt der Sohn ein junges Mädchen mit nach Hause. Die Mutter findet die junge Frau unsympathisch und wartet, daß ›der Besuch‹ wieder geht. Da teilt der Sohn ihr mit, daß das Mädchen seit ein paar Tagen seine Ehefrau ist.

Pascha und Pawluscha heißen zwei Freunde, die unterschiedlicher nicht sein könnten: Pascha, der Introvertierte, ist Lehrer in einer Sonderschule und geht in der Sorge um ›seine‹ behinderten Kinder auf. Pawluscha, der Sunnyboy, interessiert sich vor allem für Autos und wie man sie gewinnbringend weiterverkaufen kann. Trotzdem verbindet die beiden eine lange Freundschaft – bis Pawluscha eines Sommers auf der Krim dem Freund die Freundin ausspannt...

»Viktorija Tokarjewas Erzählungen sind durchdrungen von trockenem Witz und warmem Humor, distanziert und engagiert zugleich.«
Süddeutsche Zeitung, München

Sentimentale Reise
Erzählungen. Deutsch von
Angelika Schneider

Auf einer Reise durch Italien verliebt sich die Kinderbuchillustratorin Romanowa in den unangepaßten Künstler Leonid, den sie so faszinierend-rätselhaft findet, daß sie ihn nur ›Raskolnikow‹ nennt. Raskolnikow macht der Romanowa den Hof, nutzt jede Gelegenheit, um mit ihr allein zu sein. Aber der Grund dafür ist ein anderer als der von der Romanowa vermutete, und die *Sentimentale Reise* nimmt ein überraschendes Ende.
Vier Geschichten über Hoffnungen und Sehnsüchte.

»*Sentimentale Reise* vereinigt vier Erzählungen, die das zentrale Thema der Liebe in eine ausdrucksstarke, manchmal groteske Bildlichkeit umsetzen. Die Tragik des Lebens bricht nicht mit Pauken und Trompeten eines Schicksalsschlags über den Menschen herein, sondern dringt als leises Scheitern in alle Ritzen der Existenz. Und hier liegt Viktorija Tokarjewas Wahrheit, in die sie ihre Leser mit einem lachenden und einem weinenden Auge einweiht.« *Neue Zürcher Zeitung*

*Jakob Arjouni
im Diogenes Verlag*

Happy birthday, Türke!
Ein Kayankaya-Roman

»Privatdetektiv Kemal Kayankaya ist der deutsch-türkische Doppelgänger von Phil Marlowe, dem großen, traurigen Kollegen von der Westcoast. Nur weniger elegisch und immerhin so genial abgemalt, daß man kaum aufhören kann zu lesen, bis man endlich weiß, wer nun wen erstochen hat und warum und überhaupt.
Daß *Happy birthday, Türke!* trotzdem mehr ist als ein Remake, liegt nicht nur am eindeutig hessischen Großstadtmilieu, sondern auch an den bunteren Bildern, den ganz eigenen Gedankensaltos und der Besonderheit der Geschichte. Wer nur nachschreibt, kann nicht so spannend und prall erzählen.«
Hamburger Rundschau

»Verglichen wurde er bereits mit Raymond Chandler und Dashiell Hammett, den verehrungswürdigsten Autoren dieses Genres. Zu Recht. Arjouni hat Geschichten von Mord und Totschlag zu erzählen, aber auch von deren Ursachen, der Korruption durch Macht und Geld, und er tut dies knapp, amüsant und mit bösem Witz. Seine auf das Nötigste abgemagerten Sätze fassen viel von dieser schmutzigen Wirklichkeit.« *Klaus Siblewski/Neue Zürcher Zeitung*

Verfilmt von Doris Dörrie, mit Hansa Czypionka, Özay Fecht, Doris Kunstmann, Lambert Hamel, Ömer Simsek und Emine Sevgi Özdamar in den Hauptrollen.

Mehr Bier
Ein Kayankaya-Roman

Vier Mitglieder der ›Ökologischen Front‹ sind wegen Mordes an dem Vorstandsvorsitzenden der ›Rheinmainfarben-Werke‹ angeklagt. Zwar geben die vier zu, in der fraglichen Nacht einen Sprengstoffanschlag verübt zu haben, sie bestreiten aber jegliche Verbindung mit dem Mord. Nach Zeugenaussagen waren an dem Anschlag fünf Personen beteiligt, aber von dem fünften Mann fehlt jede Spur. Der Verteidiger der Angeklagten beauftragt den Privatdetektiv Kemal Kayankaya mit der Suche nach dem fünften Mann...

»Jakob Arjouni: der jüngste und schärfste Krimischreiber Deutschlands!«
Wiener Deutschland, München

Ein Mann, ein Mord
Ein Kayankaya-Roman

Ein neuer Fall für Kayankaya. Schauplatz: die (noch immer) einzige deutsche Großstadt: Frankfurt. Kayankaya sucht Sri Dao, ein Mädchen aus Thailand. Was Kayankaya – Türke von Geburt und Aussehen, Deutscher gemäß Sozialisation und Paß – dabei über den Weg und in die Quere läuft, von den heimlichen Herren Frankfurts über die korrupten Bullen und die fremdenfeindlichen Beamten auf den Ausländerbehörden bis zu den Parteigängern der Republikaner mit ihrer alltäglichen Hetze gegen alles Fremde und Andere, erzählt Arjouni klar, ohne Sentimentalität, witzig, souverän.

»Jakob Arjouni ist von den jungen Kriminalschriftstellern deutscher Zunge mit Abstand der beste. Er hat eine Schreibe, die nicht krampfig vom deutschen Gemüt, sondern von der deutschen Realität her bestimmt ist, das finde ich einmal schon sehr wohltuend; auch will er nicht à tout prix schmallippig sozialkritisch auftreten.« *Wolfram Knorr/Die Weltwoche, Zürich*